本书出版得到五邑大学广东侨乡文化研究院专项资金全额资助。

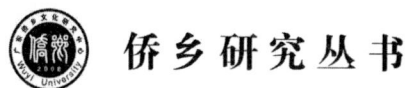

侨乡研究丛书

加勒比华侨与广东侨乡

沈卫红 著

中国华侨出版社
·北京·

图书在版编目（CIP）数据

加勒比华侨与广东侨乡 / 沈卫红著. —北京：中国华侨出版社，2022.6
ISBN 978-7-5113-8716-5

Ⅰ.①加… Ⅱ.①沈… Ⅲ.①加勒比海—群岛—华侨—历史—研究②侨乡—文化研究—广东 Ⅳ.①D634.375②D634.1

中国版本图书馆 CIP 数据核字(2021)第 248976 号

加勒比华侨与广东侨乡

著　者 / 沈卫红
责任编辑 / 高文喆　桑梦娟
经　销 / 新华书店
开　本 / 787mm×1092mm　1/16　印张：22　字数：286 千字
印　刷 / 台山市彩宁纸品印制有限公司
版　次 / 2022 年 6 月第 1 版　2022 年 6 月第 1 次印刷
书　号 / ISBN 978-7-5113-8716-5
定　价 / 75.00 元

中国华侨出版社　北京市朝阳区西坝河东里 77 号楼底商 5 号　邮编：100028
发行部：(010) 64443051　　　传　真：(010) 64439708
网　址：www.oveaschin.com　　E-mail：oveaschin@sina.com

如发现印装质量问题，影响阅读，请与印刷厂联系调换。

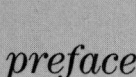

preface

序　广东人下西洋

1

1405年至1433年,中国明朝航海家郑和率庞大船队,七下西洋,拉开了15世纪大航海时代的序幕。15世纪末,欧洲人因为向往富饶的东方,走向深蓝求索,由此掀开地理大发现时代。交往的革命开创了世界的普遍交往,人类交往的主渠道从陆路走向海洋,宣告了地球东西半球相互隔绝历史的终结,人类历史从各民族的地域的历史转变为世界历史。

在这个世界历史进程中,"哥伦布发现新大陆"实现了一次里程碑式的"人类连接"。

1492年8月3日,意大利人哥伦布奉西班牙女王之命,携带致印度君主和中国皇帝的国书,率87名船员,分乘3艘百余吨的大帆船,从西班牙帕洛斯港启航,出大西洋,向南偏西航行,目标指向富饶的亚洲大陆。经过70多天离岸远航,10月12日凌晨,船队终于看见第一块陆地,哥伦布将这个海岛命名为圣萨尔瓦多,位于今天的巴哈马群岛。

此时,哥伦布丝毫不怀疑自己已抵达亚洲东部边缘,他将所到之处称为"泛印度",并把这片海域称为西印度群岛,即今天的加勒比诸岛,把岛上原住民叫作"印度人"。

在西班牙语里,印度人与印第安人都以"Indios"表达。

哥伦布就这样发现了古老的"东方"。

哥伦布先后四次横渡大西洋,直到去世时都坚信自己到达了印度和中国。至于"哥伦布发现新大陆"一说,其实是后来者的贡献。

由于哥伦布对"西印度地区"做了较详细的记载和描绘,此后,欧洲人热烈地向往之,他们急于求证哥伦布所到之处是否真的是印度和中国。哥伦布的老乡亚美利哥·维斯普西沿着哥伦布航线仔细勘察,发现哥伦布所到之处并非印度和中国,而是一个欧洲人尚未认知的新世界,他兴奋地宣告哥伦布发现的是"新大陆"。旧大陆人欣喜若狂,一个新地理概念由此诞生。

哥伦布就这样发现了"新大陆"。

为纪念亚美利哥对人类认识世界的贡献,法国地理学家用亚美利哥的名字命名新大陆——亚美利哥洲,拉丁文是"Americus",由于大陆地名习惯以阴性形式表达,遂改为"America",亚美利哥洲遂变成"亚美利坚洲",即美洲。

2

人类的海上连接加速了东方社会的世界历史进程。哥伦布误打误撞发现新大陆几十年后,西班牙人到达菲律宾,从1565年开始对菲律宾进行了长达300多年的统治。西班牙以马尼拉作为转口贸易基地,在马尼拉港和墨西哥阿卡普尔科港之间开辟"大帆船贸易"航线,将丝绸、瓷器、茶叶、香料等紧俏品从马尼拉运往阿卡普尔科,又将墨西哥的白银运回马尼拉换回中国货,故此,新大陆历史上这艘大帆船被称为"中国船",船上的中国人被称为"马尼拉中国人",他们谈论菲律宾时仿佛在谈论中国的一个省份。

序 广东人下西洋

中国与菲律宾的贸易交往肇始于唐代。《文献通考》提及在982年，摩逸国的船载宝货至广州海岸，说明一千年前中菲已有贸易流通。1581年，马尼拉出现了世界上第一个唐人街。随着大帆船贸易日兴，迁移到菲律宾的中国人暴增。在此背景下，活跃于中国华南沿海—马尼拉—阿卡普尔科之间的太平洋丝绸之路因运而生，它犹如一座"海上天桥"，将中国与拉美和加勒比地区连接起来。

中国明朝地图将欧罗巴和美洲之间的海域称作"大西洋"，以与郑和下西洋的"西洋"（印度洋）相区别。一部分中国工匠如织工、银匠、绣工、裁缝、皮匠随"中国船"来到墨西哥，接着向东向南往加勒比海和大西洋、太平洋沿岸离散，成为最早的新大陆华侨。到16世纪末，阿卡普尔科港出现唐人街，这是美洲最早的唐人街。

至此，世界上最早的两个唐人街在16世纪中后期跨太平洋的两座城市马尼拉和阿卡普尔科兴起，直到西班牙统治菲律宾的历史结束，长达两个半世纪的大帆船贸易才终结。

当旧中国门户被西方坚船利炮打开，另一场从太平洋到大西洋的迁徙运动以苦力交易形式展开了。

1840年鸦片战争以后，拉美和加勒比诸岛才真正出现大规模中国移民。由于殖民地相继废除黑奴制，"劳动力荒"严重制约了殖民地经济，殖民地急需寻找新的劳动力资源。西班牙、英国、荷兰从广东招募大量契约华工，这些华工在种植园、铁路、矿山、鸟岛当苦力，在恢复自由身后，又陆续到城市和港口聚居，形成一个个叫作"唐人街"或"华人区"的广东人社区。历经五六代人的奋斗，广东华侨早已落地生根，他们与友族通婚，完全融入当地。

逾一个半世纪以来，广东裔社区始终构成拉美和加勒比诸岛华侨华人华裔主体，并且以强大的语言改造能力，"话"出具有粤语特色的新大陆地理。他们对洋地名的传神翻译，让世人领略到了粤式语言文化的魅力，再次刷新人类的认知世界。

加勒比华侨与广东侨乡

哥伦布登陆的第一个大岛,原名伊斯帕尼奥拉岛,西班牙人占岛建立殖民基地,易名西班牙岛。之后,西班牙岛上出现两个国家,一个名为海地,一个名为多米尼加。一个世纪前,广东人来到多米尼加,这个岛国又拥有了一个新名字"山多罗",它由多米尼加首都名"Santo Domingo"巧译而来,在新大陆华人圈里广为熟知,反倒是汉语译名"圣多明各"被边缘化了。

跟着粤侨学世界地理,是一次文化意义上的"地理大发现"。广东华侨特别擅长把拗口晦涩的外国地名译成朗朗上口的"广式地名",每每品之,总让人意犹未尽,回味绵久,慢慢地,竟也记不起那些正儿八经的中文名了。

比如,古巴首都"Havana",中文译名"哈瓦那",粤语圈称"夏湾拿";荷属加勒比岛"Curaçao",中文译名"库拉索",粤语圈称"古拉梳"和"姑拉嫂";委内瑞拉名城"Valencia",中文译名"瓦伦西亚",粤语圈称"华恋社";哥伦比亚古城"Barranquilla",中文译名"巴兰基亚",粤语圈称"花冷杞埠";法国海外省"Guyane",中文译名"法属圭亚那",粤语圈称"皆因";巴拿马边境省"Bocas Del Toro",中文译名"博卡斯德尔托罗",粤语圈称"牛口省",因为"Bocas Del Toro"意为"牛的嘴巴"……

古巴老华侨至今仍习惯将西班牙文叫作"吕文",因为中国古代将LUZON岛译作"小吕宋",老华侨保持了这个传统,用"小吕宋"代指吕宋岛上的中心城市马尼拉(港),以"大吕宋"称呼菲律宾。

翻开新大陆的美食宝典可以发现,许多词汇直接按粤语拼音,比如 Chaufa(炒饭)、Chao Fun(炒粉)、Ho Fun(河粉)、Mei Fun(米粉)、Wanton(云吞)、Dim Sum(点心)、Giong(姜)。秘鲁将本国中餐馆统称为"CHIFA"(食饭),收录于秘鲁饮食字典,"CHIFA"为世界贡献了两个古老文明——华夏文明和印加文明深度融合的典范,是人类共享的美食文化遗产。

所以,要了解新大陆上的中国人,先要了解新大陆上的各种地名,冷不防遇见个没见过的地名,还以为自己发现新大陆了呢!我曾经按照华侨提供的国家地名在世界地图上搜寻,却一无所获。一次去侨乡做田野调查,却在某个村子牌楼的捐款名册里发现了"失联"的世界,对"地球一家亲"的广式语境有了魔幻体验。

据不完全统计,拉美和加勒比地区中国人及其后裔人口达500万之众,以广东籍移民为主体,华裔大多是广东人后裔。改革开放以后,珠江三角洲和福建村民链条式向新大陆迁徙,在短短二三十年内速成了四个华人人口"大国"——委内瑞拉、巴拿马、巴西和阿根廷,华人各有20万之多。阿根廷华人以福建人为主,委内瑞拉华人中有九成以上来自江门恩平市,巴拿马华人中有八成以上来自广州花都区,巴西华人中有一半以上来自江门,尤其是台山市,原籍地都惊人地单一。在恩平、花都、台山遍地开花的"委内瑞拉村""巴拿马村""巴西村"构成了当代中国农村人口国际迁移的"广东现象",改变了广东新农村格局,改变了新大陆格局。海内一条村,海外一条村,一条村即是一个"小联合国",来去自由的国际村民以不停歇的脚步向世界证明——我们是地球村的好邻居。

新大陆的人们越来越喜欢学中国话,用中国货,吃中国餐,舞中国狮,打中国功夫。中国,变成了他们向往的新大陆。

文明的交流,润物无声,人类生活在命运共同体之中。

3

与姑拉嫂的邂逅,使我无意中闯入了一个鲜为人知的中国人聚居社区——加勒比海岛。

姑拉嫂并非对女子的称呼,而是一个加勒比海岛的名字Curaçao,中文译名为"库拉索"。这是一个必须在N次放大后的世界地图上才能搜索到的小岛,因为岛上的中国人都是广东人,荷兰文Curaçao被叫成了麻溜的广东乡音——姑拉嫂、古拉梳。

在对姑拉嫂岛民进行口述历史采访中,我偶然得知了第一个抵岛的中国人和后来者的故事,熟人帮出洋,链条式迁徙,家族式创业,抱团式发展,这个跨越百年的鸿篇巨制"克隆"了中国近代国际移民迁徙模式。中国南方乡村"下南洋""闯金山"的大迁徙发生在一个半世纪前,其移民和发展路径直到今天仍在被无数次复制着。

在一个从未听说过的遥远而陌生的海岛上散居着数千广东人,这终究让我困惑,而且,姑拉嫂周边小岛上的中国人无一例外地来自同族同村同乡,保持传统的原乡文化生态。他们建"唐人"会馆,种"唐人"菜,做"唐人"餐,开"唐人"学校,如蚂蚁搬家,把"唐山"的柴米油盐酱醋茶搬到加勒比海岛,构建了一个距离中国既远且近的乡土社会。其更深远的意义,不仅在经济层面,更在文化层面,成就了一个不可思议的现实:海角小岛可淘中国商品、世界尽头可见中华文化,天涯纽带长。

很多年来,"有海水的地方就有中国人"被当作形容中国人遍布世界各地的最美语境而广为传颂,这一语境在加勒比地区被进一步强化。

比如,一家人分住在不同小岛,各自开店,节假日飞回父母家团聚,"打飞的"不是奢侈消费,是岛民别无选择的回家方式。岛之于他们,是驿站,是守望,是港湾,是梦想栖息的地方。

但是,岛啊,终究不是一个人梦想的全部。山不转,水转;水不转,人转。世界上没有真正的孤岛,在大海和陆地之间,人,自由地流转;物,也如此。

我期待了解海岛华侨的酸甜苦辣,喜怒哀乐。我走进他们中间,用心倾听他们的故事,惊喜地看见那艘著名的"中国船"从未远去,依然在中国和新大陆之间,川流不息。

故乡。他乡。渐行渐近。

4

本书内容建立在田野调查和口述历史基础之上,受访者的经历缤纷多彩,我只采撷部分呈现在各篇文中。为丰富阅读体验,书中精选了部分图片以补充文字的枯燥感,图解历史,图说故事,如临其境。

本书分四章。第一章内容为华侨故事散记,第二章内容为容家百年出洋史,第三章内容为中餐在地化经典案例,第四章内容为广东华侨乡村田野调查。此四章内容各自独立,又相互勾连,里外互动。通过国内和国外"两个场域"、历史和当下"两个时空",多维度勾勒我们至今还很陌生的熟人——加勒比华侨群像。与生活在"两个世界之间"的华裔文化特征不同,当代加勒比华侨华人呈现出强烈的中国意识和中国文化归属感,彰显了海内外同胞同呼吸共命运的时代特征,比如对原籍地美丽乡村建设的深度反哺。

本书内容不局限于地缘概念的加勒比,有的涉及加勒比海沿岸或邻近加勒比的国家和岛屿,比如委内瑞拉、巴西和苏里南。这是为了更完整地呈现加勒比华侨迁徙图和朋友圈,特别是其经济和人文活动的同质化逻辑关系。鉴于此,我将秘鲁中餐引入加勒比美食版图,秘鲁是太平洋沿岸国家,其"CHIFA"文化与加勒比中餐文化一脉相承,当可作为加勒比中国故事的逻辑延伸。

本书是关于加勒比华侨的专题研究,目前国内少有此类书籍出版,希望可以抛砖引玉,为丰富华侨华人研究尽自己一份绵薄之力。特别要感谢五邑大学广东侨乡文化研究院出版基金资助,感谢张国雄教授在研究过程中给予我的悉心指导,使拙作得以出版面世。

由于个人水平有限,本书所涉研究仍有许多未尽之处,衷心希望得到前辈专家学者的批评指正,我当继续努力,学无涯。

此为序。

沈卫红

2020年6月,于广州

contents

目　录

序　广东人下西洋 …………………………………………… 1

第一章　华侨故事散记

墨西哥

普埃布拉的中国姑娘 ………………………………………… 3

库拉索

遇见姑拉嫂 …………………………………………………… 11
百年岛囝 ……………………………………………………… 15
岛囝办学记 …………………………………………………… 22
基层干部老黄 ………………………………………………… 33
奔跑吧！亲情 ………………………………………………… 39

牙买加

一个叫 Chin 的国家 ·· 45
油角遇上麦当劳 ·· 50

洪都拉斯

青鸟不到的地方 ·· 54

古巴

近在夏湾拿 ·· 64

巴拿马

一条铁路一条河 ·· 81
误读的巴拿马博览会 ·· 95
春晚痴人 ·· 99

哥伦比亚

百年不孤独 ··· 106

圣马丁

荷法跨境华人 ··· 118
乘风破浪的中国教师 ··· 123

萨巴

才叔和 3S 岛 ··· 135

目录

阿鲁巴
阿鲁哇和搭格啦 ·· 143
中国菜场 ·· 149

圣尤斯特歇斯
广州姑娘 ·· 155

苏里南
街角的客家大叔 ·· 161

多米尼加
玫瑰之梦 ·· 178
山多罗郎中 ·· 187

安圭拉
何来孤岛 ·· 191

圣基茨和尼维斯
在一国两岛种菜 ·· 197

波多黎各
飓风过后 ·· 203

巴西
圣保罗 25 街 ·· 209

金钻国角仔店 ····· 212

第二章　容家百年出洋史

姑拉嫂离奇来客 ····· 219

金山伯二闯金山 ····· 224

容老二的异国恋 ····· 229

三家巷容苑 ····· 231

磨刀水流啊流 ····· 237

一张"入境纸"引发的奇案 ····· 242

第三章　中餐在地化经典案例

杂碎哲学 ····· 249

炒饭共同体 ····· 257

第四章　广东华侨乡村田野调查

姑拉嫂村 ····· 267

哥斯达黎加村 ····· 273

洪都拉斯村 ····· 279

巴拿马村 ····· 286

委内瑞拉村 ····· 304

巴西村 ····· 318

一村十四国 ····· 325

后记：煲一锅加勒比料理 ····· 333

第一章　华侨故事散记

我慢慢地掀起
姑拉嫂的盖头
仔仔细细打量
我想知道
她是谁

姑拉嫂说
她不是一个人
还有很多兄弟姐妹
遍及蓝色的加勒比海

普埃布拉的中国姑娘

在墨西哥城过新年,好像全世界的游客都来赶集一样。市中心是举世闻名的文化古城,大街小巷人头攒动,说是看景,不如说在看人。女儿提议去小城普埃布拉跨年,那是一座陶瓷城,墨西哥青花瓷产地,而且,还有一个"天使之城"的美名。

这听起来很有吸引力,它勾起我对四百年前那场著名的"大帆船贸易"的联想,难道墨西哥"瓷都"和大帆船会有某种"连接"吗?

好奇心强迫症复发。说走就走。

在墨西哥城坐长途汽车需过安检才能上车。大巴很干净,特别喜欢宽敞惬意的座位,每个座位配备充电口和水杯座,服务周到。

两小时的车程不算长。我把手机充上电,开始查找相关信息,意外地发现传说中的"中国公主"就在普埃布拉。我听过这个故事:一位中国公主不幸被海盗劫持到墨西哥,她美丽善良,心灵手巧,教会当地人民纺纱刺绣,她亲手制作的红绿色服装深受墨西哥人民喜爱,成就了中墨友谊的一段佳话。

于是，我们的行程里多了一项新探索——寻找"中国公主"。

一下车，直奔酒店办入住手续，只见大堂背景墙镶嵌精美青花瓷，即时走神，以为自己误入景德镇。

到普埃布拉市中心时已是午后。市中心以普埃布拉大教堂为标志。这座建于1531年的古城具有典型的西班牙风格，被浓烈的宗教气氛笼罩着，60座教堂遍及街巷，一转身，一抬头，一回眸，都会与教堂不期而遇。这些宗教建筑融合了巴洛克式风格和印第安民族特色，尤其在穹顶或外墙立面以彩绘瓷砖装饰，在阳光下熠熠生辉，看上去就像是由教堂和彩色房子砌起来的一座城市，古朴，静逸，安详。

普埃布拉大教堂

地标普埃布拉大教堂是当地最大的教堂，这座天主教堂建于16世纪，双塔造型，庄严恢宏。广场每一个石柱上都有一位天使，悉心守护着大教堂。这，便是"天使之城"的起源。

相传在大教堂刚开建时，墙壁砌好后到第二天就无缘无故地倒塌，再砌好，又倒塌，如此反反复复，工人无法继续施工。两位天使闻讯降临，每天晚上守卫教堂，砌好的墙壁从此未再倒塌，工程终得以顺利完成。墨西哥人为感谢两位天使，把普埃布拉称作"天使之城"。

走进天使之城，就像在彩色积木里漫游。小城早在1987年就被列入世界文化遗产，宁静的街道，多彩的房子，勾勒出独特的城市肌理。

无论教堂、博物馆、图书馆，还是旅馆、商店、住宅，都是彩色的，连餐厅里的桌子和门牌都是青花瓷。卖瓷器的店铺多呀，精品店有之，地摊有之，从果盘餐具茶具到冰箱贴，跳动的釉彩，丰富的图案，令人目不暇接。这些陶瓷拥有一个共同的名字"普埃布拉的塔拉韦拉陶瓷"。

塔拉韦拉陶瓷原产自西班牙陶瓷名城塔拉韦拉，有严格的烧制工序，西班牙人将这种工艺技术传入普埃布拉后，与印第安民族文化特色深度融合，从而形成了墨西哥特色的陶瓷产业。为了与原产地区别开来，普埃布拉本地窑烧出来的陶瓷被冠名"普埃布拉的塔拉韦拉陶瓷"，这座古城也因陶瓷而兴旺，而尊贵。

我在墨西哥城市中心见到一栋建于18世纪的著名建筑"蓝瓷屋"，上下两层楼，因其立面全部镶嵌青花瓷而得名，现在是墨西哥著名餐厅Sanborns的旗舰店，因餐厅不提供订座服务，世界各地慕名前来的游客每天在门口排起长龙。据说蓝瓷屋的前身是一个贵族的私人宫殿，当时立面所用材料不是青花瓷，后来，居住在普埃布拉的一位伯爵夫人决定在丈夫去世后返回首都，于是买下这座宫殿，用青花瓷改造外墙，以示自己来自高贵的"瓷都"。

漫步在缤纷的普埃布拉，我无法不把琳琅满街的"China"与中国连接起来。在西班牙语和英语语境里，"China"是"中国"，又译为"陶瓷"，"中国和陶瓷"被赋予了互为符号的文化特意。

在陶瓷工业发展进程中，西方人把流行于殖民时期的彩砖或抛光砖叫作"Azulejos"，这种瓷砖最早是阿拉伯商人从中国定制的外销瓷，通过丝绸之路销往欧洲，后来，西班牙、葡萄牙、意大利、荷兰等国发展陶瓷工业，彩绘瓷砖被融入欧洲风格而风行于世。西班牙人占领墨西哥后，又将陶瓷工艺传入墨西哥。

这让我想起了另一条丝绸之路，仿佛看见从菲律宾马尼拉启航的大帆船满载中国造青花瓷向阿卡普尔科港驶来。墨西哥人不只钟爱青花瓷，还从中国青花瓷工艺中直接汲取创作灵感。

加勒比华侨与广东侨乡

这是普埃布拉的"陶瓷之路"吗？从大西洋吹来的欧洲文艺复兴风，和随着太平洋大帆船驶来的中国风，在此交汇。普埃布拉延伸了古代丝绸之路的长度。

在我细思奇想之时，女儿正在认真寻找"中国公主"的故事。

在孔帕尼亚教堂对角有一间小精品店，充满墨西哥风情。女儿看见店员是年轻人，便走进去打听。看着他们热烈地交谈，我在一边默默地欣赏陶瓷小玩意。

女儿聊完天，把我拉到侧门，告诉我街对面的朱红色房子就是"中国公主"的家，还有人住在里面呢。

一眼瞧去，着实感觉不出这个房子有什么特别之处。花岗石门楣上写着"中国姑娘宫殿"，道出屋主人的身份，宣告这里出过一位中国名人，有如"名人故居"。

普埃布拉的"中国姑娘宫殿"

走过街，近看，方才发现其中的门道。

公主宫殿的正门不大，却是中国古代王亲贵族才能享有的朱漆门，以一对狮头铜辅装饰，朱门上面的金黄色门钉密密麻麻，不像中国传统那般讲究。这个朱门设计向公众传递出宫殿的"中国信息"。

可惜，朱门紧闭。女儿不甘心，绕房子转了一圈，回过来轻推大门,门竟然没锁。

我们刚探头入内,见一位女士从侧边办公室走出来,她显然没想到会有不速之客。女儿说明来意后,女士热情相待,笑言这是她第一次接待从中国来的游客。她说这个宫殿原先是"中国公主"的家,现在已经成了餐厅,他们正在为跨年夜做准备。

她把我们引入中庭,指着正前方一座女子雕像说,"这就是美丽的中国公主"。

美丽的公主看上去不像汉族人,服饰有几分像古代西域姑娘的打扮。女儿问店里是否有"中国公主"的资料,女士从电脑里打印出一张纸,笑着说"公主出身于印度"。

"中国公主"怎么变成了"印度公主"?我欲细问,女士重复道"中国公主出生于印度"。

普埃布拉的中国姑娘雕塑

女儿把资料看了一遍,讲给我听,我才知晓其中的来龙去脉。

后人口中流传的"中国公主"的故事,均来源于17世纪普埃布拉的各种出版资料。这位神一样存在的"中国公主",一生充满传奇和曲折。

她的原名叫米拉。

1602年,米拉公主出生于大蒙古国(今印度北部)的一个王室,年少时不幸被一群从事奴隶贸易的葡萄牙海盗绑架,带往菲律宾。在前往菲律宾的路上,米拉在交趾支那(位于今越南南部)接受洗礼,改名为卡塔丽娜·德·圣胡安。

在新西班牙,总督堂迭戈·德·门多萨·皮门特尔,即赫尔韦斯公爵买下了这个年轻貌美的女孩,他让心腹堂·米格·德·搜撒船长到阿卡普尔科港口迎接几天后随"中国马尼拉大帆船"抵港的卡塔丽娜。

加勒比华侨与广东侨乡

然而，当卡塔丽娜到达墨西哥时，总督却离开了新西班牙回到伊比利亚半岛，她被搜撒船长带回普埃布拉。搜撒膝下无子，把卡塔丽娜当作礼物送给妻子德纳·玛格丽特，而玛格丽特并未将女孩当作奴隶，反而视如亲生女儿。

卡塔丽娜来到这个陌生地方后，仍然穿着家乡的服饰。她会纺纱织布，会刺绣，会做漂亮衣裙，还把这套纺织刺绣技能教授给当地居民。传说卡塔丽娜能看到圣母玛利亚和幼儿耶稣显灵，她与当地人民结下了亲密情谊，人们亲切地称她"La China Poblana"，译作中文即"普埃布拉的中国姑娘"。

卡塔丽娜的穿着让本地人倍感好奇：上半身是一件刺绣短袖，下半身是一条长裙，脚上蹬一双丝质拖鞋。这种装扮后来演变为墨西哥女性传统服饰"China Poblana"，意为"普埃布拉的中国女装"。

时光流逝。在卡塔丽娜的养父母相继去世后，无依无靠的卡塔丽娜被现在这座房子的主人伊波利托·德尔·卡斯蒂洛·德·阿尔巴船长收留，她在这里度过余生。因为她对信仰的挚诚奉献，所以被信众视为救世圣女，她在1688年去世时身披圣纱，被安葬在孔帕尼亚教堂内。

我终于茅塞顿开。时光机调回到400年前，"中国公主"的传说其实是一个因马尼拉大帆船引发的美丽"误会"。

1565年，西班牙人在墨西哥和菲律宾建立殖民地后，开辟了一条往返于菲律宾马尼拉和墨西哥西部港口阿卡普尔科之间的太平洋贸易航线，史称"马尼拉大帆船"。从1565年至1815年两个半世纪里，西班牙人把菲律宾作为中国商品集散地，将中国丝货、瓷器、茶叶、珠宝等热销品从中国南方港口运至马尼拉，在马尼拉港口装上大帆船后运往墨西哥，又将墨西哥的白银运回马尼拉换取中国热货。由于马尼拉大帆船上的货物几乎都来自中国，船上的水手也是中国人，墨西哥人因而将"马尼拉大帆船"称为"中国船"，将船上的人叫作"马尼拉中国人"，当他们高谈阔论菲律宾时，犹如在谈论中国的一个省份。16世纪末，西班牙王室允许中国工匠进入墨西哥，从此，大批中国织工、裁缝、木匠、首饰匠随大帆船来到阿卡普尔科,在阿卡普尔科形成美洲最早的唐人街。

这位传说出生于德里的印度公主,或者大蒙古国公主,被葡萄牙海盗掳掠到马尼拉卖给西班牙人,并搭乘"中国船"来到阿卡普尔科后,又阴差阳错被卖到普埃布拉,她的身份顺理成章变成了"中国公主"。显然,这个"中国"不是地域概念,凡乘坐"马尼拉大帆船"即"中国船"来到墨西哥的亚洲人,都是"中国人",无论是米拉,还是其他东方乘客。

所以,米拉究竟是"印度公主"还是"中国公主",已经无关紧要了。"普埃布拉的中国姑娘"是太平洋丝绸之路流传的文化遗产。

在墨西哥,"China Poblana"是一个具有特定语境的专有名词,不仅指坐大帆船而来的"普埃布拉的中国姑娘"米拉公主,还涵指"中国姑娘"带来的服饰文化。中国视角下"普埃布拉的中国姑娘"与墨西哥视角下"普埃布拉的中国姑娘",不同场域下的不同解读,皆源自对历史真实的不同认知吧。

普埃布拉是古老的陶瓷城,也是古老的纺织城。没想到偶然的遇见,牵扯出这段百转千回的太平洋连接。寻寻觅觅,得来不算费功夫。窃喜。

走出门外,回眸看见外墙上漂亮的青花瓷砖,忍不住看多一眼。上面的文字写着:

敬爱的大蒙古国米拉公主,后世被尊称为救世主修女卡塔丽娜·德·圣胡安,又被称为"中国姑娘",她于1688年1月5日在这个家里辞世。这里曾经在1735年是皇家海关所在地。

公主故居与孔帕尼亚教堂隔一条街,两栋建筑几乎在同一条直线上。一张巨幅海报摆放在教堂门口,穿着普埃布拉传统女装的少女和几行大字构成海报主体结构,文字写道:"您知道'普埃布拉的中国姑娘'安葬在这个寺庙里吗?欢迎入内参观"。

加勒比华侨与广东侨乡

明明是教堂，偏偏写成"寺庙"，是否为有心之举呢？走入"寺庙"，在靠近连接祭坛和圣器室门的地方，有一座纪念碑，那里便是"中国姑娘"的安身之处。

普埃布拉的"中国姑娘宫殿"简介

1989年，普埃布拉市政府在市中心竖立"中国姑娘"巨型雕像，希望"中国姑娘"为这座古老城市带来新的魅力。

作为墨西哥传统女装经典的"China Poblana"，被人们普遍认为要归功于"中国姑娘"，普埃布拉因此被认为是这一女性民族服装的发源地。近年来还有一种观点认为，把圣女"中国姑娘"和作为墨西哥传统女装的"China Poblana"之间混为一谈始于19世纪末，那时除了普埃布拉，墨西哥其他城市如墨西哥城、瓦哈卡、瓜达拉哈拉等地都流行一种叫"China"的女装，它的经典配搭为一件白色刺绣衬衫、一条红绿色裙子、一条丝质腰带，有的还会加一条披肩，穿这种"China"女装的女性被称作"Chinas"（"中国女人"）。可能因为"中国姑娘"是亚洲人，而这款民族女装具有亚洲风格，人们才会认为"中国姑娘"创造了墨西哥传统女装吧。

这让我不禁又想起从马尼拉扬帆而来的"中国船"，船上有丝绸，有织工，有裁缝……在这条丝绸之路上，发生过多少东学西渐的故事呢？

街上静悄悄的，人们都回家过新年了。我无意中抬头，见万丈霞光映红了天际，如圣光普照，万物祥和。

啊！天使之城！

我们在这里，迎接新年的第一声钟声敲响。

遇见姑拉嫂

流哥从国外回来,给我带来了一个新名字——姑拉嫂。

初时,我以为是他新认识的一个跟阿庆嫂那样不简单的女人,而且是一个有故事的女人。所以,当他告诉我姑拉嫂是一个加勒比海岛的名字时,我以为他在开玩笑。流哥得意地说,这个海岛的中文译名是库拉索,本名为Curaçao,岛上华人亲切地昵称这个海岛为"姑拉嫂"。

我在地图上搜寻千百度,无果。深蓝中的小岛密密麻麻,让人产生密集恐惧症。我去找流哥指点迷津,他狡黠地微微一笑,故意卖关子,说"姑拉嫂与委内瑞拉隔海相望",让我继续搜索。我在地图上点啊点,扒啊扒,放大又放大,终于在委内瑞拉近海处扒出一个蚕虫形状的库拉索岛,粤人的"姑拉嫂"。

多有魔力的乡音啊!广东人总善于把西洋语言转换成本土特色语汇,更把这种优良传统发扬到世界各地,不用粤式外语钻研,真对不上号。

"姑拉嫂"自不必说了,"库拉索"逐渐被中国人认知也是这几年的事。

加勒比华侨与广东侨乡

2013年下半年,刚刚设立的中国驻威廉斯塔德总领事馆传来一纸鸿雁,我们才第一次知道世界上有一个地方叫"库拉索",第一次知道有数千广东人生活在小岛上,第一次知道岛上侨胞渴望家乡支持兴办中文教育。

广东省侨办决定组团上岛了解情况,流哥是其中一员,负责办理出访手续。库拉索全称荷属库拉索,所有人理所当然地认为它是荷兰的海外省。然而,库拉索头戴着荷兰帽其实是自治国,又归荷属安的列斯辖区,所以,没有人知道该怎么申请签证。流哥四处打听,摸着石头过河,一步步摸索办理库拉索签证的有效途径。终于有一天,流哥骄傲地向我们宣布签证办妥了,据他介绍,这种荷属加勒比签证是荷兰专门针对加勒比地区发放的签证,荷兰外交部需征求库拉索移民局意见后才能签发。

在此之前,没人听说过这种签证类型。

2014年6月,代表团经过近30个小时的辗转跋涉,终于登上这个距离中国约两万公里的加勒比海岛,侨胞们欢天喜地舞动南狮,迎接家乡亲人。刚到任的总领馆官员说,他在履此新职前也不知道这个

威廉斯塔德港,一百年前中国人在此登岛

遇见姑拉嫂 | 库拉索

库拉索在哪里。

姑拉嫂究竟在哪里？

在加勒比海诸岛中，有一个原荷兰王国的海外属地——安的列斯群岛，全境由相距800多公里的南北两组岛屿组成。南组三岛是库拉索、阿鲁巴和博内尔，合称"ABC群岛"；北组三岛是圣马丁、圣尤斯特歇斯和萨巴。库拉索是荷属安的列斯群岛的主岛，面积有444平方公里，与委内瑞拉相隔仅60公里，从威廉斯塔德港飞到委内瑞拉商业中心城市瓦伦西亚（粤语名为"华恋社"）只需45分钟。

2010年10月10日，荷属安的列斯正式解体，解体仪式在库拉索岛举行。库拉索和圣马丁独立成为荷兰王国框架内的自治国，加上早在1986年自荷属安的列斯独立的阿鲁巴，三岛实行高度自治，有首相、议会和政府，执政党通过全民投票选举产生。博内尔、圣尤斯特歇斯和萨巴三岛成为荷兰特别行政区，由荷兰直接管辖。这六个岛屿组成现在的荷属加勒比区，荷兰对前往该地区的游客发放"荷属加勒比签证"，到库拉索、阿鲁巴、圣马丁三岛还要先征求岛国意见。

1499年，西班牙人发现了库拉索岛。历史上，库拉索曾经是葡萄牙、西班牙、英国、法国和荷兰的殖民地，17世纪中期成为贩卖非洲黑奴贸易的转运中心。这一人类历史上最血腥的记忆被保存于岛上黑奴博物馆，令人毛骨悚然。由于这段历史，在岛上16万总人口中，黑人占90%。

库拉索岛上有50多个族裔的移民。第一次见到库拉索华文学校校长黄冠雄时，我对岛国"16万人口50多个族裔"的现象很费解，他举例说"岛上的乞丐至少会说五种语言。"我被这个概念震惊了，立马将"语言天才"称谓颁予"姑拉嫂人"。

黄校长告诉我，库拉索的国语不是荷兰语，不是英语，不是西班牙语,不是葡萄牙语,不是法语,是"Papiamentu"——库拉索本岛土语"帕皮亚曼土",为方便书写和记忆,我后来一直叫它"帕语"。

岛上气候干旱,自然资源匮乏,淡水靠海水淡化而来,电力以及食品、蔬果、日用品等几乎所有生活资料都需进口。芦荟和仙人掌是岛上的主要植物,还有免费享用的蓝天、白云、大海和阳光。除了炼油、航运和海外银行业,旅游业始终是库拉索岛的支柱产业。

库拉索是荷兰在加勒比地区的政治、经济和文化中心,是六岛中面积最大、人口最多的岛,原荷属安的列斯首府在威廉斯塔德,荷属安的列斯大学设在岛上。威廉斯塔德是巴拿马运河贸易线上的交通枢纽,也是世界最大港口之一。

所以,中国在荷属加勒比地区设立领事机构时,把馆址设在威廉斯塔德。中国驻威廉斯塔德总领事馆于 2013 年 10 月设立,2014 年 9 月 25 日正式开馆,领区覆盖荷属加勒比六岛。

因为与姑拉嫂的遇见,这几年我写了不少关于姑拉嫂的文章,得益于互联网传播,人们开始了解岛上的中国人和他们的故事。朋友们说我的研究推动了姑拉嫂走进公众视野。

其实,我要感谢姑拉嫂人,是他们让我产生了重新认识新大陆的冲动,由此而走进我从未了解过的加勒比中国人群体。研究本身,就是发现世界和认识世界的互动过程。

百年岛囧

　　1999年，库拉索时间10月1日早上7时，北京时间10月1日晚上7时，库拉索华侨会所第一次举行庆祝中国国庆节仪式——升五星红旗。在侨胞们庄严激动的注目礼下，五星红旗冉冉升起在加勒比海上空，迎风飘扬。

　　从这天起，每年10月1日早上7时，五星红旗准时在华侨会所大院庄严升起。从可考的1899年第一个中国人来到库拉索，到1999年岛上升起第一面五星红旗，岛民们期盼回家的路，走了整整一百年。

　　这是由一条台山小村落引发的百年传奇，和后来的故事。

　　台山的小村着实多，小村的名字着实有趣：三八、四九、五十……跟给人取名字一样，都是门学问。不过，台山村落和中国其他村落迥异，走遍台山，几乎找不到一个没有村民出洋的村，每一个村落都有一个"海外村"，联系着少则几个多则十几个国家和地区的族人，藏着

加勒比华侨与广东侨乡

满箩筐的故事。

冲蒌是台山著名侨镇，百姓早在一个半世纪前已去美洲淘金。冲蒌镇有个甫草磨刀水村，这是一个自然村，村里人姓容。1895年，一个名为容儒柬的年轻人从磨刀水漂洋过海到加拿大修铁路。1899年，容儒柬在劳工合同到期后被迫离开加拿大回国。当他们乘坐的轮船抵达加勒比海港威廉斯塔德，容儒柬等人乘上岸小憩时，悄悄留在了库拉索。

容儒柬是有据可查的第一批到库拉索的中国人之一，从彼时起，库拉索与中国开始了一段不为人知的长达百年之余的不了情。

这个不可思议的故事，是库拉索华侨会所主席容宇庭告诉我的，容儒柬是他的曾祖父。容宇庭于1986年离开磨刀水到哥伦比亚上学，几年后来到库拉索，和他同村的容姓兄弟也陆陆续续迁徙到岛上，现在库拉索的容姓族人有100多人，留在磨刀水的村民只有几十人。而容姓，成为库拉索华人的一个大姓。

当台山人蚂蚁搬家似地往库拉索迁移时，岛上同期出现一个华工群体——海员。

1914年，在委内瑞拉马拉开波盆地发现石油，这一事件彻底改变了库拉索的命运。库拉索与马拉开波盆地仅隔60公里，岛上天然深水港威廉斯塔德可供大型油轮停靠。荷兰皇家壳牌公司和荷兰政府抓住此千载难逢之机，在岛上原奴隶交易市场的位置建造了一座大型石油精炼厂，将从委内瑞拉运过来的重油提炼为原油，出售到世界各地。随着石油公司劳动力需求的激增，岛上人口迅速增加。

1911年第一批中国海员抵达阿姆斯特丹和鹿特丹以后，荷兰成为欧洲华人海员主要集散地，壳牌在库拉索建立炼油厂，从荷兰招收华人海员到库拉索。这些海员以广东旧宝安县人为主，少数来自浙江、福建、安徽，他们在往来于库拉索和委内瑞拉之间的运油船上当锅炉工和水手。

"二战"期间，壳牌向盟军提供原油，原油需求量巨大。此间，岛上的华人海员已汇聚成相当规模，成为一个庞大的流动人口群体。这些华工经常到广东人社区消遣，有些后来留在了库拉索生活。

由于德意军队在大西洋海域设置海上封锁，盟军的海上运输危险重重，随时危及人员生命。有部分华工开始罢工，向石油公司提出增加工资和加强人身安全保障。石油公司要求华工选出十几名代表到警察局谈判，但谈判破裂，这十几名华工被逮捕，随后，一百多名华工到警察局静坐抗议，又遭拘禁。由于警察局无法容纳这么多华工，因此将华工分批押送到苏菲山军营关押，企图继续向华工施压。但是，华工头领态度强硬，继续领导华工抗议。1942年4月20日，军警企图将一百多名华工分开关押，期间出现争执，军警向华工开枪，十三名华工当场遇害，两名华工被往送医院后不治身亡，他们年龄最小的29岁，最大的56岁。次日，华人社区将15名同胞集体安葬在库拉索国家公墓。

2015年4月，黄冠雄在苏菲山华工遇难地举办的纪念活动上遇见一位老人，老人是当年惨案的目击者，是他将受伤华工送去医院抢救。黄冠雄说，他永远不会忘记这位善良慈祥的好人：

2015年，我在华工遇难地苏菲山见过一位本地老人，他亲口对我说，当年他在军营对面开杂货店，事发当时他正在店里。他看见一名华工受伤了，就急忙把华工抱进自己的汽车送去医院，一路上握着华工的手，不敢松开。

1945年4月6日，华人社区在位于国家公墓的华工墓地竖立"遇难同胞纪念碑"。1960年5月6日，四邑华侨公所重修纪念碑，纪念碑正面为英文，上刻十五名华工护照姓名和籍贯生辰，其中广东籍八人，浙江和福建籍各三人，安徽籍一人；背面为中文，上书华工中文姓名，因风吹日晒以致文字脱落，中文姓名已看不清。

2014年，在荷兰历史学家的呼吁下，库拉索政府正式将4月20日确定为"中国海员纪念日"，每年这一天，政府和社会各界在国家公

位于苏菲山营地的华工纪念碑，上刻15名华工海员的名字、籍贯和生辰

墓或惨案发生地苏菲山军营遗址举行纪念活动。

2015年4月20日，在空旷的苏菲山军营遗址上，一座独特的纪念碑面朝大路而立，一块刻有十五名遇难华工姓名和籍贯的花岗岩石碑嵌于巨型海石上，周围竖有多幅大型漫画，展现当年拘禁和屠杀华工的场景，并用荷兰文题写"荷兰屠杀营，1942年4月20日惨

位于苏菲山营地的华工纪念碑，再现当年华工罢工被拘场景

案"。这是荷兰人的历史之痛,也是苏菲山遗址留给后人的历史之镜,时刻警醒人们要珍爱和平。

只是,半个世纪前发生在加勒比海岛上的这起中国海员悲剧,至今鲜为人知。

二战结束后,到加勒比海岛的中国海员大幅减少,留在岛上的海员也不多,海员走南闯北,流动性很大。

容宇庭在1992年来到姑拉嫂,他说认识一位老海员,老人十五岁时到香港当海员,一生都在海上漂泊,曾经在美国和多米尼加生活,之后到库拉索定居,后来又移民荷兰,先后经历四次婚姻,历任妻子中有华人也有外国人。

由于历史原因,库拉索华侨曾经持"中华民国护照"。1956年,荷兰与中国建立外交关系,"中华民国领事馆"撤离。然而,由于当时荷属安的列斯政府依然承认"中华民国护照",加之库拉索远离荷兰本土,致使库拉索等荷属加勒比小岛的华侨领事业务长期处于"三不管"的困境:中国驻荷兰大使馆顾不到,中国驻周边国家大使馆不能管,荷属安的列斯区域内又没有中国领事馆。

岛囝们为了申请亲友来岛,手续办理费尽周折。到20世纪60至70年代,库拉索岛上的华侨有二三百人,这个状况一直延续到中国改革开放后才发生改变。

20世纪90年代,中国人移民库拉索出现第二次高潮。由于政府放宽移民和劳工政策,中国移民人数激增,最多时一年达300多人。进入21世纪后,到库拉索的中国移民人数有所下降,但每年仍有八九十人。一部分中国人从委内瑞拉、多米尼加等附近国家再移民到库拉索,安定之后继续申请老家亲友出国。

在1995年之前,岛上完全没有华侨领事保护,岛囝们通过亲戚朋友在世界各地办理护照延期和更换。他们万万没有想到,祖国会有一天发现他们。

1995年底,中国驻委内瑞拉大使馆奉命派领事专程飞到库拉索看望侨胞,倾听侨胞诉求。1999年,中国政府明确将库拉索侨民领事业务归属驻委内瑞拉大使馆管辖。

1999年9月25日,这是库拉索华侨史上的不寻常日子。一大早,人们扶老携幼,从四面八方向冈哥地街(Concordia Straat)28号汇聚,这里是四邑华侨公所所在地。偌大的院子里,欢声笑语,人潮如云,就像办大喜事一样。上午10时,雄壮的《义勇军进行曲》响起,在全体侨胞的注目礼下,中国驻委内瑞拉大使刘伯鸣亲手升起了库拉索岛上第一面五星红旗。

这一天,库拉索华侨正式"脱单",回到了祖国怀抱。黄冠雄说,当五星红旗冉冉升起那一刻,很多同胞激动地热泪直流。

库拉索华侨会所,前身为四邑华侨公所,现改名为库拉索华侨华人总会

中国人自1899年首次来到偏远的库拉索,至今已走过120多个春秋。如今岛上中国人约有五千人,百分之百来自广东,其中90%以上来自恩平、台山、开平和鹤山。餐饮业、杂货业和洗衣业是岛上华人经济"三宝"。中餐馆约有300家,占岛上餐馆总数的三分之二,以做外卖快餐为主。杂货店和超市有200多家,约占岛上日杂超市总数的

90%,以各类日用百货和建筑材料为主,很多来自"中国制造"。洗衣店有十几家,其中容宇庭的洗衣馆稳居岛上洗衣业第二把交椅。

而华人组织的变迁更如一面放大镜,洞见世界上没有一座孤岛。有华人的地方,就有一个与时俱进的江湖。

在中国海员遇难事件发生后,岛上海员和侨胞集体捐款购置物业,成立中华会所。

1964年,中华会所分裂,四邑华侨公所成立,侨胞集资购置会所物业。

2009年,四邑华侨公所易名为库拉索华侨会所。

2018年,库拉索华侨会所更名为库拉索华侨华人总会,下设华文学校、中国和平统一促进会、华企联盟、妇女会等。各项会务向多元化发展,与中国和家乡广东的联系愈加紧密。

加勒比华侨与广东侨乡

岛囧办学记

加勒比地区华文学校寥若晨星，库拉索华文学校属后起之秀，虽然自 2014 年才正式办学，但在校生一直保持二百人左右，学生人数在加勒比华文学校中属于比较多的。

这些周末华文学校由华人会馆创办，自筹资金，自力更生，以传承中华文化为己任。库拉索华文学校只有一个老师和一间 105 平方米的课室，老师把二百多名学生编成不同班级，轮流授课。这间课室兼作华侨会所会议室，在非上课时间里，课室回归会议室。

我是为了去看这所学校才飞去库拉索的。因为只停留一天，我们起得特别早，径直朝学校飞奔去。

建于 20 世纪 60 年代的库拉索华侨会所采用荷兰建筑的经典明黄色外墙，白色门窗，屋顶为橙色和青灰色琉璃瓦，就像童话世界里的彩色城堡。若不见"库拉索华侨会所"七个方块字凌空而立，谁会想到这是中国人的会馆物业，里面还有一所学校呢！

正值公众假期，课室变回了会议室。桌椅归置一侧，收拾得干干净净，讲台正中规规整整贴着一面五星红旗，大小灯笼和中国结悬挂在讲台四周，红艳艳的，错落有致，简朴，庄重。

从广东茂名来到库拉索的柯小玲老师从隔壁屋走出来，自然嘘寒问暖一番。其实，这是我们的第二次见面，第一次见面在广州。那天，娇小的她背着一个非洲鼓来，敲着鼓，诵吟了一曲古诗词，那一往深情的投入，看得出她真爱之。

我问：你可以排出一个鼓阵来吗？十人，二十人，就像嘉年华一样。

她自信地回答："行！"

她和库拉索有缘，若不是她自己争取，已失之交臂了。在通知老师集中面试的那段时间里，我们无法联系到她，当她收到面试通知时，已过了面试时间。因为事出有因，我们请她来面见，没想到，她背着鼓来了。临走时才知道，她坐早班车从茂名直接赶来广州，面试结束后又坐车返程。

那一刻，我的心，被她重重敲了一下。

此刻，她着一身汉服出现在库拉索，素雅娉婷，完全一副文艺青年的模样，我寻思这姑娘又唱哪出戏呢。

她拉着我去看她的闺房，就在课室隔壁，前身是华侨会所办公室。华侨会所这栋楼属古董级别，政府只允许外墙添涂新色，其他一律不能擅做改动。文艺青年的小屋布置得别样风景，一溜小清新中国风摆件让满屋子粉嫩起来，空气里游动着淡淡的香。墙边衣架挂着一排五彩斑斓的汉服，原来是她特意从国内托运来的，整整一大箱子，跟着老师漂洋过海来打扮她的学生。簪子、扇子和各种小挂件，都由她自己手工制作，每一件都这般玲珑可人，让人爱不释手。

小玲说自己喜欢汉服，希望把博大精深的汉服文化传播到加勒比小岛上。大家你一言我一语地讲起老师穿着漂亮汉服步出机场海关的情景，恍如见到天外来客，都惊呆了。

因为说好在学校吃早餐，卢洪悦副校长在家里煮好了白粥，连着

加勒比华侨与广东侨乡

电饭煲一起拿过来了,还有肠粉和角仔,他一再强调"这是我们恩平早餐。"

我们围着课桌坐下。心情和胃口显然成正比的,半小时工夫,我们吃好了这顿原汁原味的恩平早餐,心情越发明媚了。

原来乡愁是可以食疗的。一顿饭菜可把异乡的"愁"化作原乡的"乐",我不过才在这里待一天,已开始懂得这些离乡背井的人自有治疗乡愁的土方良药。

转身,又看见那清一色仙仙的汉服,顿时有了时空交错的感觉。仿佛看见众仙女从彩色城堡里面飘出来,翩翩起舞,城堡变成了一幅游走的画,时而华彩,时而水墨,不禁迷惑起自己身处东方还是西方。

这个魔幻小岛,这间华文学校,原本相距十万八千里的两个世界,真的在同一个星球上相遇了。

岛囧办学历程,充满戏剧性。

新移民集中在近二三十年来到库拉索,由于本身的粤语背景,普通话基础不好,世人嘲笑"天不怕,地不怕,就怕广东人说普通话",广东人也自嘲不会"煲冬瓜"。当普通话在全世界开始流行,在星罗棋布的加勒比海岛,广东方言仍然是本地人听习惯了的中国话。以前,中国驻委内瑞拉或荷兰大使馆官员到库拉索看望侨胞,需要配备恩平话翻译。黄冠雄会讲流利的普通话,因而常客串普通话和恩平话"双语翻译"。

在 19 世纪 60 年代末,库拉索华侨会所前身四邑华侨公所办过中文补习班,一二十个孩子围坐在一起,听一位讲国语的长者讲授中国文化。这种"私塾"只持续了一年光景,因为缺少老师,学生流失了,补习班停办了。

时光混沌了半世纪。2013 年 10 月,中国在库拉索首府威廉斯塔德设立总领事馆。为抢救岛上行将消逝的中国文化，华侨会所向总领馆提出创办华文学校的想法，得到总领馆支持，总领馆随即联系广东省侨办，终于把遥远的小岛带进我们的世界。

几乎在同时，广东省侨办接到国务院侨办通知，从广东选派一名中文老师前往库拉索支教。

当我们把希望寄托在库拉索侨胞的老家江门时，江门的同事竟如我们一样不知道"库拉索"在哪里，更不知道岛上的"姑拉嫂"乡亲有四五千人之多。这真是匪夷所思。

办学不是一件容易的事，难能可贵的是华侨会所的年青一代侨领具有极强的行动力。他们挨家挨户劝说乡亲们把孩子送到即将诞生的华文学校学习。几轮游说下来，有一百多名家长半信半疑地为孩子报名，很多侨胞自愿捐款支持办学。

2014年2月15日，华侨会所理事会发出建校"一号文件"——《关于华文学校组建纲要的通知》。《通知》开宗明义写道：

> 华文学校的建立是库拉索开埠百年来头一桩，组建华文学校是理事会当前的重要工作，会所必须群策群力，依靠大众智慧和能力，采取请求中国政府帮助、总领事馆支持以及本埠企业和个人捐资、学生交少许学费和会所全包干的办法，保证学校能够长期稳定办下去。在语文教育基础上，视条件许可再开设文体艺术和音乐舞蹈等课目，让中国文化发扬光大，使我们的子孙后代受益。

根据华侨会所的统一安排，从5月1日起正式接受学生入学报名，一切捐赠款物由华侨会所专人登记收领并在会所网络平台上公布，所有捐赠人造册立碑，永久保存在会所。

为保证姑拉嫂开埠百年后的头桩大事不落空，华侨会所理事会决

加勒比华侨与广东侨乡

定由伍权荣和黄冠雄代表会所专程向广东省侨办当面呈情,请求支持。在广东期间,两人还需负责采购书本、练习本、黑板、课桌椅等教学物资,运回海岛。

当我们得知姑拉嫂来人了,就像听见外星人来了一样,在好奇中等待。春节过后,当伍权荣和黄冠雄郑重其事地出现在我们面前时,我们才知道库拉索岛上有几百名华裔中小学生没有学习中文的环境,孩子们放学后在自家超市里看管店铺,在餐馆里帮大人削土豆,他们只会说恩平话和台山话。

广东省侨办明确表态支持办学,除选派老师外,还赠送了黑板、幻灯机等教学设备。伍黄两位信使吃下定心丸,如释重负。另边厢,被认了亲的江门和恩平侨务局马上赞助了100套课桌椅和练习本。这些物资于4月8日装上货柜,走海路于5月底到达威廉斯塔德港。

最让我们苦恼的是要找一名合适的老师赴任。通过严格的笔试和面试,恩平一中语文老师黎艺青成为库拉索华文学校的第一位老师。当她得知被派去海岛支教时,忐忑地问我们:"库拉索在哪里?"

我们告诉她,库拉索是加勒比海一个风光绮丽的小岛,那里有很多恩平人。虽然那时我们谁也没去过库拉索,但说得跟真的一样。老师说相信我们。

为准确摸清学生人数,华侨会所迅速启动侨胞人口和商号普查。他们分成若干工作小组,按地区和街道登记华人商号,以成年人的商号为登记点,为每户家庭登记造册,夫妻在不同商号的可选择其中一户商号为登记点,如有单身亲戚同住的可填写在同一张登记表上,也可单独填写一张登记表。另外,每户家庭派发一份华文学校招生表。通过这次普查,华侨会所对自家情况心里有底了。

6月16日,广东省侨办代表团访问库拉索。半年前,中国驻威廉斯塔德总领馆刚刚设立。

7月7日,华文学校正式招生,从6周岁至20周岁的学生均可报名入学。姑拉嫂开埠百年后终于迎来了第一间开展汉语规范教学的学校。

从2013年10月到2014年7月,在短短9个月间,南海边的广东与加勒比海的库拉索,完成了一次历史性牵手。

当黎艺青于9月14日抵埠后,华文学校开学的日子进入最后倒计时,全侨总动员。9月20日晚上,华文学校召开动员会,陈绮曼总领事亲临现场,老师和家长正式见面。华侨会所主席容宇庭、华文学校首任校长黄冠雄和黎艺青老师先后发言。就在这次动员会之后,学生报名人数翻了一番,从120多人增加到230多人,年龄从5岁至28岁。

学校校舍就是华侨会所会议大厅,在这个105平方米的空间摆上60张课桌椅后,只剩下一个过道。大厅隔壁的会所办公室兼作校长办公室,另一间改做老师宿舍兼备课室。

一间教室、一间办公室、一间教师宿舍,构成了库拉索华文学校的硬件装备,这是世界上最简约的华文学校了。

黎艺青动情地对我说:"当我手捧着国侨办送来的海外华文教材《中文》,当我抚摸着广东省侨办置办的投影仪、板书白板等课堂教学用品,当我试用着江门侨办添置的崭新书桌,当我紧握着恩平教育局送来的一本本

上课前,黎艺青带领学生向祖国致敬(黎艺青供图)

加勒比华侨与广东侨乡

学生练习本，我感到无比珍贵，因为这里的每一件物品加起来就是库拉索华文学校从无到有的全部家当，这就是2014年9月14日我所见到的库拉索华文学校。"

然而，因语言和中西教育模式不同而引发的教学冲突，是始料不及的。

加勒比地区是世界上语言最丰富、最复杂、最光怪陆离的地方，世界上使用频率高的语言都可以在这里撞见。很多海岛历史上被欧美国家轮番占领，弹丸之地，语言门类杂多，岛民都是语言天才，可以自如地切换多国语言，以及由多种殖民地语言和印第安语杂交而成的海岛土语。

政府学校里的教学语言有西班牙语、荷兰语、法语、英语和土语，华人孩子的语言环境多元化，却不会说普通话。母语的概念，只是跟父母长辈才说的恩平话、台山话或客家话，他们连粤语都讲不好，没有中文基础，看不懂方块字。

所以，当这些学生来到华文学校后，教学环境变得异常凌乱，有些疯狂。

首先是学生如何分班。233名学生，年龄从5岁到28岁，不少学生课余还要帮家里干活，因此合理分班不仅关系到教学效果和管理秩序，更加关系到学校能否持续办下去。最后，学校定出一个相对两全之策，即以学生方便接送和年龄为分班原则，分成4个教学班，一个班约60人，同一家庭的孩子分在同一个班，这样就出现了七岁的弟弟和十八岁的姐姐成为同班同学的趣事。

华文学校的中文课程集中在星期六和星期日两天，老师分成四个时间段分别为4个班级上课：星期六上午1班上课、星期六下午2班上课、星期日上午3班上课、星期日下午4班上课，每班4节课即两小时。在周末之外,星期三、四、五上午为老师备课时间,下午为学生开设第二课堂,如中国民族舞蹈课。

在万众期盼中,10月4日上午,库拉索华文学校终于开学了!一大早,华侨会所大院里里外外挤满了家长和学生,来现场交学费的,来找校长和老师的,来看自家孩子能不能坐得住的,也有观望者来观察的。

第一堂课是礼仪课。黎艺青说自己教书十几年,从未见过如此凌乱的课堂。全班学生没有组织纪律,在课堂上大声喧哗、吃零食、喝饮料、玩手机……教室里就像一锅沸腾的粥。"我想起参加出国前培训时教授说过,在国外教学,话说得越多越长,孩子们就越听不懂,要选择短促有力的课堂用语。于是,我走到讲台上大喊一声'一、二、三,坐端正!',全班学生都愣住了,呆呆地望着我,鸦雀无声,我趁势表扬了他们。"这是黎老师永远难忘的第一堂国外教学课。

后来,这变成课堂规矩,每有学生纪律涣散,老师大喊一声"一、二、三",学生立刻会条件反射地回应"坐端正",课堂秩序慢慢地井然有序了。

"坐端正"之后,老师开始教学生如何介绍自己,向他人表达问候,比如"大家好,我是……""谢谢大家"等等。

老师先用英语、普通话和恩平话向学生介绍自己,然后引导学生自行选择普通话或广东方言向校长、老师和同学们问好,做简单的自我介绍。她请一个女生起立,走近教她说"我是……,大家好!"女生突然哭起来,老师来不及反应,坐在另一个座位上的女生也哭起来,原来她们是亲姐妹,妹妹看见姐姐哭了,跟着哭。老师刚要去抚慰这对姐妹,转身发现坐在第一排的小男孩又大声哭起来,原来他是她们的弟弟,他看见两个姐姐哭了,跟着哭。

哭的原因好笑。三姐弟对中文一窍不通,完全听不懂老师在说什么,结果,开学第一堂课上演了"鸡同鸭讲"的戏剧性一幕,也给老师上了一堂深刻的校情课。

| 加勒比华侨与广东侨乡

　　第一堂课结束后,黎老师决定从教学语言入手,改善教学秩序。

　　库拉索人平时最常用的语言是帕皮亚曼土语、西班牙语、荷兰语,本地学校使用帕文和荷兰文教学,不是每个学生都能听懂英语,但人人会说帕语。华人社区另有通用语言恩平话和粤语。

　　面对如此复杂的语言环境,黎老师一边学习帕语和英语,尝试用帕语、英语、恩平话、粤语和普通话五种语言教学,一边寻找学生助手。28岁的麦国瑜是华文学校最年长的学生,麦同学在库拉索长大,从美国的大学毕业,他不会说普通话,但通晓英语,会说流利的帕语,老师决定让他担任课堂英语和帕语翻译。每节课前,黎老师都会和麦同学充分交流,由他将中文授课内容翻译成帕文和英文。经过一学年的努力,两人把海外华文学校通用教材《中文》第一册12篇主要课文全部转换成帕文和英文两种语言版本。

　　老师在课堂上分别用普通话、帕语和英语朗读课文,接着用恩平话和粤语说文解字,同时把课文内容转化为肢体语言,让学生跟着做动作,教学相长,课堂活跃了,没有一个学生半途退学。

　　2015年2月7日,库拉索华文学校举办第一届学校艺术节,普通话为唯一使用语言。当家长们看见舞台上自信表演的自家孩子时,激动不已。这一天,距离学校开学只有四个月零三天。

　　提起自己的学生,黄冠雄感触良多。华文学校开学没多久,他和家人在餐馆吃饭时遇见两个学生,一个六岁的学生小声地叫他"黄冠雄",另一个学生说"黄校长你好"。黄冠雄说:"他们是用普通话说出来的呀!我抱着他们俩,眼泪直流。"

　　伍权荣的感动来自学生家长的坚持,他说:"每每看到家长睡眼惺忪地冒雨把孩子送到学校的时候,我们都很感动,因为90%的家长都要工作至深夜,他们已经很累了。"

　　2015年9月21日,开办才一年的华文学校成为库拉索的一颗明星。由20名女生表演的扇子舞《茉莉花》在驻威廉斯塔德总领馆举办的国庆66周年招待会上演出,大获成功,破天荒地登上了本地最大报纸头版头条。

从办学到现在,广东已派出三任老师,上一任老师回国,下一任老师出发,依旧是一个老师、一间教室和二百名学生。

柯小玲是第三任老师,她提着自己购买的实物投影仪来到小岛,每一堂课,她都结合课文实景赏析美丽中国的山川源流、风俗文脉。每周六一大早,她带领学生在校园(即华侨会所大院)里升五星红旗,渐渐地,孩子们养成了习惯,不用老师提醒,自觉站好队,认认真真完成升旗仪式,然后开始一天的中国文化课程。

小玲说,坚持每周六课前升五星红旗是想让学生和家长知道学校就是家,有五星红旗的地方就是灯塔,就是家的方向,"这个家是他们最强大的后盾,国旗升起的地方就是希望!我有责任告诉我的学生要爱国旗,爱祖国,爱学校,爱自己的同胞!"

因为心有信念。在新冠肺炎疫情期间,华文学校改为网络上课,每周末网课开始前,柯老师和学生们通过视频举行升旗仪式,老师是唯一的升旗手,学生云望老师将五星红旗升起在校园上空。

学生们喜欢小玲老师,跟着老师穿汉服,学习中国传统文化,制作传统手工

柯小玲在给学生们上手工团扇课(柯小玲供图)

加勒比华侨与广东侨乡

艺品。在华文学校文化节上,原先300人的现场暴增到450人以上,挤满了校园,穿旗袍的家长们当起礼仪小姐,穿汉服的男孩女孩挂灯笼、猜灯谜、做团扇、写书法,他们朗诵诗词,载歌载舞。当加勒比古堡遇上中国古风,东方之美惊艳众生。

伍权荣告诉我,华文学校办得好,本地学生也想来了,校舍不够用。华侨会所地处老城区,老城区被列入世界文化遗产,这个老楼也被划入受保护的文物,不能移动,不能拆建,不能装修。如果学生继续增多的话,一间课室难担重任。

这间小小的学校,改变了一个华人社群生态,进而成为文化交往的孵化器,这个过程,循序,渐进,如春风化雨,水到渠成,不知不觉。

我走进华侨会所大院时,天上隔着两重色,一半纯蓝,一半乌黑,泾渭分明。这会儿,乌云悄然散去,太阳露出了笑脸,天公如此美意,岂有辜负之理。我提议在院子里拍一张合影,留作纪念。没有人指挥,大伙儿往台阶上随意一站,只听得郑少鹏一声"OK",美好的姑拉嫂记忆瞬间诞生。我很喜欢这个作品的气氛,很酷。

本书作者和华文学校管理团队(郑少鹏供图)

比起库拉索,我总念念不忘"姑拉嫂",不止呼之亲切,其本身已然作为文化介质,时时让我想起"乡土中国"的神韵来。在这个远离中国的"恩平村""台山村",乡土,是一道美味,是一件汉服,是一曲粤音,是一支歌舞,是一首唐诗宋词,是一群华语朗读者……

这些皆发乎心的呼唤——把根留住。

基层干部老黄

老黄又回来了。有公事,也有私事。他要在 21 天内办完这些事。

私事比较简单。老黄在姑拉嫂开了建材公司,每年都要回来进货,进货商是合作多年的厂家,所以没费多少工夫就办妥了。

公事比较杂。华文学校的事情,寻亲的事情,建立友好城市的事情……还有一大堆琐碎事,都需要一件一件去沟通,因为这些都不是他自己可以做决定的事情。

"我们基层侨务干部不容易啊!"老黄常常感叹,他

黄冠雄(右)和华侨会所同事走访侨胞的杂货店(陈金流供图)

加勒比华侨与广东侨乡

一直把自己定位为"基层侨务干部",并且心甘情愿地为基层侨务工作快乐地付出。

老黄的大名是黄冠雄,当过很长时间的"姑拉嫂侨办主任",受姑拉嫂华侨会所领导。这几年,老黄又担任了华侨华人总会副主席,兼华文学校校长。

虽然卸任了"侨办主任",岗位没了,工作还要继续。老黄在周边海岛有些名气,我曾向阿鲁巴岛上的吴怡稳先生了解阿鲁巴岛的华侨情况,稳叔兴许被我问烦了,回信说更详细的情况可以问姑拉嫂的黄冠鸿。"雄"的恩平发音与"鸿"的发音一模一样。

老黄的老家在台山市三八镇,不过他在开平出生长大,后来地方行政区域重新划分,老黄的家被划到恩平沙湖镇,这样,老黄变成了恩平人。后来,他到鹤山当知青。再后来,他到广州中山大学历史系圆了大学梦,毕业后在广州工作。而广州,是他走得最远的地方了。

如果中国没有改革开放,老黄的故事也许就没有也许了。所以,他说自己是中国改革开放的受益者。

1988年,老黄的弟弟随恩平人的出国大潮到委内瑞拉创业。两年后,老黄辞职下海。1990年10月,老黄听从好友建议去了阿鲁巴岛,他在岛上待了一个月,不舍离开。此时,恰遇好友的亲戚在隔壁姑拉嫂岛开餐馆,缺少人手,老黄斟酌再三,决定飞到姑拉嫂岛打工。

老黄本是揣着"世界很大,我想去看看"的心情出国的,只是,当他真的当起岛民,呈现在他眼前的"大世界",微观太多了。

因为长期受正统教育,老黄的组织观念特别强。当时岛上唯一的华人组织是四邑华侨公所,老黄热心参加会馆活动,喜欢研究政策,随着接触的侨胞慢慢增多,对岛上的情况慢慢心中有数了。

这期间,他发现乡亲们遇到了一件尴尬事——岛上绝大多数中国人是华侨,或者说,他们是定居在国外的中国公民,但很多华侨没有中国护照,也没有荷兰护照,由于历史遗留问题,他们持中国台湾地区发的护照。库拉索的宗主国是荷兰，荷兰与中国有外交关系，岛上台湾地区的机构早已关闭。为了办签证，乡亲们或当空中飞人，或托亲戚找朋友，想方设法办证照回老家广东探亲。

老黄看在眼里，急在心里，开始琢磨如何让祖国知道在陌生的加勒比海小岛上住着几千游子。

库拉索对岸的陆地是委内瑞拉，坐飞机到委内瑞拉沿海城市华恋社只需45分钟。望着海那边，老黄计上心头，提笔致信中国驻委内瑞拉大使馆。为了让这封"鸡毛信"更有"份量"，他说服时任四邑华侨公所主席何平老先生盖上"四邑华侨公所"印章。

这段经历在老黄人生轨迹上留下了永远的档案：

> 1995年夏天，我的老板要去委内瑞拉探亲，我也跟着去探望我弟弟。我弟弟住在华恋社，他开车陪我去位于首都加拉加斯的中国大使馆，开了三个小时车。我详述库拉索岛侨情，大使馆了解此事后，非常重视，马上派三名同志到库拉索岛调研，并将情况向外交部领事司报告。后来，外交部明确了库拉索的领事保护和侨务工作由驻委内瑞拉大使馆管辖。

就像做梦一样，被"身份"困扰多年的姑拉嫂"岛囝"，终于回到了祖国母亲的怀抱。

1999年9月25日上午10时整，锣鼓喧天，一个历史性的庄严仪式在四邑华侨公所大院内隆重举行。在雄壮的《义勇军进行曲》中，中国驻委内瑞拉大使刘伯鸣亲手升起一面鲜艳的五星红旗。老黄凝望着库拉索上空冉冉升起的第一面五星红旗，热泪夺眶而出。

四邑华侨公所主席何平先生的致辞记录了这一历史时刻，他说：

> 今天是一个非常值得纪念的日子，五星红旗在此升起来

加勒比华侨与广东侨乡

了。我本人和库拉索的全体侨胞,怀着十分激动的心情在此见证这一庄严又具深远意义的历史时刻。我相信,通过这面旗帜,本岛侨胞和祖国的距离将拉得更加紧密。从此我们四邑华侨公所也将走向新的历史征程!

为广泛团结岛上侨胞,四邑华侨公所不久后改名为库拉索华侨会所。中国驻委内瑞拉几任大使先后到姑拉嫂看望侨胞,中国驻荷兰王国大使也到访姑拉嫂。在中国驻威廉斯塔德总领事馆设立之前,中国驻委内瑞拉大使馆为姑拉嫂侨胞办理护照延期、更换新照、新生婴儿立照等事项超过二千多件次,华侨会所送往大使馆换领的护照上千本,其他公证、签证等的办证总数量难以统计。

华侨会所是姑拉嫂乡亲的"居委会",什么事情都要管,侨领都是义工,既要出钱出力,又要付出时间。与政府沟通对话,为侨民争取合法权益要管;侨民办证办照、家长里短甚至夫妻吵架要管;华人子女的中文教育更加要操心。这些基层侨务工作者都有一颗为人民服务的初心。

在姑拉嫂华侨事务"回归"荷兰领事区之前,老黄经常打"飞的"去委内瑞拉出差,帮助侨胞办理各种证照,处理侨胞投诉咨询。阿鲁巴侨胞说现在他们还经常请老黄帮忙在库拉索岛办理签证,费用由老黄垫付,一年下来,签证的量不小,垫付的钱不少,但老黄从来无怨言。他们说:"黄冠雄是个好人。"

我把阿鲁巴兄弟的评价转告给老黄,他嘿嘿地笑,竟有几分腼腆地表示"我们都是基层侨务干部嘛。"

这次回国,老黄又身负数个任务要完成。

校长老黄要对接即将去姑拉嫂华文学校任教的老师,他仔细地和我们沟通,生怕漏掉哪个环节,丝毫不敢马虎。他还要和老师见面,将姑拉嫂家长和学生的期盼带给老师。用他自己的话说"办好华文学校是全岛华人的共同大事,没有比这更重要的事情了。"

侨领老黄要完成一项寻亲任务。这是一个悲喜交加的故事。几年前,姑拉嫂一位侨胞回恩平沙湖镇探亲,听村民说杨桥乡有一位旅居姑拉嫂的老华侨刘其祥老人与家乡失联很多年了,不知生死。该侨胞将情况反映给华侨会所主席容宇庭。容宇庭和华侨会所同事最终在岛上的一间老人院里找到刘其祥老人。这次回国前,老黄和妇女会十多名女同胞于"三八妇女节"前夕专程去老人院看望已九十多岁的刘老伯,并将探望视频发布在微信朋友圈,刘氏宗亲会的同乡看到了这个视频,又辗转告知刘其祥老人在广东茂名的弟弟刘其福。80多岁的刘其福老人激动不已,马上叫儿子打电话到中国驻威廉斯塔德总领馆请求帮助核对信息。领馆回复已请华侨会所副主席黄冠雄在最近回国时与他们联系并具体介绍情况。这几天刘其福父子得知老黄回来了,迫切希望与老黄会面。

"妇女之友"老黄要完成华侨会所妇女会委托的任务,订制一批舞蹈服装。岛上的文娱活动越来越丰富,这几年又兴起广场舞。他已将款式发给妇女会同事,待审定后马上去落实,他笑言为女同胞服务是快乐的。

基层干部老黄要参加几个会议。加勒比海岛的几个侨领凑巧都回来了,德高望重的吴怡稳先生提议在海岛做侨务工作的基层干部们开个餐会,交流工作,联谊感情。老基层干部老黄当然不能缺席。

老黄每次回广东,只要有时间,我们都会约起喝茶,主要是听他讲故事。老黄善于讲故事,有理有据,常常以情动人。虽然声音沙哑,贵在真诚。这点很让我佩服。

据老黄自述,他在中学时参加过学校宣传队,排练《沙家浜》时惨遭淘汰,此事令他一直不能释怀。在中山大学读书期间,他是中大

加勒比华侨与广东侨乡

排球队主力二传手,连续三年参加广州高校排球大赛。中大科研组要拍一部排球科教片,老黄被选为演示基本动作的演员。那时,马鼎盛是排球队替补队员。老马成为凤凰卫视名嘴后出了本书,书中有中大排球队照片,老黄看到照片后,让同学捎话给老马说侵犯了他的肖像权,老马很识趣,立刻赠书老黄并恭恭敬敬地签上大名。

这几年,老黄说故事又有了新套路,言必上升到"中华文化"高度。作为姑拉嫂华文学校首任校长,他对这个职务倍感荣耀,且饱含深情。初时看到华侨会所制定的《华文学校组建纲要》,我很惊讶,各国华人都办周末华文学校,但像姑拉嫂这般作为顶层设计的很少。《纲要》的执笔人是老黄,开宗明义写道:

> 中国是泱泱大国,不仅是联合国五大常任理事国之一,又是全球第二大经济体。她在国际事务中有着举足轻重的地位。中华民族创造的东方文明有着五千多年的历史,并为全人类的文明发展做出了重要贡献。那是我们民族的宝贵财富,也是我们生为中国人的骄傲。我们库拉索的华人华侨作为炎黄子孙,传承和发扬中国文化是一种责无旁贷的义务。同时我们生活在这里必须肩负起与外国文化交流的责任。本着此精神,华侨会所决定组建华文学校。

这份不拘一格的《华文学校组建纲要》令人耳目一新,这些并非空洞的口号,而是一群洗脚上田的草根立志兴办华文学校的初心。因为不忘初心,海岛上的中国文化风景在短短几年内精彩纷呈,姑拉嫂的"中国故事"因而倍加色彩斑斓,可爱可亲。

奔跑吧！亲情

2018年春节刚过，在库拉索岛的伍栋健收到老家恩平沙湖镇关村村委会的来信，这封信是通过微信发出的，在《关村牌楼至下关村乡道重建筹款倡议书——给关村海内外同胞的一封信》中写道：

> 中国政府已向全国人民发出"振兴中国农村，建设美丽乡村"的号令。这是中国改革开放以来，农村建设又迎来一个春天。在广大侨胞的关怀和广大乡亲的要求下，特别在恩平市政府和沙湖镇政府的重视和关怀下，批准了关村牌楼至下关村这条乡道重建的申请。这是关乎关村百年大计的一件大事，也是建设美丽关村的重要一步。这条乡道始建于1980年，至今已有40年之久，全路段混凝土已经老化，很多地方已经破烂不堪。加上当时条件所限，道路过于狭窄，已大大不适应现代化发展需要。经关村村委会与关村公益事业理事会商议决定：根据市府和镇府批复，按国家相关的乡道建设标准，重新捣制此乡道。此乡道全程长约2400米，按混凝土路面宽约6米（旧

路面宽4米),厚度0.2米规格捣制,道路两旁配种绿化。经有资质的设计公司初步估算,该工程共需资金约140万元。虽经村委会向上级部门申请,争取国家配套资金和各级政府支持,但资金缺口仍然高达50万。这50万元资金需要关村自筹。由于村委会经济收入薄弱,无法担负此巨大资金缺口。因此村委会与关村公益理事会倡议:全体海外同胞、港澳同胞、杰出乡贤、老板及全体乡亲发挥关村人团结齐心协力的优良传统,慷慨捐助,众志成城,把这百年大计的项目建设好。我们坚信在我关村近万海内外寿皋子孙的共同努力下,必定能早日实现这一建设目标!

伍栋健欣然捐款。他对老家新农村公益项目建设一向积极支持。

伍栋健的家在草巷村,属于关村管区,村民都姓伍。在20世纪90年代,草巷村还有200多人,这二十年间,留洋村民走了100多人,白手起家炼成了新一代"金山伯"。

草巷村"新金山伯"所在的地方包括荷兰、美国、库拉索、巴拿马、多米尼加——从鸟不拉屎的山旮旯小村庄漂流到加勒比海岛,再移民到欧美。有意思的是,这100多个洋民工中,有40多人在库拉索。

第一个从草巷村出洋的村民是伍栋健的姑姑和伯父。1989年,姑姑移民巴拿马,伯父前往库拉索。草巷村村民的跨国迁徙故事,从此开始。

"80后"伍栋健和他的父亲伍炳炎在草巷村是名人,伍家自栋健的父亲去库拉索后,你申请我,我申请他,把村里的亲戚逐一申请移民去库拉索。

我第一次见到伍栋健就留下深刻印象。他来广州参加华文学校交流活动,牛仔裤黑T恤,少言寡语,语速慢条斯理,腼腆得叫人着急。等到慢慢熟络了,才发现他的沉默与语言表达有关,他说普通话很吃力,我听他说普通话更吃力。这两年他的普通话有了长进,人也活跃了,迅速成长为海岛基层侨务工作者中的后起之秀,现在是库拉索华侨华人总会副主席,分管侨务工作。

据栋健介绍,二十多年前全家之所以选择出国打工,因为太穷,不得不思变。

栋健从小视父亲伍炳炎为偶像。伍炳炎是泥水匠,靠每月打工赚到的400元薪水养活五口之家。1992年,12岁的栋健刚读小学四年级,沙湖农民出国打工已成风气。为了让家人过上好一点的生活,伍炳炎抱着"搏一搏"的信念,毅然选择出国,而当时的出国费用对他们家来说就是天文数字。

伍炳炎四处借钱筹路费,然后投奔已在多米尼加的栋健的二姨丈,在当地当菜农。他每天在山上开荒种菜,每个月工资不到200美元。这两个男人用长满老茧的双手开垦出100多亩耕地,种满蔬菜果树。姨丈靠这片农庄挖到了"第一桶金",后来成为一名成功商人。

栋健的姑姑在库拉索开餐馆。1994年底,姑姑向哥哥发出邀请,伍炳炎又从多米尼加移民到库拉索,在妹妹的餐馆里当厨师。

海岛华人圈里流行一句话:"下了飞机,都是大厨。"这是大实话。厨师是个粗重活,靠的是力气,一天工作12个小时以上。伍炳炎每月工资有800多美元,还有妹妹一家照应,便踏踏实实地留在库拉索。

"爸爸一分钱都没有浪费,一分一分地攒下来,不到两年,我们一家人也出去了。后来我才知道老爸攒下的那些钱远远不够申请我们一家人移民的费用,是姑姑帮助了我们。"栋健说,1996年,母亲带着他们三兄妹来到库拉索。

栋健一家人都在姑姑家的餐馆帮工,做过泥水匠的伍炳炎因妹妹要建房而成为库拉索第一个造房子的中国人。栋健回忆说:

那时姑姑刚好买了一块地要建餐馆,因为爸爸做过泥水工,就让爸爸帮她建房,这是爸爸在库拉索建的第一间房子,除了房子设计图,其他全部是爸爸一个人建起来的,总共花了三个多月。

伍炳炎万万没想到在异国他乡靠自己的老手艺过上了好日子,无意中成为库拉索第一个中国泥水匠,中国人由此开启了在库拉索自建房子的历史。从1996年起,伍炳炎先后盖起十几间房子。

本地政府对建筑工程的监管极严格,建房必须向建设厅递交图纸和申请,经审批同意后才可以动工,而且在施工期间,建设厅随时会派人到工地检查工程质量,监督是否按设计图纸施工。

如今,中国人普遍在库拉索自建房子,中国人建的房子不仅质量好,而且建筑风格入乡随俗。据伍炳炎介绍,在库拉索的中国泥水匠估计有30多人。

没出国时,对国外充满幻想,等到真的出国了,才发现国外的月亮并非比国内圆。这种落差同样发生在伍栋健身上。

1996年,栋健到库拉索时才16岁,天天想回恩平。

"在餐馆做厨师每天要工作12个小时以上,又热又辛苦,当时我的心情很复杂也很矛盾,简单来说走也不是,留也不是。"少年对此非常痛苦。细心的父亲发现儿子情绪异常,父子间进行了一次坦诚谈话,父亲告诉儿子自己的心愿是想拥有一个属于自己的家。少年被慈父的话深深触动,从此打消回国念头,全心全意帮助父亲实现心愿。

1999年,伍炳炎租下妹妹原来的餐馆场地,正式经营自家的第一间餐馆。

2001年,栋健21岁了,按照当地法律,他有资格独立持执照开公司。意气风发的后生仔摩拳擦掌,四处查探商机。他看上一间正待出让的餐馆,为了不给家里增加负担,他从银行贷款开始创业。从这一间餐馆开始,先后开了8间快餐店。

两年后,栋健家买下第一块地,"库拉索第一泥水匠"伍炳炎终于为自己盖了一个家,栋健实现了父亲的心愿:

> 当时喜悦的心情无法形容,这是属于我们自己的家,完成了当初对爸爸的承诺。这个家是爸爸一手设计建造的,在总共1000多平方米的地面上,盖起一间餐馆和一间杂货店,杂货店的二楼是我们一家人住的。

这几年,栋健又转型开杂货店,做日用品批发生意,一步一个脚印地为梦想前行。

如今,栋健的父母已经回沙湖老家养老。有家的地方,又多了一

伍栋健第一间属于自己的家,二楼住人,一楼超市(伍栋健供图)

份牵挂。关村和草巷村要建文化楼和村道,栋健积极捐款。他把十多个亲戚申请到库拉索,帮助他们像自己一样去奋斗,过上小康日子。

我和栋健不常联系,但只要打开话匣子,总能从他身上感染到一股美好的正能量。他是个有思想的人,并且为一个明确的目标去拼搏。有一次我们聊起关于奋斗的话题,他说:"我只是一个幸运儿罢

加勒比华侨与广东侨乡

了,像我们这些人是在社会上毕业的,到国外不努力奋斗拼搏是不可能成功的。我们一无特长,二无专业知识,三无本钱,只有亲情,只能奋斗。"

他依然慢条斯理,然而,我能感受到他内心的力量。他是孝子,对"亲情"有自己的坚守和解读,这是儿子对父亲的承诺,这是两个男人之间的约定,一诺千金。

我想,一个把亲情当作信仰的人,是幸福的。

牙买加

一个叫 Chin 的国家

在牙买加,亚洲面孔的人常常会遇到同样的怪事:总有人对着你喊"Chin！Chin！Chin！"

叶重民先生告诉我,"Chin"即中国"陈"姓,牙买加人认为亚洲人都姓"陈",看到亚洲面孔都喊"Chin",不用紧张。

牙买加人的"Chin"情结令我好奇。岛上现有华侨华人四五万人,约占全国总人口的2%,仅客家人姓氏已有上百个。牙买加华人以广东客家为主,来自旧行政划区的惠阳、东莞和宝安,其中陈、曾、郑、张、叶、黄几个姓氏人口最多。由于客家人对"陈、曾、郑、张"的发音相似,牙买加人总也分不清它们之间的区别,这或许是导致唯"陈"姓独秀的原因吧。

没想到在这个加勒比海小岛上学到了中国百家姓新解:九九归一皆姓"陈"。

到牙买加前,我以为,Chinese 从 China 来。

到牙买加后,才发现,Cinese 从 Chin 来。

加勒比华侨与广东侨乡

中国人来到牙买加已有160多年,在最早抵牙的中国人中,"陈"是大姓。

记得几年前收到牙买加中华会馆发过来的一份义山先侨名单,希望帮助核对地名。名册上有580多个村名和人

位于金斯顿的华侨义山

名,其中以陈姓居多。很多地名注明了东莞惠州宝安台山等地,却未注明具体村庄;有些地名中有村名,但不知属于哪个城镇。特别是客家或粤语方言与汉语拼音很难精准互译,所以,很多村名也未必准确。我和同事努力过,最终仍然没法帮到会馆,甚为遗憾。

据史料记载,1854年4月,第一批华工从香港乘坐艾普森(Epsom)号抵达牙买加,船上有267名华工。当船从香港出发时,船上有310名华工。他们与圭亚那的一名英国劳工代理商詹姆斯·怀特签订苦力合同。这次航行被认为是英国鼓励直接且自愿的劳工合同移民的第一次尝试。广东方言将这些契约华工冠以"猪仔"称谓,"猪仔"出洋俗称"卖猪仔"。

叶重民说:"最早来到牙买加的华人是来自广东惠阳东莞宝安的客家人,很多姓陈的,可能整个村的人都出来了。他们到达牙买加后,被送往种植园种甘蔗。"

在第一批抵达牙买加的华工中,只有少部分人活下来,其中一位是陈八,他后来成为牙买加华人社区开创者之一。

到1884年5月6日,又有一批契约华工680人从香港坐船驶往牙买加,包括501名成年男性、105名成年女性、54名男孩、17名女

孩、3名婴儿,航行途中又有三个孩子出生。除一人在航程中死亡,其余682人安全抵达牙买加。这批人中,除20人来自广东四邑地区外,其余均来自广东惠东宝三地的客家。船上的翻译叫陈亚维,医生叫陈平彰。正是这682名华人构成了牙买加早期华人社群核心。

后来的移民均为这批先侨的宗亲,通过逾一个半世纪的链式迁移进程,他们从惠阳、东莞、宝安、观澜等地迁徙到牙买加。

陈姓华人比较多,他们在华人中的影响力越来越大。据老华侨介绍,最初成立了两个中华会馆,一个由陈亚维当头领,后来因侨胞不拥护而自行解散;另一个中华会馆创始人是陈八、张胜、黄昌、陈秀、林丙、陈东高、陈联高、陈登朋,其中五人姓陈,这个中华会馆至今仍是牙买加最大最有影响力的华人社团。

中华会馆旧址,位于金斯顿市区

160多年来,华人深耕牙买加,深度融入牙买加,其结果必然导致混血华裔人口众多。事实上,牙买加华裔人口远远超过华人人口,但无法统计准确数字。当你走在首都金斯顿街头,见到一个对你微笑的牙买加人,有可能他是中国人的后代,他清楚自己身体里流着"Chin"的血脉,而你浑然不知罢了。

20世纪70年代以来,深圳和东莞人继续向牙买加迁移,到今时今日新移民人数已大幅减少。牙买加的华人中东莞人多,东莞人后裔更多,在政界商界人才辈出。

加勒比华侨与广东侨乡

近几年，福建新移民在牙买加的人数日益增多，他们经营服装、鞋帽和日用杂货，是牙买加最大的中国服装百货批发商。

几年前才从湖北移民到牙买加的郭雅洁对成为一名牙买加新"Chin"很骄傲。她从零开始，仅用几年时间就把生意做得风生水起，自己创立的品牌成为牙买加婴儿卫生用品的知名品牌，每年从中国的进货量达100个货柜之多。

雅洁很乐观，和广东人社区相处融洽。"这里的广东人很多，外国人都叫我们Chin。Hello, Miss Chin! Hello, Mr. Chin!"她说喜欢牙买加人的简单和快乐。

在牙买加，我不仅学到关于"Chin"的知识，也看到"Chin"的困惑，这些因现代汉语拼音带来的烦恼，令人哭笑不得。

叶重民介绍中华会馆的古董

叶重民将几位华裔学者介绍给我。坐在我旁边的学者拿出一张纸，纸上写着一个字"曾"，他解释说"曾"是家族姓氏，自己是第三代华裔了。曾先生儒雅地用英语讲述自己的苦恼。我慢慢明白过来，原来，牙买加曾姓华人中很多人祖籍在东莞凤岗，几代人的护照姓名一直写着"Chen"，而现在办理签证时，要求按照汉语拼音拼写姓氏"Zeng"。曾先生让我把汉语拼音写给他看，读给他听，他完全不能理解"曾"为什么变音了。

在场的人跟着苦笑，因为他们的护照姓氏同样是客家音拼写。比如，原护照上"陈—Chin"、"曾—Chen"……如此对应，现在换护照或签证时需用汉语拼音拼写"陈—Chen"、"曾—Zeng"……他们感到无比迷茫，生怕篡改了祖宗赐予的姓氏。

这就产生了一个新问题，即如何看待海外华人语言传统，避免诸如"姓陈的人又姓曾，姓曾的人又姓陈"的乱象。语言同样需要回归历史本真，这不仅仅是语言之囧。当华裔遇上现代汉语拼音，"我是谁？""我从哪里来？"由姓氏拼写引发的这些灵魂拷问，不是纸上谈兵，而是活生生的现实。

为了让自己名正言顺，不乱祖宗姓氏，牙买加华人开始自救。他们编辑了牙买加华人百家姓小字典，每一个华人姓氏对应客家话拼音和汉语拼音，并对应简繁体汉字。我仔细揣摩，头晕目眩，实在晦涩难懂。

有趣乎？这，就是真实的历史。

| 加勒比华侨与广东侨乡

油角遇上麦当劳

去牙买加之前,只知道牙买加有两个品牌:"飞人"博尔特和蓝山咖啡。跑步非我所长,但对咖啡有些微了解。到了牙买加,喝一杯蓝山咖啡是很自然的事情了。

雨后,拜访完几位华裔乡亲后回程,路过一个好像森林公园的地方,远处见一座青山拨开云雾,露出满山的肥绿。叶重民先生说,这就是蓝山。

山,不大,不高,没有过眼不忘的惊艳。凤凰花开了,火红火红的,漫天的棉花糖,跟着我们流动。我问老叶,这么一座小山何以有大产量。

老叶轻描淡写地答道:"左边是蓝山,右边是高山,蓝山咖啡产自左边,右边是高山咖啡了,也不知道分界线在哪里。"他说,牙买加人天天喝咖啡饮料,牙买加产的咖啡都好喝,不讲究蓝山还是高山,何况蓝山范围这么小,哪会有这么多蓝山咖啡呢!

后来,我把这一番话说给朋友们听,他们似信非信,但从此不再看见蓝山咖啡就以为是产自蓝山了。

油角遇上麦当劳 | 牙买加

叶重民的老家在东莞，在二十世纪七十年代从香港移民到牙买加，长期担任中华会馆主席，是牙买加的"百事通"。他问我，有没有发现街上看不见麦当劳。

我使劲搜索记忆，真的没有看见一家麦当劳。

老叶说，牙买加没有麦当劳，汉堡王有，但不多。

这跟我的知识库存又不对称了。我看过一个关于博尔特的报道。飞人在2008年参加北京奥运会时，因认为中国食物"很奇怪"，于是去附近找麦当劳。刚开始，他吃一盒20个鸡块当作午餐，晚餐同量。第二天早餐又吃了两大盒鸡块，午餐吃了一盒，晚餐吃了两盒，还搭配了一些炸薯条和苹果派。博尔特估算自己在北京10天期间每天吃100个鸡块，总共吃了1000个鸡块。

然而，飞人的家乡并没有麦当劳。这太稀奇了。

我问老叶，牙买加为什么没有麦当劳。老叶答，因为牙买加有Patty。他给我讲了一个中国人的励志故事。

早年，牙买加的快餐业竞争激烈，一方是来自美国的麦当劳和汉堡王，另一方是本土华人经营的Patty店。本土Patty店里卖炸鸡，外来汉堡店里不卖Patty，竞争的结果直接导致麦当劳退出了牙买加，只留下汉堡王孤军奋战。

这么多年过去了，Patty依然是牙买加大众快餐。老叶自豪地说，不试下Patty，等于没来过牙买加，关键在于"Patty是我们客家人发明的"。

Patty于我属新鲜事物，我满心欢喜探听中文译名，但未得逞。老叶说Patty翻译成中文可叫馅饼，呈金黄色，形状如广东油角，但个头要大很多，一口咬下去，香喷喷的，油酥酥的，很好吃。

1972年9月9日，老叶来到牙买加，初时在店里做Patty，精通这门手艺："Patty的做法跟广东角仔的做法一样，但用烤箱烘烤。你可以叫它大角仔，也可以叫它馅饼，不过，我们牙买加人只知道它叫

Patty。"

我想起巴西角仔,两者制作工艺略不同,一个油炸,一个烘烤,灵感都来自广东传统小吃。

在麦当劳退出牙买加后,Patty快餐被两家公司垄断,这两家公司都是家族企业,祖上来自东莞和宝安,一家名为Juici Patties,另一家名为Tastee,各有几十家连锁店。关于Patty这段了不起的经历,老叶如是介绍:

牙买加一家著名的"大油角"连锁店

> 最早时,在牙买加只有一种牛肉馅Patty,所以,Juici Patties最早时的名字是Juicy Beef,只卖牛肉馅的Patty。后来,聪明的华人又开始把龙虾、鸡肉、蔬菜等做成美味的馅料,Juicy Beef就把公司名改成Juici Patties了。早期Patty店里只卖Patty,后来售卖的品种增加了炸鸡和薯条,就跟麦当劳和汉堡王差不多了。
>
> Juici Patties是陈姓华人开的,Tastee是郑姓华人开的,他们都是客家人,这两个家族在牙买加已经有好几代人了。

去机场的路上经过一家Juici Patties店,我们果断停车,把在牙买加的最后一顿午餐留给广东大油角。

如果不看实物,只看五颜六色的套餐图片,真的跟麦当劳差不多,Patty、炸鸡块和薯条是Patty店的"三宝"。Patty有牛肉馅、鸡肉馅、虾肉馅、龙虾馅、芝士馅、豆沙馅、蔬菜馅等多种口味,不同口味的Patty表面用不同颜色的食用色素小圆点或横线区分,服务员不会拿错,顾客也可以对色取货。一个 Patty 价格在一美元左右,经济实惠。除了 Patty 套餐,还有炸鸡块套餐,都可以和薯条、可乐或果汁搭配。

老叶熟练地点了三四种口味,以便让大家记住广东人创造的牙买加风情。我当然没忘记点一杯咖啡,不管它是蓝山还是高山,牙买加咖啡搭配广东大油角,这种中西合璧已叫人无法抗拒。

大油角真大,每个大油角可切成四小块。我最爱醇香浓郁的牛肉馅油角,忍不住多吃了一块。这款经典油角担得起牙买加"广东大油角之王"的称号。

洪都拉斯

青鸟不到的地方

朋友们听说我要去洪都拉斯,发来许多关心的话,一再叮嘱要注意安全,因为那里是"世界上最不安全的国家"。

网络世界里的洪都拉斯乱乱的,看了,心慌慌的。

飞机缓缓地落在洪都拉斯首都特古西加尔巴机场。从机舱出来,一会儿工夫走到入境大厅,大厅很小,总共才三四个过关通道,稀稀拉拉的游客都是从我们这架飞机上下来的。我一眼看见荣哥和洪都拉斯前三军总司令熊伯雄先生站在外面向我们招手,心里笃定许多。

入境很顺利,工作人员把我们的护照一一拿去复印,不知道是不是洪都拉斯与中国尚未有正式外交关系的缘故。

我们很快提取了行李,走出机场大厅。天上火球热辣辣的滚烫,而空气是清新的,干爽的。天高云轻,碧空纯然通透,白云像极了刚抽茧的蚕丝,幼幼的,一缕一缕地从远处的山后面飘上来,飞出轻盈的絮,蚕丝在蓝与白之间写意地流淌,真是美极了。

户外公共区和停车场停满汽车,汉堡王的广告从很远处就能看见,9月不是洪都拉斯的旅游季节,但机场并不算冷清。特古西加尔巴是座山城,荣哥帅气地驾车稳稳前行,我们一路看高天上流云,计划中的紧张情绪慢慢舒缓下来。

荣哥似乎看出我的内心波动,宽慰我"不用害怕"。

我开玩笑说:"这里还是青鸟都不到的地方哦"。

听我此言,荣哥哈哈大笑起来。

中国神话传说中的青鸟是替西王母传信的神鸟,西方人也以青鸟代表快乐。在东西方文化设定里,青鸟都寓意幸福快乐,象征人们对梦想与希望的追求。

我第一次遇见青鸟,是在三毛的文字里:

> 特别喜欢那种最美的大巴士,只因它取了一个童话故事中的名字——青鸟。青鸟在这多少年来,已成了一种幸福的象征,那遥不可及而人人向往的梦啊,却在宏都拉斯的街道上穿梭。我坐在城内广场一条木椅上看地图,那个夜晚,有选举的车辆,插着代表他们党派的旗子大声播放着音乐来来回回的跑,有小摊贩巴巴的期待着顾客,有流落街头的人在我脚旁沉睡,有讨钱的老女人在街角叫唤,更有一群群看来没有生意的擦鞋童,一路追着人,想再赚几个铜板。当然,对面那座大教堂的石阶上,偶而有些衣着整齐的幸福家庭,正望着弥撒走出来。
>
> 就在这样一个看似失落园的大图画里,那一辆辆叫做"青鸟"的公车,慢慢的驶过,而幸福,总是在开着,在流过去,广场上的芸芸众生,包括我,是上不了这街车。"不,你要去的是青鸟不到的地方!"长途总车站的人缓缓的回答我。
>
> 最后一日要离去宏都拉斯的那个黄昏,我坐在乞儿满街的广场上轻轻的吹口琴。那把小口琴,是在一个赶集的印地安人的山谷里买的,捷克制的,算做此行的纪念吧!便在那时候,一辆青鸟巴士缓缓的由上街开了过来。米夏喊着:"快看!一只

加勒比华侨与广东侨乡

从来没有搭上的青鸟,奔上去给你拍一张照片吧!"

我苦笑了一下,仍然吹着我的歌。

什么青鸟?这是个青鸟不到的地方!没有看见什么青鸟呢!

略带忧伤的文字,读来扎心。那时三毛还没有完全从失去荷西的悲痛中抽离出来,她来到中美洲,在特古西加尔巴看见名为"青鸟"的巴士,有感而引申至象征幸福的神鸟,叹息像自己一样的芸芸众生不能坐上这趟幸福街车——这儿是青鸟不到的地方,人们从没听过它的名字,便也没有梦了。

二十几年过去了,那辆白色的名为青鸟的巴士依然在特古西加尔巴街上行驶着,和它一样行驶着的还有一辆橙色巴士。橙色巴士是福特汽车,白色巴士是蓝鸟汽车,它们都是从美国买回来的二手校车,只在市内行驶。三毛笔下的"青鸟",本名"Blue Bird",便是那"蓝鸟"汽车了。青鸟不是长途车,自不会开往首都以外的其他地方。因为三毛太出名,"青鸟不到的地方"便成了洪都拉斯的标签,令文艺青年生出几多愁怨与遐思。

所以,当我得知我们有一万名同胞生活在"青鸟不到的地方",我无法不好奇。

他们幸福吗?

洪都拉斯,西班牙文中意为"无底的深渊"。

1502年5月11日,哥伦布奉西班牙国王之命率4艘船150名船员开始第四次航行,试图查明新大陆中间通向太平洋的水上通道。他沿着洪都拉斯、尼加拉瓜、哥斯达黎加直到巴拿马达连湾,考察了约2000公里海岸线,却始终没能找到横穿新大陆的通道,又折返回西班牙。在此次航行中,哥伦布在海湾群岛登陆,只见水深流急,无法抛锚，而海面又掀起巨浪狂风，差点葬送了整支船队。惊恐中，哥伦布将此地取名为"Honduras"，意为"无底的深渊"，这就是今天的洪都拉斯。

这个被称为"深渊"的地方其实是一个骑在山背上的国家，面积约有11.2万平方千米，四分之三以上国土为山地和高原，人口有900多万。洪都拉斯是中美洲最典型的山地国家，有丰富的金、银、煤、锑等矿产资源，白银储量居中美洲第一位。

和中美洲其他国家一样，洪都拉斯的土壤特别适合种植蕉类作物，因此有"香蕉之国"的美名。洪都拉斯的蕉门类多，大蕉是粮食，香蕉是水果，吃法各有讲究。黄皮蕉分大蕉和香蕉，大蕉个头是香蕉的两倍，与白萝卜一样大。大蕉有黄色和青色之分，黄皮蕉熟了，青皮蕉未熟，青皮蕉价格不到黄皮蕉的一半。

大蕉是本地人的主食，或用来煎炸煮，或用来煲汤。在洪都拉斯这几个中美洲国家，本地人喜欢用牛仔骨、土豆、大蕉等食材加香料熬汤，汤色浓郁如药膳，闻之诱人，大蕉连皮一口咬下去，以为是淮山呢。而切成薄片的煎炸大蕉，撒上芝士粉才吃，这是本地人的习惯。

咖啡是洪都拉斯人的日常饮品，这个国家是中美洲第二大咖啡生产国，咖啡大量销往欧美和巴西。中美洲属热带气候，香蕉树和咖啡树漫山遍野，但都是外来物种。香蕉原产地在东南亚和中国南方，距今有二千年以上历史。而世界上第一株咖啡树被发现于非洲之角埃塞俄比亚，13世纪随埃塞俄比亚军队入侵也门而被带到阿拉伯世界，很快成为流行的植物饮料。又过了三个世纪，威尼斯商人将咖啡带入欧洲，荷兰人和法国人又将咖啡带到美洲大陆。

一棵咖啡树环游地球一圈用了800年，终于在200多年前来到"无底的深渊"，成为高产作物。

大航海时代的杰作啊！从东方开往新大陆的一艘艘大帆船上，不只有茶叶、瓷器、丝绸，还有香蕉和咖啡，以及中国人、马尼拉人、印尼人、印度人……流动的世界。

加勒比华侨与广东侨乡

中国人来到中美洲是19世纪中期以后的事了,一部分人以契约华工身份从广东坐船到此,也有从邻近国家转道而来的,在香蕉种植园里当苦力。1887年,第一批华工出现在洪都拉斯位于加勒比海的港口城市特拉,他们来自广东。特拉和首都特古西加尔巴相距几百公里,广东人索性把读着拗口的首都名字简化成两个字——皇城或京城,这个带有明显中国传统文化特色的称谓一下子把特古西加尔巴在华人心目中的定位精准表达了出来。

皇城分上埠和下埠,中间隔一条河。上埠是政治经济中心,下埠是商业中心,集市多。西班牙人最早在上埠建城,古城里留有西班牙建筑,但所剩不多了,留下教堂和博物馆屈指可数的几栋老楼夹在没有辨识度的建筑群里,偶尔看到一两间红墙绿瓦的中餐馆,鹤立鸡群。街上熙熙攘攘,有些杂乱,好像二三十年前在国内司空见惯的小县城的景象,但车里的人淡定从容,不嚷不闹,慢慢往前行。

我们走进上埠一条小巷,电线毫无规律地在头顶拉扯着,几只鸟

特拉古码头,第一批华工从这里上岸进入洪都拉斯

儿轻盈地落在上面。两侧房子新旧错落，外墙颜色随喜而刷。阳光正好，乌云飘将过来，下几串太阳雨，又若无其事地散去了。

巷子里，一栋蓝白相间的老房子出跳得很，蓝色琉璃瓦，白色外墙，对开中式大门，墙上四个滚圆格子窗各嵌一字"华""侨""总""会"，这就是洪都拉斯华人社区最高机构"华侨总会"。

洪都拉斯华侨总会

华侨总会大厅约有五百平方米，准备装修，大厅里空空荡荡。墙上匾额——列明捐钱购置此楼的华侨姓名，哪个商号哪个会员捐多少钱一览无遗。

早期华侨中有许多来自江门台山和广州白云区。1943年，华侨总会通过华人众筹捐款购地建起现时会址。后来，由于特拉和布罗基梳两埠的侨胞纷纷迁到皇城和圣彼得苏拉，两地华侨总会分会解散。

洪都拉斯华人人口最多的城市是中部的皇城（即首都），和北部的圣彼得苏拉（即"山埠"），世界地图上的汉语译名是圣佩德罗苏拉。

这几年有少量华人到洪都拉斯北方最大的港口城市拉塞瓦做生意。拉塞瓦是洪都拉斯第三大城市，广东人很少去，仅有几个广东人在当地开餐馆。我问个中原因，荣哥开玩笑说这个地名跟广东话谐音不和谐。

由于早期第一代华侨都是单身汉，他们普遍与当地女子通婚，后

加勒比华侨与广东侨乡

代混血儿多,加上本地风俗默认已婚男子的非婚生子女合法,使得华裔人口难以统计。在洪都拉斯,华裔概念与我们通常所指有所不同,华裔是指有华人血统的混血儿,父母均为纯中国血统的后代不被归为华裔。洪都拉斯的姓氏传统与中国一样传男丁,女性只传一代,如果第一代华侨是中国人,那么他的子孙后代男性都随父辈的中国姓氏,女儿的后代则异姓。根据内政部人口调查的姓名登记估算华裔有3万多人,这个数字只能根据华裔男性姓名登记数量进行估算,华裔女性子孙后代姓氏与洪都拉斯本地人姓氏无异了。

还是"万变不离其宗"的道理。在洪都拉斯辨析一个人是否华裔,只要看他的姓名,姓名就是身份证,哪怕他有一张完全西方的脸孔。

华人迁移到洪都拉斯的移民高潮发生在20世纪末。

在1994年以前,洪都拉斯华人人口增速缓慢,1994年,洪都拉斯华人有2000多人,江门台山市和广州白云区各占50%。1998年至2000年间,洪都拉斯开放移民政策,大批中国人通过亲友关系来到洪都拉斯,从而形成了一个前所未有的中国移民潮,华人人口暴增到1万人左右,除个别来自福建和浙江的新移民,95%以上新移民仍是广东人,其中台山人占60%,广州白云区人占40%。

台山海宴人最多,赵姓是大姓。华侨总会里有多位侨领姓赵。皇城有一家很出名的中餐馆"赵家楼",其主人自然姓赵。我向多位海宴同胞打听究竟有多少海宴人,无人知晓,只说像石阁、凌冲和伦定几个村村民都来洪都拉斯了,待挖到第一桶金后,许多人随儿女移民美国、加拿大。对于这些把洪都拉斯当作跳板的移民来说,香蕉国又从未来时变成过去时了。

荣哥和妻子是高中同学,两人的老家都在海宴,两个村子离得不远,村民大部分姓赵,都有出洋到洪都拉斯的传统。妻子的父母都在洪都拉斯,她鼓动丈夫出国与家人团聚。1994年,当两个年轻人兴冲冲来到皇城,一下飞机,妻子才发现眼前所见只能用一个"穷"字描述——破旧的街道,破旧的房子,她后悔极了,为此足足哭了两年。无奈,他们在出国时已被取消海宴户口,只能留在皇城下埠的亲戚家打工,寻找新的机遇。

  在2008年以前,洪都拉斯经济是不错的,治安也好。我刚到皇城那几年住在下埠,那里第2至第7大街全是商业区,有本地人开的店,也有中国人开的店。我在亲戚家打工,有时半夜两点一个人走在大街上也没事。

荣哥如是说。2008年以后中美洲经济开始走下坡路,治安变差,"洪都拉斯北方治安不好,南方还算好。"

  十几年前,他敏锐地洞察到皇城向南发展的趋势,遂在泛美公路两边购地建起美洲宾馆和皇都酒家。这个新区叫美洲区,有人笑言他带旺了这个社区。

  荣哥说:"洪都拉斯人对我们中国人很友好,我的员工中有本地人,他们在这里干了十几二十年了,我对他们也很好。"在宾馆门口,我看见一位女士正在打扫台阶,她友善地向我们微笑,荣哥介绍说,她在宾馆工作二十多年了。

  慈眉善目的华侨总会老会长陈玉球是

位于特古西加尔巴的皇都酒家

加勒比华侨与广东侨乡

香港新界西贡客家人,已在皇城住了近四十年,现在和老伴过着自在的退休生活。陈老出洋的第一站不是洪都拉斯,跟着中美洲局势在香港和中美洲之间兜兜转转。他向我讲述了一个我未曾听过的传奇故事。

> 1965年,我出洋的第一站是从香港去厄瓜多尔。那时香港人的生活很艰苦,没有那么多工厂,亲戚在厄瓜多尔申请我出去,我在厄瓜多尔做了两年工,然后自己开餐馆。
>
> 1970年,我和朋友去尼加拉瓜旅游,我很喜欢那里的环境,就在尼加拉瓜开餐馆,后来又开了一间杂货铺。1979年6月,尼加拉瓜发生内战,游击队和政府军打仗,我到50公里外的朋友家住了近一个星期。有一天晚上,我做生意那埠的朋友打电话告诉我,我店里的全部货物已经被人抢空,全埠西人商店也一样被放火烧。我没有回去看店铺情况,两天后我就回香港了,在香港住了6个月。
>
> 1980年1月,我从香港来到洪都拉斯,又开始做餐馆生意。当时这里的华侨大约有两千人,不包括在这里出生的华裔子女,这个人数有很多。在洪都拉斯的香港人很少,我所知不超过十人。

陈老当了十多年华侨总会会长,深得后辈侨胞尊重,大家都喊他"老板",因为他帮助了很多新移民创业。他和太太在香港时已是同学,两人在厄瓜多尔结婚。他们的大儿子在厄瓜多尔出生,后来回香港读书,大学毕业后在香港工作。二女儿在香港出生,后来去澳洲留学,留在澳洲工作。三儿子在洪都拉斯出生,现在洪都拉斯工作。这一家子人散居在美洲、澳洲和亚洲,要找好时间聚一次不容易。老人喜欢住在洪都拉斯,他的理由是"在这里做生意没有太多竞争,洪都拉斯人很容易相处,气候很好,不冷不热,四季一样,食物方面都很健康。"

洪都拉斯约有 200 家中餐馆，出品洪都拉斯中餐。洪都拉斯人非常喜爱中餐，尤爱炒饭。在赵家楼欣赏完顺德大厨的厨艺表演后，一位洪都拉斯记者惊叹道："中国的中餐和洪都拉斯的中餐一样完美，两者演绎了不同的风味。"

洪都拉斯没有唐人街，分散各处的华人杂货店有 100 多家，售卖的商品基本上是中国制造，但很多不是华人商家从中国进口的，而是从本地商家批发，因为从中国进货的总价比在本地批发的价格高。

2013 年，洪都拉斯将每年 10 月 29 日定为"华侨节"，这一天是全国法定假日。虽然洪都拉斯的治安不如外界期许的好，在这个看似失落园里，华人认真地过好自己的小日子。

大街上，青鸟开过去，开过来。荣哥问："你看见青鸟了吗？"

一只青鸟停下来了，有人下，有人上，看着它又振煽翅膀，继续开往每个人的车站。

近在夏湾拿

　　古巴是世界上仅有的几个社会主义国家之一，与美国的"天涯海角"——佛罗里达州企委市（Key West 的粤音译名）相距仅 90 英里。

　　中国人对古巴不陌生。说起古巴，人们自然会联想到卡斯特罗和切格瓦纳，这两个名字被几代中国人铭记。

　　古巴是神秘的。

　　古巴至今没有改革开放，人民日益增长的物质需求与社会生产力不发达的矛盾比较明显，柴米油盐凭票供应。古巴解放后，美国对古巴实行经济封锁，古巴经济步入衰退，特别是 20 世纪 90 年代初苏联解体后，经济困境愈加凸显。我在中华总会馆见到卡斯特罗的战友、著名华裔将军崔广昌，他说："我们至今还在与美帝国主义斗争。"

　　尽管如此，古巴从来都是美国人最爱的度假天堂。哈瓦那满大街奔跑的老爷车，赤橙黄绿青蓝紫，构成了一道独特的城市风景线。这些老爷车是在古巴解放前从美国进口的，而今美国人到哈瓦那过车瘾，坐上老爷车，戴上古巴帽，抽上古巴雪茄，假装旧式派头，拉风地出没于老城巷陌。不过，根据古巴法律，外国人不能开老爷车，也不能买老爷车,开老爷车的都是古巴人。

古巴是文艺的。

海明威是美国人,而人们总愿意把海明威和古巴联系起来。海明威在古巴住了很多年直到离世,据说他在写作《老人与海》期间,每天都去哈瓦那老城的佛罗里达小酒馆喝一杯代基里(Daiquiri),随即文思如泉涌。小酒馆是文艺青年打卡地,每天中午12时准时开门,此时,在门外静候多时的粉丝蜂拥而入,和作家雕像合影,再品一杯调酒师现场调制的代基里酒,瞬间回到文学年代了。

哈瓦那有一条著名大道"Malecón",环绕哈瓦那城,依偎着加勒比海岸,碧海连天。好莱坞将这条大道推向大银幕,在电影《速度与激情》里狠狠地火了一把。Malecón的中文译名是"马莱孔",但不如老华侨的习惯叫法"海旁大道"直白,海阔天空。

古巴,究竟离我们多远?又离我们多近呢?

古巴与中国相距遥远。在大航海时代,乘坐帆船需沿南海和印度洋,绕过非洲南端的好望角而进入大西洋,向西北航行,最后抵达位于加勒比海的古巴岛。又或者,乘坐帆船从太平洋顺洋流走,越过日本附近的"黑潮",再沿加利福尼亚和墨西哥西海岸一路南下,绕过南美洲南端的合恩角转入大西洋,北上进入加勒比海。无论走哪一条海路,从中国到古巴都要花费四五个月的时间,而且海上状况复杂,船上条件恶劣,海洋气候莫测,很多华工客死途中。

然而,这只是地理距离。

若以"夏湾拿"为标尺进行测绘,其实,古巴距离我们不远。

哈瓦那的西班牙文是"Habana",英文是"Havana",西班牙语中"b"和"v"发音相同,老华侨习惯称"夏湾拿",一个纯正粤语译名。即便"哈瓦那"后来被广泛使用,也仅在非粤语区新移民中通用,粤语区华人通用"夏湾拿"或"湾城",中国港澳地区一直沿用"夏湾拿"地名至今。

和年轻的"哈瓦那"相比,"夏湾拿"是古老的,老到可以浓缩一部沉重的中国近代国际移民史。

官方记载有迹可循。1893年,江苏常州人余思诒因熟悉洋务而被派往古巴,成为第四任驻古巴总领事。余思诒善于记录当地风土人情,著有《古巴节略》一书,其中写道:

> 古巴在群岛中央,人迹罕至,前明弘治四年日国遣其臣义大利人可仑波航海觅得之,遂以其君之子名哈瓦那者名其岛,土人仍呼为古巴……遂以省会为哈瓦那,即夏湾拿也。

"日国"指西班牙,西班牙国名"España"在晚清官方文件里正式译名为"日斯巴尼牙",自音译而成,简称为"日国"或"大日国",西班牙文自然是"日文"或"大日文"了,这与日本毫无关系。到民国,才有"西班牙"这个新译名。"义大利"即意大利,"可仑波"就是哥伦布。而"古巴"之名本源自岛上土著人的泰诺语"Coabana",意为"肥沃之地"。

余思诒的文章大意是:古巴岛位于加勒比海群岛中央,人迹罕至,1492年,西班牙国王派遣意大利人哥伦布远航,哥伦布在航行中发现此岛,便以西班牙国王之子哈瓦那的名字命名该岛,但岛上的土著人仍称呼该岛为古巴……于是,哥伦布以哈瓦那的名字命名古巴首都,即夏湾拿。

余思诒对夏湾拿的记载颇多,比如在记录当时遍布古巴各地的华侨社团数量时写道:"大小埠共计四十余处。而夏湾拿一埠,共十处,马丹萨省之过郎埠,计七处。光绪十九年(1893年),又增建总会馆于夏湾拿。"

文中马丹萨是"Matanzas"的早期译名,该地是伦巴舞发源地,中文译名是马坦萨斯。过郎埠即科隆(Colón),属于马坦萨斯省下辖县区之一,距离夏湾拿 160 公里。

"夏湾拿"的流行早于余总领事赴任古巴之前。1874 年,在陈兰彬向总理衙门送呈的《古巴华工事务各节》里多次出现古巴和夏湾拿。1847 年第一批抵达古巴的华工与种植园主签订劳工契约,均采用"夏湾拿"地名。

这些被遗忘的粤洋地名有着不一样的烟火气,令人拍案叫绝。史海钩沉,打捞海那边行将消逝的粤洋地名,留住广东人走过世界的足迹,这不仅是中国记忆,更是世界记忆。

这便有了关于古巴和夏湾拿的"相对论"——远在古巴,近在夏湾拿。

一切,源于西方殖民者实行的苦力贸易政策。

古巴盛产甘蔗、烟草和咖啡,以"蔗糖之国"著称,种植园劳动力来自非洲黑奴。19 世纪,西方兴起禁止贩卖黑奴运动,欧洲殖民者遂将目光转向刚刚被其坚船利炮打开国门的中国,认为采用契约劳工制代替奴隶制是解决殖民地种植园劳动力饥荒的最佳途径,并且可以从苦力贸易中继续牟取暴利。19 世纪中期,广东乡村劳动力开始大规模被贩卖到古巴等南美种植园,广东本地人将这一苦力买卖行为称作"卖猪仔"。

1847 年 6 月 3 日,第一批契约华工 206 人乘坐西班牙双桅帆船"奥基翁多号"(Oquendo)从厦门港出发抵达夏湾拿的雷格拉(Regla)港,粤语名"力勒",这是西班牙殖民者用来输入非洲奴隶的港口。华工上岸后即被关进"卖人行",契约合同转卖给种植园主。这是抵达古巴的第一批华人。

6 月 12 日,英格兰商船"阿盖尔公爵号"(Duke of Argyle)又运输 365 名"猪仔"到古巴。殖民者和种植园主从苦力贸易中尝到甜头,此后,一船又一船"猪仔"从澳门、汕头等港口运到古巴。从 1847 年至

加勒比华侨与广东侨乡

哈瓦那港,华人从此码头进入古巴

1874年的27年间,从中国出发的契约华工有143040人,活着抵达古巴的华工有126008人,死于海上航行途中的华工约占14%。

据古巴老华侨介绍,华工的契约合同中规定工期为8年,日薪为4比索,另提供衣食。到古巴后,契约合同被以70比索的价格出售给甘蔗种植园主。华工称甘蔗种植园为"糖寮",不仅种甘蔗,还有制糖作坊,从甘蔗种植到蔗糖加工一条龙完成。华工在合同期满后可以选择回中国,也可以作为自由人留在古巴。但事实上,华工一旦被卖入甘蔗园,就会受尽凌辱盘剥。为防华工逃跑,有的砍蔗工从脖子到脚被戴上铁链。古巴华工的奴隶际遇经媒体报道后引起清政府关注,但殖民地当局百般抵赖,拒不承认虐待华工,除非清政府能够提供确凿证据。

1874年2月19日,清政府特派陈兰彬率调查团启程到古巴调查华工状况。调查团于3月17日抵达夏湾拿,在短短30多天里,明察暗访各地糖寮、卖人行和囚禁华工的官工所,记录了几百份华工口供。陈兰彬在向总理衙门呈送的古巴华工事务报告中写道:

> (同治十三年二月)初三日查衣巴呢司卖人行,初四日查夏湾拿城工所,初五日复查卖人行,初六至十一等日复查工

所,十三、十四、十五等日查夏湾拿城官监,十七、十八日查那司格里亚司糖寮。二十二日抵马当萨司城,连日查工所、官监,并所属三格阿也打罗糖寮、敢勒写别司恩糖寮、雅么里亚糖寮……

调查结果显示:至少 80% 的华工被直接诱骗、绑拐或转卖到古巴;至少 10% 的华工惨死在地狱般的海上旅途中;到古巴后,99% 的华工被贩卖到甘蔗园当苦力,死亡率至少在 60% 以上,等等。

古巴华工调查报告震惊世界。在清政府和国际舆论的压力下,在铁一般的事实面前,1874 年,西班牙殖民者不得不停止契约华工贸易。1877 年 11 月,清政府和西班牙签署《会订古巴华工条款》,禁止采用"诡谲之计诱令华工出国",西班牙殖民者在中国南部沿海进行的人口贸易终告结束。但是这一消息直到一年半以后才传到古巴,1879 年 6 月 29 日《哈瓦那公报》(Gaceta de la Habana)报道了这一消息。两个多月后,即 1879 年 9 月,清政府首任驻古巴总领事刘沉亮抵达夏湾拿。

哪里有压迫,哪里就有反抗。华人积极参加古巴独立战争,与其处于被压迫的阶级地位相关。1868 年 10 月 10 日,古巴独立战争爆发,共和军宣布契约华工合同作废。华人踊跃参军,组成整营整连的兵力参加战斗。古巴历史学家估计在历时 30 年的独立战争期间,有近 6000 名华人参军。华人到古巴后改用当地姓名而不用中文原名的情况普遍,他们用当地姓名登记入伍,因此华人实际参战人数可能更多。祖籍番禺的华裔将军阿曼多·蔡这样回忆道:

关于大概有多少华人参战,可以给您一个思考范围。仅在 1874 年,拉斯·瓜西马斯(Las Guasimas)一役就有一个营共 500 名中国籍华人在马克西莫·戈麦斯(Maximo Gomez)将军的指挥下参加了战斗,整整一个营。

加勒比华侨与广东侨乡

为什么华人组成独立作战营呢？刚抵埠的华人不懂西班牙语，即便学会了一些西班牙语词汇，也无法用西班牙语交流，所以，组成独立的"中国营"便于作战沟通，这些"中国营"成为独立战争中著名的英雄营。

在夏湾拿市中心的利尼亚街（Linea）有一个小公园，这类街角公园在夏湾拿比比皆是，只是这个小公园总引来行人驻足凝望。公园里耸立着一座黑色大理石"旅古华侨协助古巴独立记功碑"，上面镌刻如下文字：

在古巴独立战争中，没有一个华人是逃兵，没有一个华人是叛徒。

位于哈瓦那市区的旅古华侨协助古巴独立记功碑

这是贡萨洛·盖萨达（Gonza lo de Quesada）将军留下的名言，古巴人民为纪念华人为古巴独立战争做出的巨大贡献而特立此碑。华人参与古巴革命之深入，在世界各国历史上难得一见。

古巴独立战争结束后制定的宪法第 65 条规定：任何一名为古巴自由而战斗满 10 年，年满 40 岁，有武器装备的外籍人员，都有资格加入古巴国籍，甚至可以成为总统。当时只有四个人满足这一条件，他们分别是：来自多米尼加的马克西莫·戈麦斯将军（Maximo Gomez）、来自波兰的卡洛斯·罗洛夫将军（Carlos Roloff）以及两名中国人——何塞·卜中校（Jose Bu）、何塞·托龙（Jose Tolon Lai Wa，中文名黎华）。这四人都参加了三次独立战争。

近在夏湾拿 | 古 巴

古巴最著名的三位华裔是三位将军——阿曼多·蔡、古斯塔沃·崔（中文名崔广昌）和莫伊塞新·邵黄（中文名邵正和），三人均为广州人后裔，跟随卡斯特罗参加革命和社会主义建设。"华裔将军"早已成为古巴华人的精神象征，家喻户晓。

夏湾拿有过令人骄傲的黄金年代，拥有过与旧金山比肩的华人区。

早期契约华工在8年合同期满后成为自由人，他们走出糖寮，在各地经营小生意，聚居而成一个个大小不一的唐人街。因华人女性被禁止移民古巴，许多华工与本地人结婚，也有人赚到钱银后回老家娶妻生子，再返古巴继

位于哈瓦那古城的华区

续赚钱营生。夏湾拿是京城，华人最多，很快在生下街（Zanja）和光线街（Rayo）一带形成最初的唐人街。在华人抵古二十年后即1867年，第一个华人社团——结义堂在夏湾拿成立。

19世纪70至80年代，古巴与美国两地华人人口相当。1870年，美国华人人口约为6.3万人，到1880年，美国华人人口有近11万人。而1870年古巴人口只有140万，却有超过10万华人，华人人口比例远高于美国华人人口比例。从1865年至1875年的十年间，为躲避美国排华，有5000多名华工从美国下到古巴，其中许多人参加过美国西部铁路建设，他们具有较强的经济实力，成为构建夏湾拿华人区的主

要力量。

到 20 世纪初,夏湾拿华人社会进入黄金时代,一个繁华富饶的华区业已形成。华区里有一百多个社团,杂货店、水果店、餐馆、洗衣店、银行、中药店、戏院、珠宝行、书店等各种商铺林立,中文报刊社有四家,中华学校和各类华文班办得热热闹闹,此外,还有中华义山、中华颐侨院和九江公医院。夏湾拿华区成为美洲最大的华人区之一,其规模和繁华程度不亚于旧金山华埠。

据 1942 年登记的数据显示,夏湾拿的华人人口只有 18484 人,姓氏却有 143 个,其中"黄李陈"三姓人口最多,且均超过 1600 人,"林刘蒋伍"等姓氏次之。古巴各地华人区进入极盛时期,华人遍布古巴 300 多个城镇,商铺、餐馆、工厂和农场等各种经济业态达 4000 多家。

1959 年古巴革命胜利后,国家对私人工商业实行社会主义改造,私营企业国有化,华人的财富一夜之间被打回原形。大批华人逃到美国和周边岛国,留在本地的华人中,有些被分配去砍甘蔗,成为领工资的劳动者。古巴华人人口急剧萎缩,华人社会断崖式衰退,从此,华人移民古巴的历史基本结束。

现在的夏湾拿华区名不符实,华区里没有华人居民了。2017 年夏天,我在中华总会馆见到崔广昌将军,他和会馆同事告诉我,会馆登记在册的老华侨仅剩 111

古巴洪门民治党舞狮队

人，年龄最小的已 70 多岁。

但是，古巴拥有一个人口众多的华裔社区。由于第一代华人与本地女性通婚，后代又多次混血，所以仅从容貌上难以判断其华裔血脉了。据老华侨介绍，目前古巴的混血华裔超过 10 万人，占古巴人口的 1%，他们的祖籍以广东台山、新会、恩平和中山为主。华人在古巴逾一个半世纪，拥有二分之一或四分之一或八分之一中国血统的华裔究竟有多少，仅从人口登记数量无法判断，因为很多华裔姓名里无中国姓氏，与本地人无异了。

Flora Fong 是古巴"国宝级"画家，中文名是邝秋云，我们约好在她家见面。邝秋云的家是一栋雅致小楼，楼上楼下挂满了女主人的作品，只有楼梯墙面的一处镜框例外，镜框里是一名中年男子的黑白照，女主人说这是她的父亲，来自广东台山，她的母亲是西班牙裔古巴人，她以台山人之后为荣。镜框内还嵌有一个旧算盘、一副墨镜和一双筷子，她以此艺术形式寄托对父亲的思念。

邝秋云在古巴出生，不会说普通话，不会说台山话。20 世纪 90 年代，她第一次回中国即被博大精深的中华文化深深吸引，沉醉于中国书法艺术和传统建筑，并由此激发出无穷的创作灵感，别出心裁地将中国书法美学融入画面中，形成了独一无二的邝式风格。在她的作品里，我们总能看到"大海大风大树大汉字"格局，加勒比重彩和中国水墨哲学隐喻巧妙交融，特别对汉字"人"的大胆运用，匠心独具，震撼心灵。邝秋云对自己的艺术特色如是解说：

> 我非常喜欢中国文化，一直都想把中国元素和加勒比风情融合在一起，现在，这个愿望达成了。别人说起我的作品，首先想到的便是这种风格。因为我的身体里流淌着中国人的血液，所以我想我的画作中能体现出一些中国元素。

加勒比华侨与广东侨乡

我在一幅画作前驻足,从未见过如此奇特的画语系统。画中央是一艘大帆船,船帆上写着"中国、帆船"四个素色汉字,帆船下面留空处有一行较小的西班牙文,中文含义即"论一艘轮船的重要性";帆船右边是一片蓝色海洋,棕榈树在海边摇曳,一个巨大的船锚正下落海面,"古巴"两个汉字若隐若现,意寓帆船抵埠;帆船左边的加勒比海上波光粼粼,帆影点点,人连着海洋和陆地,大踏步移动着,帆影间依稀可见两个汉字"美丽",可以理解为"美丽家园"之意。我凝神良久,阅读这幅画家在2011年创作的油画,好像读懂了古巴华人走过一个半世纪的沧海桑田。

当中国汉字遇上加勒比风情,艺术长上了记忆的翅膀。

但凡中国人靠岸的地方,都会开垦出一个"埠",有的被称为唐人街,有的被称为华人街,有的被称为中国城,有的被称为华埠,各有各的名称,而国内的人一律称之为"唐人街"。

夏湾拿华人街牌坊巍峨雄伟,气势磅礴,可能是世界上最大的唐人街牌坊了。

龙街(Calle Dragones)是夏湾拿老城区的一条开阔大道,"华人街"牌坊横跨大道两边,格外夺目。"华人街"三字上方还有"Barrio区Chino"字样,中文即"华区"。这个牌坊是中国政府在1990年捐建的。中华总会馆位于牌坊右侧街口,是华区的"最高行政中心",管理华区事务。

从牌坊开始,便是华区地盘了。走过牌坊,一栋老建筑迎面而立,直探蓝天,溢出一股文艺复兴风,我的脑海里突然跃出广州爱群大厦的身影。这两者立面设计不同,爱群大厦阳刚挺拔,眼前的建筑优雅如贵妇,它们的地面层均为骑楼,建筑风格有异曲同工之妙,都拥有高美的贵族气质,只是夏湾拿这个"贵族"没落了。

这栋我至今不知其名的老建筑似一艘乘风破浪的邮轮,时刻唤醒人们对夏湾拿锦绣时代的黄金记忆。而在世界的另一边,傲立于珠江畔的爱群大厦依然意气勃发。爱群大厦是台山华侨在1934年集资兴建的,眼前此楼曾几何时会否与台山人有关?我问了几个老人,得不到答案。

华区属于夏湾拿老城区一部分,老城区是世界文化遗产,游客络绎不绝。年代感十足的老爷车和人力三轮车来来往往,居民在食品店里凭票购买面粉面包,仿佛时光倒流了半个多世纪。

华区的街道纵横交错,高楼林立,依稀可见曾经盛世。我用相机记录老街和老侨团建筑,不知不觉走到一栋民楼前。此楼很特别,怎么看都像有中国人的影子,楼高五层,建造考究,雕梁画栋,豪宅的前主人该是一位大资本家吧!

几个小孩在门口嬉耍,一男子从楼里面走出来,看着我,用手指着楼上,大声重复一个词:"CHINO!CHINO!"并示意我进去看。我猜他是在告诉我楼里有中国人的遗存印记,可能是家私用具,可能是家族照片,可能是其他物品。我正欲入内探究竟,同行的本地朋友提醒我注意安全,里面有七十二家房客。我在楼外看了又看,恋恋不舍地离开。

大豪宅变成大杂院,一声叹息。

前些年,古巴政府意识到夏湾拿老城是发展旅游的顶好资源,对老城区进行整治,华区也随之受益。华区的街道有西班牙文和中文双语路牌,写着中西文名字的老侨团物业还在,而且多数物业的

夏湾拿华区街名中西文对照。这条街的中文老街名叫龙街

加勒比华侨与广东侨乡

一二楼改做餐厅,这在一定程度上促进了华区复苏。

老侨团依然老名字,但街道的中文名已改用现代汉语街名,读起来生硬拗口,不容易记忆。华区本来不叫唐人街,街道中文名本来按粤语语境翻译,言简意赅,朗朗上口,并且通用了一个半世纪有余。

举几个街名例子吧。

"Dragones"的新中文街名是"德拉贡乃斯街",老街名为"龙街",以中国文化的图腾译名的街名,恰当表达了"龙的传人"之意。

"Campanario"的新中文街名是"伽姆巴那里奥街",老街名为"钟楼街",因为这条街上有座教堂,教堂上面有一个钟楼,遂以地标物来命名街名。

Malecón的新中文街名是"马莱孔街",老街名为"海旁大道",因为这条大道沿加勒比海岸环绕夏湾拿城,是夏湾拿主干道,以地理环境命名,如身临其境。

"Zanja"的新中文街名是"哈桑大街",老街名为"生下大街",通俗易记。

还有,"San Nicolas"的新中文街名是"圣尼高拉斯街",老街名为"生呢哥拉街";"Manrique"的新中文街名是"曼力亥街",老街名为"马利克街"……

历史,因为有连接才会有承传。连接,需要记忆作为介质,比如语言,而语言本身是文化的载体。如果我们把新老街名稍做比较,这些老街名显然生动趣致很多,让人愿意去亲近,愿意去刨问,并不知不觉地产生代入感,而故事往往在岁月中留痕,传诵,成为经典。

华区的侨团是老黄历了。幸运的是,当首都以外的一些侨团大楼于1980年被政府收归国有时,夏湾拿各侨团大楼至今仍属于侨团自有物业。夏湾拿是京城,华区是全国各地侨团总部,比如洪门民治党、中山自治所、李陇西总公所、龙冈亲义总公所、九江公会、余风采堂、黄江夏堂、溯源总堂、安定堂、湾城陈颖川总堂、湾城至德总堂等等都在华区拥有自己的地盘。而中华总会馆是管理全国华人社团的最高机构。

老城区旅游业兴达后，政府允许华区侨团大楼一二层用作经营，侨团大多开餐馆并向政府缴税，店名是西班牙文的，味道是本地特色的。所以，当我看见艳丽的"中国城"小门楼立在小巷口时，有些错愕。小巷很短，总共四五家中餐馆，中国风装修，餐馆名字如天坛、广州酒家。古巴店员热情地招呼着路人，刚过饭点，小巷静悄悄。这几个餐馆的主人都是新华侨。

洪门民治党是华区至今仍然开展活动的社团。民治党全称中国洪门民治党驻古巴总支部，大楼是自有物业，共有四层，二层是民治党办公室和会议室，三四层有住房预留给外省支部的侨领到华区开会时用。一层一分为二，一半用作社团活动场地，一半用作餐厅，餐厅名字就叫"Min Chi Tang"（民治党）。唐仲喜女士告诉我，几年前民治党餐厅对外开放经营，而餐厅向老华侨免费供餐。

新移民将华区一条小巷子标设为中国城

加勒比华侨与广东侨乡

唐仲喜是洪门民治党善飞咕支部负责人,很干练,她和子女住在西恩富戈斯(CIENFUEGOS)市,粤侨称之为"善飞咕埠"。善飞咕曾经是华人聚居城,当地持中国护照的老华侨仅剩4人,他们都娶了古巴媳妇。在人口老化的古巴华人社区,唐仲喜是老侨团里的后起之秀,也是唯一能说流利粤语的人,跟广东的联系自然较多。她在20世纪70年代移民古巴,那时古巴华人社会已经衰退。关于自己和善飞咕,她这样说道:

> 1975年12月27日我从老家恩平来到古巴。我先生家族最早来古巴的是他的大伯,大伯于1947年10月19日到古巴。以前我家开餐厅,现在餐厅停业了,我想往其他行业发展。我和子女每年回广东一两次,他们会讲广东话。
>
> 我住的善飞咕埠现在只有古巴洪门民治党支部这么一个社团,总共有38个党员。善飞咕的华裔约有3000人。我们平时有社团活动,比如学中文、打太极拳、跳舞,举办美食比赛等等。我们有庆祝中国国庆节和春节的活动,有舞狮和跳舞,我们也有中餐聚会,我们做的中餐有烧猪肉、炒饭、饺子、炸春卷和咸水角等等,都是我们自己做的中餐。
>
> 华人在古巴的地位很好,当地人也很尊重华人,华人与当地人相处非常有感情。古巴最吸引我的是读书一直读到大学都是公费,医院医疗也全部公费,一年四季不冷,空气好,我最喜欢古巴的沙滩。

老去的古巴华侨是一个被遗忘的群体。一起被遗忘的还有夏湾拿人的寂寞守候。正因为有唐仲喜这些传承者,我们才有机会看到中华文化薪火在加勒比海岛燎原不息。

我在华区的民治党会议厅遇见一位祖籍恩平的中年华裔,他的普通话听起来太费力，平时他只讲西班牙语和恩平话。但他每周末在家免费办普通话补习班，有 12 个华裔学生，年龄最大的 80 岁，最小的 12 岁，老少一堂快乐地跟他学讲普通话。我有幸见到这位最年长的学生，她穿着橙色唐装，优雅地发出几个普通话音。我被这位恩平老师的坚定意志深深地打动，也替他会否"误人子弟"捏一把汗。

与民治党大楼相邻的是一座中国式院落，门口牌子上写着"古巴武术学校"，顾名思义，这里教授中国功夫。明黄色院墙上太极图先势夺人。走进院门，只见操场空阔，翠竹环绕，墙上少林寺图案和"武"字呼之欲出。看来，这里教授的武术没有门派之分。

李荣富是古巴武术学校创办人和校长，身材健硕，一看就知是练武之人，而且他能说一口流利的北京腔。他的外公早年从广东中山来到古巴，他的身上流淌着四分之一中国血脉。"竹升仔"李荣富自小喜欢中国文化，尤其是中国功夫，只要会馆里有人教功夫，他就跟着学。1994 年，李荣富有幸入选中古文化交流项目，被选派到北京体育大学系统学习武术和汉语，一年后，他回到夏湾拿创办了这所武术学校。刚开始学生不到 20 人，现在学生规模达 15000 人，其中只有约 2500 人是夏湾拿生源。这所武术学校已成为享誉全古巴的武术学校。

直到中国改革开放后，到古巴的中国人才又慢慢多起来，主要是中资企业人员。"多少人不清楚，因为他们没有在中华会馆登记。"唐仲喜说，以前古巴华人要在中华会馆登记。

2004 年，中国和古巴签署教育交流协议，双方每年互换留学生。自费到古巴留学的中国学生不多。郭昕江是这些留学生中的一员。十年前，刚刚高中毕业的郭昕江从甘肃到哈瓦那大学留学，现在一边工作，一边攻读博士学位。郭昕江说，他们这些留学生毕业后，有一部分人回国了，一部分人散居于拉美各国，留在古巴工作的大约有几十人。古巴还很贫穷，但他们相信古巴的明天会越来越好。

新华侨有自己的圈子，与华区没有交集。"老侨团没有活力，跟中国也没有联系。有时国内代表团来访时,我帮侨团做翻译,帮助他们做点事情。"郭昕江说。

雪茄的烟火味飘过来,有点呛人,我点了一杯莫吉托(Mojito)。我被反复提醒,不喝一杯莫吉托,不算到过夏湾拿。白朗姆酒混搭薄荷叶、苏打水和新鲜青柠汁,加点蔗糖,这么调制出来的莫吉托,带着作家与海的腔调,很古巴。

夏湾拿的光环,在悄然无声地褪去。

夏湾拿的历史,没有终结。

巴拿马

一条铁路一条河

记得上中学地理课时，最纠结于那些总让人头晕目眩的东西半球时区时差换算，等到长大后才发现，原来计算时差和倒时差是一回事，都叫人神志难清。现在，智能手机把地球时间变得直观了，只要轻轻一戳，一个新时间瞬间产生。智能技术的日新月异缩短了人与外部世界的距离。

老师说世界上有三条大运河，这清醒地流淌在记忆里。可能是自己从小生活在京杭大运河畔的缘故吧，我记住了另外两条著名运河：苏伊士运河和巴拿马运河。地图上的巴拿马运河是中美洲陆地上一条丝线，犹如一座世界桥梁，连接了世界最大的两个海洋——太平洋和大西洋，这就像是一个遥不可及的符号，令人感到无比神秘。

那时候，中国历史和世界历史都没有华侨史一课，我们不可能去把天边的符号与中国联系起来。不知道现在的历史课里有没有关联课程，如果讲历史时关联中国移民史，那么，我们的世界观会大不同。

交通的革命，带来交往的革命。交往的革命，使得每个民族的历史，从地域历史走向世界历史。我们的历史轴轮不是孤立地自转着，而是在世界历史潮流中滚滚向前。我想,如果我们对自己民族的历史阅读更广泛些,那我们对这世界的认知会清朗许多。

比开凿巴拿马运河早了近三十年,中国人与巴拿马的渊源已经开始了。

1848年,美国西部发现黄金,淘金热席卷东西半球,大西洋和太平洋的海上之路繁闹起来,人人都在寻找通往美国西部最便捷的黄金之道。那时,从美国东部到西部只有两条路可走:一条路从东部坐船下大西洋,绕南美洲最南端合恩角转入太平洋,北上到旧金山;另一条路从东部坐船到巴拿马位于加勒比海的城市科隆,然后换乘马车和舢板,沿巴拿马地峡到东部太平洋口,再坐船北上旧金山。

在狂热的黄金梦中,巴拿马的独特地理优势瞬间走进公众视野,一场因争夺黄金而起的交通革命在巴拿马地峡展开。

1850年4月15日,一家美国铁路公司和哥伦比亚政府签订合约,成立巴拿马铁路公司,沿巴拿马地峡修建一条横贯巴拿马的铁路。巴拿马铁路修到科隆和巴拿马城中点时,已完成的东半线主要由爱尔兰劳工修建。从中点向西到终点巴拿马城的地况复杂,要经过诸多山峦河流,因此这后半段铁路工程建设进度缓慢,路基修到哪里,铁路就筑到哪里,旅客在火车站下车后,必须脱靴涉水到干燥区,或者换乘舢板到巴拿马城,再坐船北上到美国加州。

1854年4月1日,星期六,《巴拿马先驱报》(《Panama Herald》)在第二版刊登如下报道:

> 海巫号帆船船长弗拉瑟(G.W.Fraser)和道兰斯(Dorrance)医生载运705名华工从汕头出海,经61天的航程,于昨日中午抵达巴拿马港岸。海巫号此行顺利,尤其是成功地载运了华

工,航程中仅 11 名华工死亡,安抵港口的有 701 名,仅 4 名伤残。全部是男性华工,看起来身体状况良好,据了解这些华工在航行途中表现非常好。

这是有文字记载的第一批中国人抵达巴拿马的消息,上岸后他们马上被送往铁路施工营地。根据这个报道推算,第一批中国人抵达巴拿马的时间应该是 1854 年 3 月 31 日,为何现今众所周知的是 3 月 30 日?

巴拿马华侨历史学者谭坚告诉我,《巴拿马先驱报》并非日报,而是每隔一天出刊,所以,他推断报道中"昨日"为 3 月 30 日,而且这一判断从其他信息源得到印证。在谭坚的推动下,在 2004 年中国人抵巴 150 年之际,巴拿马议会通过第 15 号法案,将每年 3 月 30 日确立为"华人节",从而将华人历史融入巴拿马文化遗产。

其实,在"海巫号"抵巴之前,已经有两批华工来到巴拿马海域。谭坚在查阅一份英国政府的移民档案时发现,1852 年曾经有 300 名中国移民随船驶向巴拿马,途中有 72 人死亡;1853 年有 425 名中国移民坐船去往巴拿马,其中 96 人在途中失踪。这份资料仅显示船舶航行年份而没有具体月日,也没有显示在哪个港口上岸,谭坚认为,这两组中国人应该到达了今天的哥伦比亚,当时被称为新格林纳达,辖区内含今日巴拿马海岸。

1854 年抵达的首批 705 名华工被运到位于铁路中点的一个营地加入筑路大军,此地便是这两年逐渐被国内学者认知的"马达埕"(Matachin)。"Matachin"是西班牙文,即"屠夫"之意,该地名曾出现在海盗时期的巴拿马地峡图上,直到三个世纪后中国劳工才来到此地。但是,人们宁愿相信该地名后缀"chin"与中国人有关,将"mata"(意为"杀")与"chin"("中国人"之意)嫁接,由是将"Matachin"演绎成"中国人自杀"小镇,又称"华人冢",传说很多华工葬于此地。这显然有误读成分。

但是,马达埕留给人们的记忆是恐怖的,绝望的。马达埕地处热带雨林,沼泽地多,气候潮湿闷热,华工难以忍受蚊虫和霍乱、疟疾等热带雨林疾病的肆虐,此时铁路公司又停止了鸦片供应,使得无处可去的华工陷入绝境,许多人选择自杀,据称在1854年7月至9月间总共有415宗华工自杀事件发生。人们难以接受中国人的死亡人数如此之众,就将这个地方称作"杀中国人"(Mata Chinos),而非原地名马达埕(Matachin)。这或许是铁路建成一个半世纪后,运河下的古镇马达埕被"打捞"出来与华工死亡联系起来的缘由吧。

谭坚说,根据档案记载,在建设巴拿马铁路的五年里,铁路工人总数达7000余人,其中1262人是中国人,而铁路工人死亡记录显示中国工人有567名。这些华工尸骨都按中国人风俗安葬在华侨公墓"华安义庄"。

华工参与巴拿马铁路建设的时间从1854年3月30日抵巴起算,至1855年1月27日铁路落成,在前后10个月里,华工人数约占铁路建设工人总数的六分之一,华工死亡人数占华工总数接近一半,足见华工的极端境遇非"悲惨"二字能概括。

巴拿马铁路通车后,处于水路转运枢纽的马达埕热闹繁华,1908年,小镇人

1907年,马达埕附近哥洛哥那(Gorgona)的华人（谭坚供图）

口约有 2400 人,其中有 21 个中国人,经营各种小生意。运河工程改变了小镇命运。1913 年 10 月 10 日下午两点,随着一声炮响,巴拿马运河主干道和支流正式汇合,古镇马达埋转眼沉入河底,从此自地球上消失了。这个历史地名如今以铁路站名记忆,靠近弗利赫兰斯(Frijoles)小镇,留下一个苍凉悲鸣的传说。

　1855 年 1 月 27 日,巴拿马铁路竣工,全长约 80 公里,海拔最高处 263 米,沿途穿过 170 条小河流,成为连接大西洋和太平洋的一条黄金通道,这是美洲第一条横贯大陆的铁路,也是世界上第七条铁路。2 月 15 日,巴拿马铁路举行盛大的通车典礼,当地媒体盛赞此举为美国工商业的伟大成就。

　马克思对此有过形象的描述,他说,正是在 19 世纪中后期,从美国的加利福尼亚州到中美洲的巴拿马,迅速从以前的荒无人烟之地变成一个富足的文明区域,这里稠密地居住着一切种族的人:从美国佬到华人,从黑人到印第安人和马来人,从克利奥洛和美司代佐到欧洲人,加利福尼亚的黄金流遍美洲,流遍亚洲的太平洋沿岸地区,甚至将最倔强的野蛮民族也拖进了世界贸易,拖进了文明。

　巴拿马成为华工前往中南美洲的中转站,那些欲前往寻找财富的中国人,又从巴拿马出发。滞留在巴拿马的华人,有的开杂货店、餐馆、洗衣店,有的在各个小村庄种菜、种水稻、卖杂货,他们与当地女子通婚,入乡随俗地开启新的生活。

　我听过一位中山籍华裔讲述她的家族故事。她的曾祖父于 19 世纪 80 年代来到巴拿马,原打算去秘鲁,在轮船中途停靠巴拿马的时间里,他上岸去找老乡,因为打麻将而忘记按时返回秘鲁的船。在等候下一班轮船期间,他发现巴拿马同样有致富机会,决定留下来,结果,巴拿马成为他的福地,生意越做越大,成为巴拿马名人。

　这类奇事我听过很多。

　牙买加朋友跟我说,很多牙买加华裔的祖辈最早从巴拿马修完铁

加勒比华侨与广东侨乡

路后坐船去牙买加,这些后裔现今虽又移民到美国、加拿大或其他地方,但他们之间的联系依然紧密。有一年,牙买加华裔相约组成寻根团,集体回到巴拿马祭祖,他们在运河边上某个地点举行庄严的拜祭仪式,很久以后,他们才知道这个地点并非祖先客死的地方。当时听到这个故事时,我还不知道巴拿马铁路上马达埕小镇的历史,现在想来,他们要拜祭的地方应该就是这里,因为小镇已沉入河底,如果没有熟悉地方志的本地人带领,是没法找到准确位置的。

希望牙买加的同胞后来都知道这个地方了。在这一片加勒比海,何处没有华人先驱掠过的足印呢。

马达埕运河爆破,桥上的铁路依河而过(谭坚供图)

1880年1月21日,随着皇帝(Emperador)镇上空传来一声水闸爆破的巨响,由法国公司负责的巴拿马运河开凿工程在一片香槟酒的喝彩声中正式破土开工。曾经组织开凿苏伊士运河而声名鹊起的法国外交官费尔南德·德·雷赛布主持巴拿马运河工程,他机械地照搬修建苏伊士运河的成功经验,对巴拿马热带雨林气候、地形、疾病、水利等因素估计严重不足，结果施工进程艰难重重，当来自欧洲的施工大军浩浩荡荡进入运河工地时，才发现这里是人间地狱。令法国人糟心的还有美国人的拆台，运河的走向与美国人拥有的巴拿马铁路平行，美国人并不配合，逼迫法国公司不得不买下这条铁路。可是，美国人继续消极怠工，致使铁路无法正常运输运河建设物资。到1889年1月16日，整个运河工程全线崩溃。

法国人在巴拿马运河遭遇滑铁卢后，1903年11月3日，巴拿马独立，美国人介入运河控制权，于1904年5月4日正式开始挖建运河，独享运河开凿权和运河区永久租让权。根据1903年11月18日签订的《美巴条约》，美国占领运河区面积达1432平方千米，美国把运河区变成国中之国，建造了14个军事基地和各类军校，直到1999年12月31日，在巴拿马人民的抗争之下，最终将运河区交还给巴拿马。

当法国人开凿巴拿马运河时，华人社区已经很繁华了。1887年，当时仍属于新格林纳达的巴拿马省设立消防筹组委员会，负责向民众筹款购置消防器材。当时向英国购置了两台消防车，其中一台特别命名为"中国号"，以纪念华人社区捐款最多的善行。同年11月28日，巴拿马成立消防大队，下辖两支消防队，第一支队名为"国际队"，第二支队名为"中国队"。这种情况在其他国家是罕见的，说明那时华人社区与巴拿马社区的关系比较融洽。

无论法国人，还是美国人，他们初时都想招募华工挖掘运河，美国人曾迫切希望招募2500名中国劳工救急，后来又一度欲增加华工15000人，但都未能如愿以偿。这其中的原因有两个：一个是早期华工修建铁路时遭遇的热带雨林灾难给华人造成巨大阴影，华人不愿意去热带雨林挖运河；另一个原因是那时巴拿马出台排华法案，禁止中国人来巴拿马，美国人在本土实施的排华法案同样延及其海外"飞地"巴拿马运河区，这使得美国公司不敢雇佣华工。

所以，华工参与挖掘巴拿马运河工程记录不明显，但是，华人在运

加勒比华侨与广东侨乡

河区里从事各种服务业。参与挖掘运河工程的工人有7.5万人之多,这是一个庞大的消费市场,华人在运河区内售卖食品、杂货、蔬菜、稻米。1908年美国运河区人口普查统计显示,运河区里有576名中国人,其中有1名中国人在运河管理局工作,运河管理局向华人发出42张执照,准许他们在运河区内从事农业开垦、水稻和蔬菜种植。由于受排华运动殃及,到1912年,运河区内的华人人口减少到471人。

巴拿马运河从1880年开挖到1914年通航,从法国人手里转到美国人手里,工程建设曲曲折折长达34年。1914年8月15日,巴拿马运河通航,将美国东西海岸间绕合恩角的航程缩短了14800千米。太平洋邮轮公司开通了纽约和中国之间的航线,从纽约经巴拿马、旧金山、日本到中国,全程仅需49天,返程为51天,每月往返各有三班船次。

谁也无法预料,今日,中国是仅次于美国的巴拿马运河第二大用户。

巴拿马城老唐人街

一个半世纪前到巴拿马的中国人都是广东人,无论运河区内外,一张张中国人的面孔后面,几乎都连着一个广东村落。在早期华人中,中山人最多,四邑人次之。1989年以后,当时还属广州郊区的花县移民暴增,排在前四位的华侨来源地是花县、四邑、中山、清从(清远、从化)。

但是,有一个人例外。

一条铁路一条河｜巴拿马

　　章辞修先生是上海人，年轻时随父母移居香港，后又移民美国。20世纪50年代，刚过而立之年的章辞修到玻利维亚一家直升机公司当修理师，被公司保送到美国学习后又返回玻利维亚。玻利维亚发生政变后，他到巴西经商，发现在巴西做生意的人都从巴拿马科隆自由港进货，于是，他在1964年又从巴西来到巴拿马。

　　章先生已八十多岁了，但对初到巴拿马时的情景，记忆犹新：

　　　　我印象特别深，我到巴拿马时正好遇上巴拿马人民为争取运河主权而进行斗争，我住在著名的国家宾馆（Hotel National），宾馆对面的美国大楼被枪林弹雨摧毁了一半建筑。不过，我还是留了下来，从一开始就到科隆自贸区开公司，做生意。

　　科隆自由贸易区位于巴拿马运河大西洋口岸，是西半球最大的自由贸易区，也是仅次于中国香港的世界第二大自由贸易区。章先生是第一个到科隆自贸区经商的中国人，2013年，我在广州见到老先生时，他跟我讲述了这段历史。

　　　　我是第一个在科隆自贸区做生意的中国人。科隆自贸区和巴拿马运河是巴拿马的两大骄傲，巴拿马政府在自贸区内组建了一个自贸区董事会，董事会成员有五人，均由总统委任，都是不受薪的荣誉职，但行使管理自贸区的权利，董事会成员每届任期为五年。董事会对自贸区政策等问题进行决策，然后交给自贸区总经理去执行，总经理也由总统委任。2000年，我被总统委任为董事会五位董事之一，与我共事的其他四位董事均是犹太人，我是唯一一位中国人董事，也是自贸区董事会历史上唯一一位中国人董事。2004年，我被推选为董事会董事长，2005

加勒比华侨与广东侨乡

年退休。

几十年前,我是唯一一个在自贸区做生意的中国人,后来,慢慢有华人中小企业进入自贸区,他们又组织了自贸区华人商会,现在自贸区内的华人中小企业有好几十家了。

几十年来,章先生一直热心社会服务,得到了主流社会和侨胞大众的认可,他在巴拿马获得过总统颁发的社会贡献奖、立法院颁发的杰出公民奖、巴拿马市政府颁发的市政府奖等,奖项之多连他自己都记不清了。

章辞修于1988年底第一次回祖国,到北京、上海、广东参观,直到现在每次回国都去这三个地方,这似乎成了他的固定打卡地。

老先生说,自己在巴拿马定居半个世纪,深感华人在巴拿马的地位变化之大。当年他刚到巴拿马时,巴拿马人看不起中国人,他们称呼中国人时在姓名前面必加上"Chinido"(小中国人),现在称呼中国人时在姓名前面加上"Don"(尊敬的)。这么大的反差有两个原因,一是中国人在巴拿马的生意做大了,令本地人刮目相看;二是中国强大了,巴拿马人对中国的发展感到十分震惊。

巴拿马侨胞都有同样的感受:国之强大,是海外中国人

科隆清水水闸,位于巴拿马运河加勒比海口(何小娟供图)

的坚强后盾。

黄华昌是巴拿马运河第三期扩建太平洋船闸项目总负责人,这位"运河华人"的后代领导着这一举世瞩目的新运河建设项目。

2009年元旦,黄华昌显得特别兴奋,他在运河区迎接了第一批来自中国老家的亲人。刚好一艘新加坡货轮正在加通湖面等待过闸,他热情地邀请老乡按下电脑控制台的按钮。

只见,水位缓缓下沉,一道古闸缓缓升起,两扇闸门缓缓打开,直到完全浮出水面之上,货轮驶入航道,紧贴着河道两边,慢条斯理地向东行驶,水手们站在夹板上,兴奋地朝岸上人群挥手致意,人们报以热烈的掌声和欢呼声回应。

这样的水闸要过三道,货轮才能走出最窄的道口,进入宽阔水域,继续东行直到科隆,进入加勒比海,然后去往美国东部。这条运河全长约80公里,大船通过运河在正常情况下需用时24小时,小一些的船需用时16小时。

黄华昌说,新增了电脑控制台后,原有的人工控制台仍在同时使用,水闸是1914年运河通航时就存在的老"古董",货轮通过这段航道的仪式感一如百年前。

黄华昌于1988年到运河公司就职,一开始负责水闸控制工作,从1998年开始参加运河扩建工程。2009年运河第三期扩建工程启动时,他担任太平洋船闸项目总负责人,第三期工程就是为了让超过运力极限的超级船舶能够通过新运河。他非常热爱自己的工作,并以此作为对祖辈的纪念。

能够参与这项庞大的工程是非常难得的一个机会,这项工程对于巴拿马非常重要,巴拿马运河对整个国家意义重大,

加勒比华侨与广东侨乡

因为这个项目是传承给子孙的,是一个百年的工程。

我是华裔,我的弟弟也在运河区当工程师。我的祖父当时来到运河附近做生意,我觉得没有比这更好的、更有意义的方式来纪念他们了,这是纪念祖辈越洋过海艰辛求生的一个很有意义的工作,尤其是当他们看到自己的孙子能够融入当地社会,并且还能在一项国家非常重要的工程中担当这样一个非常重要的职位,我觉得我的祖辈们会觉得很光荣。

黄华昌总是憨厚可掬,他在美国读完大学后回巴拿马工作,不会说普通话,看不懂方块字,偶尔说一两句粤语,还是小时候外公外婆教的。2013年以前他没回过中国,只知道祖父来自广州郊区。当地侨领告诉他,他的祖父可能是三邑番禺人,祖村信息则不详。幸而多年后,他终于查清自己的外公来自中山市三乡镇,爷爷来自广州番禺。

黄华昌记得父辈曾经告诉他,祖父和他的兄弟于20世纪初从广州郊区到香港,再从香港坐船到旧金山,接着从旧金山坐船到巴拿马,在运河附近做小生意。黄家出了很多读书人,各有出息。

我祖父和祖父的兄弟刚开始开五金店,我爸爸和表叔等亲戚也是开五金店的,后来,一些大型超市出现后,这些小店无以为继,慢慢就消失了。

我的父母都在巴拿马出生。我家有七个兄弟,我是老五,爸爸在我上中学最后一年过世了,妈妈继续经营家里的五金店,以此来供养我们读书。我们七兄弟中,六个是工程师,最小的那个弟弟是博士,做医生;有两个在加利福尼亚,一个在加拿大,一个在新奥尔良,三个在巴拿马。现在我妈妈有15个孙子孙女,家庭很庞大。

我记得以前有一本杂志上刊登过一篇文章,有我爸爸站着讲话的照片。我爸爸当时在华人社团工作的时候，义务当中文教师，教小孩子读中文，当然，他们更多的是教粤语。我爸爸早上开店铺，晚上去教书。我们家以前住在市中心的三邑同乡会附近，我儿子还学了舞狮，因为我觉得文化传承很重要，想教他一点中国的东西。我儿子也很有热情，跟一群华裔一起学习舞狮。

黄华昌的骨子里依然很中国。当女儿提出要去中国读大学时，他和妻子欣然应允，一家人在网上查找学校和专业，有一所大学愿意提供奖学金，于是，女儿回中国读书而且成绩非常优秀。2013年，黄华昌和妻子第一次回中国，就是为了参加女儿的毕业典礼。

虽然百年前的运河挖掘工程与华工没有太多直接的关联，不过，在之后的两次运河扩建工程里，不仅有许多像黄华昌一样土生土长的华裔人才，更有直接来自中国的元素。黄华昌说：

在运河区里有很多华裔工程师，他们都是通过面试选拔出来的。首先我觉得我们是很好的数学家，因为工程师的数学是很好的，所以公司就找了我们。你要建一个项目就需要工程师，所以好的工程师都来了，计算机领域的、管理领域的等等。还有我们都会英文，所有的合同和图纸都是英文的。此外，中国人的勤劳在巴拿马、在世界上都很有名，人们都喜欢有责任心的勤劳的员工，他们总能完成任务。所以，华裔在考试当中很容易脱颖而出，在我们的办公室里，华裔工程师大概占15%，他们都是有中国血统的，都是非常专业的人士。

在第三期运河扩建中，八扇巨型新船闸闸门由中远海运集团运至巴拿马。2016年4月29日，巴拿马运河管理局举行新运河首航抽签仪式,中远海运集团的一艘货轮中签,为庆祝新运河启用,这艘货轮更名为"中远海运巴拿马号"。2016年6月26日,"巴拿马号"在全世界聚焦下完成了新运河竣工后的首航。

运河水静静地流淌,河岸上的火车隆隆作响,一静,一动,两条平行线,架起了一座世界桥梁。这一头,是这世界的沧桑巨变;那一头,是那人间的悲欢离合。

在运河边,华人抵达巴拿马150周年纪念碑直插云天,从美洲大桥上经过的人都看得见。一条铁路,一条运河,一座纪念碑,浓缩了一部巴拿马华人历史,不多,不少,正好。

中巴公园

误读的巴拿马博览会

20世纪最著名的世界博览会——旧金山世博会,以"巴拿马"之名流芳百年,这在世博会历史上是绝无仅有的。

巴拿马博览会在中国的知名度要归功于那些名酒广告,以荣获1915年巴拿马博览会大奖为噱头。然而,直到2017年巴拿马与中国正式建立外交关系之前,这个中美洲小国对很多中国人来说,还是神秘的、陌生的、辽远的。

事实上,巴拿马博览会并非在巴拿马举行,巴拿马也不是世博会主办国,会址在美国旧金山湾区。

巴拿马博览会在中国的早期译名是"巴拿马万国博览会",它与我们今天熟悉的2010年上海世博会,只是"万国"与"世界"的中文译名不同,如今统一译为"世界博览会"。

每一届世博会都以主办地简称,如巴黎世博会、上海世博会、纽约世博会,而旧金山世博会以"巴拿马"之名被世人记忆,完全是因为一条巴拿马运河。

从19世纪开始,在巴拿马地峡开凿一条连接大西洋和太平洋的

加勒比华侨与广东侨乡

运河是美国实施太平洋战略的重要依托，运河开通后，两洋航程缩短一万多公里。1903年11月8日，美国迫使刚刚独立的巴拿马政府签署两国关于建造运河的专约，从而取得了运河单独开凿权和永久租让权。运河竣工后，运河区成为"国中之国"，升美国国旗，实施美国法律，由美国总统任命运河区总督，设有

巴拿马运河

"美国南方司令部"。如果说，中美洲是美国的"后花园"，那么，巴拿马就是美国的"南大门"。1912年2月，为庆祝巴拿马运河将于1914年通航，美国政府宣布1915年在旧金山举办庆祝巴拿马运河通航的世界博览会。

所以，旧金山世博会全称为"旧金山巴拿马太平洋万国博览会"，主题是"巴拿马运河"。博览会自1915年2月20日开幕至12月4日闭幕，展期历时9个半月，观众总人数达1900万，开创了世博会历史上展期最长的先河。旧金山不会料到自己这个主人会被主题抢了风头，而成为无感的存在，以至于世人知巴拿马博览会而不知旧金山博览会。弱小无名的巴拿马无心插柳，却被反客为主，至少在华语世界里，我们误读了一百年。

美国为举办这届世博会筹谋多年。当时的美国政府比较重视中美关系，竭力邀请中国政府组织参展团参加博览会。中国送展的茶叶、丝绸、酒、瓷器等各种产品达10余万种，共1800余箱，重1500余吨，

展品来自全国各地 4172 个出品人和厂家。除主办国美国外，在 30 个参展国中，以中国和日本的参展品最多，展馆面积最大。开幕当天，观众如潮水般涌向建造得如宫殿般华丽的"中国馆"，争睹东方古国的神秘之美，美国时任总统、副总统和前总统，以及各部门高官纷纷莅临参观。

在该届博览会全部 20 多万种展品中，中国展品共获最高大奖、荣誉奖以及金、银、铜等各种奖章 1218 枚，居参展各国之冠，大会将 9 月 23 日定为"中国日"。这是中国民族产业在世界舞台上第一次空前规模且大放异彩的集体亮相，中国人因此将此盛会又称为"巴拿马赛会"，并以此作为中国民族工业走向世界的宣示。

这就有了我们今日看到的这么多获得巴拿马万国博览会金奖银奖的名优产品推广。细细推敲起来，当届奖章分甲乙丙丁戊五类，"甲"为最高奖章，"乙"为名誉奖章，"丙"为金质奖章，依此类推。我们似乎又被望文生义的金奖广告导航到岔路了。

没想到，一次因缘际会与阿真偶遇，后来我们时有联系，我还帮她去查核过其家族在台山的祖村。她夫家的祖上刘兴是旧金山广东银行和中国邮轮公司的创办者之一，从她那里，我又听说了巴拿马博览会不为人知的另类细节。

为做好博览会的招商，1910 年 3 月 24 日，旧金山市政府和当地富贾成立了"巴拿马万国博览会展览公司"，刘兴是当时旧金山华人首富，也是旧金山市长洛夫家族的商业伙伴，顺理成章成为展览公司股东，并和远洋货运公司老板罗伯特·大来负责联络中国参展事宜。1914 年冬天，中国参展品从上海装船出发，20 多天后抵达旧金山。如此大批量散货一次性进入美国，中国商家的经验明显不足，因不清楚美国海关的要求，致使大批货物囤压在海关，损失惨重。刘兴的大女儿刘金棠受命多次去游说纾解，帮助中国展品尽快办理进关手续。

由于中国政府批准用于博览会的预算仅 24 万美元，包括场馆建

| 加勒比华侨与广东侨乡

筑、转运、陈列、装饰、保险、报关等所有与参赛有关的支出。中国赴赛会的监督陈琪和刘兴商议,可否以赛后变卖一部分参展品抵押,提前预支展会所需资金,刘兴欣然应允,出钱建盖了中国馆的部分建筑。在博览会期间,中国代表团虽因上千展品获奖而欢雀鼓舞,但国内又起战火,陈琪提出可否将部分展品变卖以获取回国所需费用,刘兴又出资买下部分展品,资助中国代表团回国。

阿真说,家族至今保留着一些展品。有一件木制礼盒,里面为一套两个铁盒装茶叶,盒盖上注有"巴拿马赛会纪念品"字样,木盒正面注明此茶为浙江绍兴县万成茶栈出品的星桥牌绿茶。阿真的儿子刚刚从名牌大学毕业,男孩说有一个梦想,有一天送这些茶叶回中国老家。

这个故事让我很意外。殊不知在星光璀璨的巴拿马博览会背后,隐藏了几多不为人知的辛酸。更让我意外的是,当年亲历巴拿马博览会的中国人还在延续这份百年情缘。

春晚痴人

春晚,早已与春节融为一体,对中国人来说,它是无可替代的过年仪式。大年夜,开着电视,喝着老酒,一家老小吃着团圆饭,这才像中国人过年的样子。

这个"样子"在中美洲巴拿马流行开来是近十几年的事情。

巴拿马春晚盛况(黄伟文供图)

加勒比华侨与广东侨乡

现如今,"巴拿马春晚"是巴拿马家喻户晓的节日,每年从除夕到大年初二,在巴拿马城最大的两洋会展中心连办三天,民众可以来这里欣赏中国歌舞民俗,品尝中国美食,购买中国特产。在海外数不尽的新春联欢中,巴拿马春晚一枝独秀。

遥远的他乡春晚怎会如此火热呢?在中国和巴拿马正式建交以前,中国人对巴拿马知之不多,主要的认知大概是巴拿马运河吧。

我认识巴拿马春晚的创办者黄伟文很多年了,每次在国内见到他,十有八九为春晚在做筹备工作,琐琐碎碎,风风火火,来去匆匆。国内的人认识他,不因他是成功的商人,而是他身上的标签——巴拿马春晚创办人。黄伟文和巴拿马春晚就像一个硬币的两面,少了谁,都不完整。他对春晚的执念和痴迷,用他自己的话说"就像吃了鸦片一样上瘾了,戒不掉了"。

一个人,若能对一件事执迷至此,苦都是幸福的感觉。苦尽甘来,现在的巴拿马春晚,就是这样子。

黄伟文办春晚的想法,源自巴拿马犹太人过新年。

1989年,巴拿马放开移民政策,大批国际移民来到巴拿马。在随后十年里,十几万广东移民涌向这座"世界桥梁",奇迹般地创造出一个人口庞大的"新广东人社区"。新移民埋头开店,闷声赚钱,日子过得富足,他们的经济活动丰富了巴拿马社会,另一方面又走不出唐人街,与本地社区隔离。

2002年,黄伟文当选巴拿马中华总会副会长。他看到犹太人过新年时,所有犹太人公司关门放假三天,全巴拿马都知道犹太人过新年了。这给了黄伟文很大启发。

我们这么多中国人在巴拿马,一年365天都在店铺工作,

春晚痴人 | 巴拿马

不休假,所以我在报纸上呼吁中国人在大年初一这一天关店门,休假一天,让巴拿马民众知道这一天是我们中国的新年。但是,侨胞的反应不太积极。

此时黄伟文刚涉足华人社区工作不久,可以调动的资源有限,这一等便是三年。

2005年8月,黄伟文当选中华总会会长,"新官上任三把火",他和同事马上着手策划2006年春节庆祝活动。大年初一那天,巴拿马城新唐人街黄金广场上第一次鼓舞升平,由本地花县醒狮团、赤溪醒狮团和科隆四邑醒狮团组成的表演队拉开了中国新年的序幕,华社文艺爱好者自导自演的中国民族歌舞轮番登场,新唐人街第一次过上了自己的新年。这台完全由非专业演员完成的春节演出吸引了两三千人驻足观看。这无疑给这群草根追梦者注入了一剂兴奋剂,他们开始做更大的梦,要让春节演出走出唐人街,办一次真正的春晚。

2006年开春,黄伟文专程回到广东,向广东省侨办寻求支持。

2006年,我回到广东省侨办,希望侨办协助我邀请国内比较知名的文艺团体到巴拿马进行春节表演,让巴拿马民众和侨胞在这一天一起参与我们的春节活动。我的请求得到省侨办的大力支持,他们安排我去佛山南海黄飞鸿狮艺基地考察高桩舞狮,然后,我又得到佛山侨办的大力支持,同时也得到黄飞鸿醒狮团团长黎念中的大力支持。这样,黄飞鸿醒狮团就来到了巴拿马表演。

回到巴拿马后,黄伟文立即预订巴拿马最大的两洋会展中心作为2007年春晚主场。

那时,演员从中国来回巴拿马的国际机票和其他费用都由黄伟文

加勒比华侨与广东侨乡

自掏腰包,开销不菲。高桩舞狮是广东南狮绝技,但两个高桩均为钢铁材质,不仅运输麻烦,而且运费极高。为了省钱,黄伟文从黄飞鸿醒狮团借来图纸,用自家建仓库的材料焊接了两个高桩,直到今天,这两个高桩每年都准时出现在春晚现场。

然而,有一个事情是黄伟文自己解决不了的。那时,中国和巴拿马还没有建立外交关系,办理申请入境巴拿马的签证非常艰难,手续极为繁杂,往往要等到大年三十前几天,国内演出团队才能拿到签证。

2007年春节,大年三十和大年初一,由黄飞鸿醒狮团领衔、巴拿马华社业余演员担纲文艺表演的巴拿马春晚在两洋会展中心华丽登场。在这两天里,每天从中午十二点至晚上八点不间断表演,现场观众总计达四五万人。春晚首开满堂红,黄伟文一颗悬着的心总算落了下来。

大年初一晚上,烟花秀上场。两洋会展中心上空瞬间如天女散花,惊醒了寂静的大运河,惊艳了古老的巴拿马城,璀璨星空下,一次前所未有的高速公路大堵车为中国新年而来。虽然十几年过去了,但只要说起那个"大堵车"的夜晚,黄伟文依然难掩激动。

> 2007年大年初一的文艺晚会结束后,我们在两洋会展中心大广场上举办大型烟花汇演,烟花是湖南浏阳生产的,这是巴拿马历史上第一次举办这么大规模的烟花汇演,连续表演三十分钟,太轰动了!所有经过南方高速公路的车辆都停下来观赏,结果造成大规模堵车,在场的侨胞们都激动得热泪盈眶,巴拿马人个个竖起大拇指,点赞我们中国人。

从那一年以后,国内文艺团体每年都受邀去巴拿马参加春晚演出,巴拿马春晚越办越好,黄伟文的春晚瘾越来越大,每年为筹备春晚要回国四五趟,与各方协调,特别是为了给演员办理去巴拿马演出的签证手续,跑断了腿,每年都是春节前最后几天才拿到签证。

我记得有一年12月份,广州入冬起风了,黄伟文心急如焚地回国寻求支持,那时离次年春节不到三个月。原来,由于前期没有衔接好,拟邀请的国内艺术团仍未落实,而两洋会展中心的订金已在年初缴付了,如果没有国内艺术团去助阵,这么大的场地,单凭本地华社表演是撑不起来的。

他讲着讲着,眼里黯然泛出泪光。一抹暖阳恰好从他疲惫的脸上滑过,我从他脸上读出了"害怕"两字。这是一个用生命去追梦的人,春晚,已融进他的血液。

在多方努力下,终于,黄飞鸿醒狮团再次飞往巴拿马,准时在春晚时间与巴拿马观众见面。

黄伟文说:"刚开始办春晚时,所有费用都是我自己承担的,后来国内侨务部门和文化部门越来越重视我们这个春晚,每年都派文艺团体来演出,所以我很感恩。我最开心的事情就是每年看到侨胞在大年初一歇业来两洋会展中心看春晚。"

这几年,黄伟文和他的团队又开始对春晚进行品牌拓展,将在国内负有盛名的"巴拿马世界博览会"概念植入春晚。一大批巴拿马本土和国际大品牌纷纷进驻博览会,华人商家也进场展销中国商品和餐饮,还辟出儿童乐园,将博览会变成一个综合性展会。

现在,巴拿马春晚不只是中国人的春晚,也是巴拿马的春晚了。两洋会展中心的春晚人潮一年高过一年,2018年的春晚观众超过8万人,巴拿马人占65%的高比例,即本地观众超过5万人,高官政要、社会名流、主流媒体、流行歌手纷至沓来,国家电视台主动报道,共享欢乐中国年。

胆子大,魄力大,不在意吃亏。黄伟文的朋友们这样评价他。

黄伟文是清远市石角镇人,去巴拿马之前在老家做小生意,那时的流行称呼是服装个体户。1989年,他听一个花都朋友说很多花都人移民去巴拿马了,他决定跟着出国闯一闯,如果发展不好就回清远。

到巴拿马城以后,他一边在唐人街打工,一边了解本地小商品市场。巴拿马是旅游胜地,欧美游客很多,他发现了其中蕴藏的巨大商机。1993年,他到科隆自贸区注册了一家公司,随即飞回广州找沙滩拖鞋货源。

"这次进货大概有2.8万双拖鞋,总共装了五六个货柜,运到巴拿马以后很快就卖完了,这是我挖到的第一桶金。"黄伟文自豪地说。后来他又发现文具生意有市场,又在中巴之间做拖鞋和文具批发,一直到1997年。

1997年是一个特殊年份,香港回归祖国,黄伟文也衣锦还乡。他没预料到,这次回家改变了他的人生际遇,令他的事业进入一个"黄金十年"。

回石角镇时,他发现清远铜都开发区里有好几家拆解废金属的工厂,此景令他想到在巴拿马运河区里堆积如山的废金属,一百多年来都没有人去清理过。他感到一座千载难逢的金矿正在向他招手,兴奋不已。接下来的行动非常大胆。

> 回到巴拿马后,我马上到运河区商谈,直接买了几百吨废铜废铁,但是,海关不批准出口。我原以为这是很简单的出口业务,没想到巴拿马有一个政策,就是必须取得特许出口证才能出口废旧金属。我傻眼了,非常苦恼。我去找章辞修先生寻求帮助,在他的协调下,半年后,我拿到了特许出口证。起初每天有十几个货柜出口中国,后来有经验了,每天就增加到三十至五十个货柜出口到中国,一直到2008年,我都在做这个废旧金属出口。在这个"黄金十年"里,巴拿马每年对华出口贸易额的80%来自我的公司。

春晚痴人 | 巴拿马

这个十年成就了黄伟文的"第二桶金",为他日后走上春晚长征路储备了眼界和物质基础。他开始涉足华人社区活动,用他的话说"做侨领,一要有钱财,二要有人才,一样都不能少"。做侨社工作需要出钱出力,要做好工作必须要汇聚人才,这是他从实践中悟出的道理。

2008年以来,黄伟文看到巴拿马经济发展势头良好,又开始购地储备,等待新机遇。他频繁往来于巴拿马和中国之间,成为巴拿马非常活跃的华人代表人物。

2017年,在中国和巴拿马建交前,巴拿马发生了一件跟黄伟文有关的事,在当地引起了不小轰动。

事情的原委是巴拿马政府准备新建一家公立医院,而巴拿马的土地均为私有,黄伟文知道此事后反应神速,提出由其公司向卫生部捐赠5万平方米土地,兴建一座现代化大型公立医院,服务巴拿马中部地区人民。

当然,他最大的得意永远是——春晚。

2019年除夕之夜,两洋会展中心又进入一年一度的中国时间,一场以"清远鸡美食节"为主题的年夜饭首登巴拿马春晚,这是黄伟文和他的伙伴们用心打造的又一个春晚新概念。

不过,为了让这些名鸡从清远安全飞到巴拿马,黄伟文在巴拿马和中国相关部门之间来回沟通,煞费苦心。当"全鸡宴"年夜饭出现在除夕之夜,巴拿马人惊呆了。

巴拿马春晚是黄伟文的信仰,不知不觉中成就了他的另一种人生。正因为世界各地有许许多多像黄伟文这样的"痴人"为传续中华文化而竭尽所能,才会有全世界人民共享"四海同春"的中国新年。

行走的春晚,到哪里都是家的味道,根的守望,赤子的爱。

哥伦比亚

百年不孤独

哥伦比亚和巴拿马,两个跨太平洋和大西洋的邻国,一个在南美洲最北端,一个在北美洲最南端,两国共享一个海湾——达连湾。哥伦布到达了达连湾,未能在此找到通往太平洋的水路,折返。后来,另一个西班牙人发现了巴拿马地峡,于是发现了太平洋。19世纪末20世纪初,法国人和美国人沿巴拿马地峡修建运河,最终建成跨太平洋和大西洋的水上桥梁。

历史上,哥伦比亚和巴拿马曾同属于大哥伦比亚共和国和新格林纳达。根据哥伦比亚华侨代代相传的口述,最早到哥伦比亚的华侨来自巴拿马,在巴拿马运河竣工后,一部分广东人坐船到巴兰基亚港上岸,巴兰基亚成为哥伦比亚华侨最早登陆的口岸。

这让我想起另一件事。巴拿马华侨史学者发现,在1854年第一批华工乘坐"海巫号"帆船抵达巴拿马之前,在1852年和1853年,分别有两艘载有华工的帆船开往当时的新格林纳达,即今天的哥伦比亚巴拿马海岸线,大概率抵达哥伦比亚。

学者们尚未找到更多细节显示这两艘船的泊岸地。若到哥伦比亚,大概率会在巴兰基亚港登陆。若在巴兰基亚登陆,那么,华侨历代口述的哥伦比亚华侨历史,起码要提前四十年之久。而这,恰好与广东人在加勒比地区的迁徙时间表一致。

有意思的是,20世纪70年代移民到哥伦比亚的吴艳娟女士告诉我,她的爷爷从家乡恩平去古巴,轮船在巴兰基亚抛锚,他滞留在巴兰基亚,不久转到邻城卡塔赫纳,成为最早在卡塔赫纳创业的中国人。

这类偶然事件不会唯一。

巴兰基亚是哥伦比亚大西洋省首府,全国最大的商港,马格达莱纳河在此汇入加勒比海。这座古城始建于1629年,1813年升级为市,现今人口约有100万,从19世纪到20世纪近两个世纪里,都是哥伦比亚第一经济中心。在拉美,巴兰基亚狂欢节尤其出名,它被联合国教科文组织列入世界非物质文化遗产名录。早在20世纪60年代,广东人组织大型花车参加狂欢节巡游,连续三年夺得冠军。

马尔克斯是哥伦比亚人,巴兰基亚不是他的出生地,而巴兰基亚人对马尔克斯倾注了无限骄傲,就像古巴人对海明威念念不忘。1950年,马尔克斯从老家阿拉卡塔卡来到巴兰基亚,结识了一群年轻作家、艺术家朋友,经常在洞穴酒馆聚会,其中几人成了《百年孤独》里人物的原型,马尔克斯在酒馆里把《百年孤独》手稿拿给他们看。这间洞穴酒馆,已被创意地打造成魔幻现实主义文学朝圣之地,与哈瓦那古城打着海明威招牌的佛罗里达酒馆,异曲同工。

留下"百年孤独"记忆的巴兰基亚,在广东人的地图上,地名为花冷杞埠,简称花埠。

加勒比华侨与广东侨乡

哥伦比亚码头遗址，中国人在此进入哥伦比亚（翁育明供图）

哥伦比亚码头（Puerto Colombia），顾名思义，它是哥伦比亚国家级古港，享有独一无二的历史地位。政府计划将老码头开发成旅游项目。

码头位于哥伦比亚码头镇，从巴兰基亚市中心到码头，开车用时不到半小时。一百多年前，广东人在此上岸，老华侨所述巴兰基亚开埠，即此地。

码头镇有一个中国村，从巴兰基亚市区到码头的大路两边，一边是鸡场和菜园，一边是面粉厂和饼干厂，足足有几千米长，十几年前还是这番盛况。今时今日，中国村只剩下一家鸡场，很巧，它是中国村的第一家鸡场，保存完好的"中国第一鸡场"招牌悬挂在车间墙上，这是当年注册的哥伦比亚"天字第一号"鸡牌。孤独的金鸡，顽强地坚守中国村最后一块阵地。

"中国第一鸡场"的主人陈瓒学老先生已近百岁，鸡场生意由儿孙打理。陈老先生原籍广东省台山市上泽区永源乡，1940年，不满20岁的他到巴兰基亚投奔亲戚，从码头上岸，从此在巴兰基亚扎下根。他

"中国第一鸡场"老招牌

经营过杂货店,后来转行开鸡场,养殖蛋鸡2万余只,成为巴兰基亚农界翘楚。

鸡场门口的"中国餐馆"让我倍觉亲切,想起国内常见的农家乐,家养的土鸡和土鸡蛋,自种的蔬菜,如果不是赶时间,很想尝尝鲜。

陈老先生的大儿子会说台山话,不会说普通话,没有回过中国。他拿出厚厚一堆泛黄的书籍和相册,记载巴兰基亚华侨历史的一个个瞬间如电影匆匆划过。

夜幕下,我们赶到老码头。陈松波先生已在等我们,看他矫健的步伐,实在无法与九十高龄挂上钩。陈老在年轻时当过码头镇市长,也是和平鸡场的主人,退休后卖掉鸡场,日子过得随心自在。

1951年,陈松波从老家广东省台山市三合镇泮林村(后来行政区域划归端芬镇)到香港,1954年又从香港来到巴兰基亚,前些年他将泮林村的祖屋改建了,让亲戚看护着。陈老说,从过去到现在,巴兰基亚华侨华人中99%是台山人,经营鸡场和菜场的都是台山人。

1954年,我刚到巴兰基亚时,本地有两家餐馆,一家名为

加勒比华侨与广东侨乡

"杂碎",另一家名为"炒面"。20世纪50至60年代,华侨社会的经济发展靠种菜和养鸡业,这是华人的黄金时代。

> 我到巴兰基亚8个月后就开始做鸡场,有肉鸡和蛋鸡。我读的是教育专业,当时我已经开鸡场了。中国村有十家鸡场,其他地方还有两家鸡场,总共有十二家养鸡场,全是台山人经营的。一开始几个台山人一起开鸡场,后来分成三家,就有了第一鸡场、第二鸡场、第三鸡场。

在那个黄金时代,中餐馆最多,其次是杂货、面包厂、酒吧、菜园、养鸡场等,总共有100多家。

陈松波在码头镇从政长达十几年,在中国人开埠的城市当市长,他对这段经历引以为豪:

> 1974年,我第一次代表保守党参选议员,落选。1976年,我第二次参选议员,当选。1981年至1982年,我连续两年由大西洋省省长提名任市长。我在码头镇做了六届议员。2013年,广州邀请大西洋省六个市市长访问广州,我以前任市长身份作为第七名市长参加代表团。

六七十年前陈颖川堂的收据印模

陈松波和陈瓒学是老朋友,两人是台山端芬乡里,都当过巴兰基亚中华总会馆主席,陈松波从陈瓒学手上接棒。陈松波也是陈颖川堂主席和中国青年会主席。巴兰基亚陈颖川堂早在1945年已成立,当时姓陈的华侨占华侨人口的一半,人们开玩笑说"你到巴兰基亚说自己姓陈就可以了。"

台山人在巴兰基亚开埠后,创业足迹慢慢地从加勒比海延伸到太平洋,出现了二十几个大大小小"广东埠",而巴兰基亚华人仍占全国华人人口的一半,是华人"大埠",直到一二十年前被首都波哥大赶超。波哥大的中国移民原籍除广东外,还有福建、浙江、江苏。巴兰基亚不同,巴兰基亚的华人华裔全部来自广东。

在使用标准汉语译名以前,哥伦比亚主要城市的中文地名都带有"广东腔",巴兰基亚被称为花冷杞埠,首都波哥大被称为百果达,卡塔赫娜被称为格打犬埠(Cartagena)、圣马尔塔被称为山埠(Santa Marta)、布埃纳文图拉被称为云埠(Buenaventura),除了波哥大,这四个城市都是加勒比海和太平洋港口,每城都有老华侨新移民。老人习惯说"广东腔"的地名,新客跟着习惯说,若不了解情况,对这些中文地图上没有的地名只能干瞪眼,无处解疑释惑。

花冷杞埠中华总会馆是哥伦比亚最早成立的华人会馆,之后,又支持格打犬埠、山埠和云埠成立中华会馆,出一半资金支持这些会馆购买房产作为会址。1970年,又资助新成立的波哥大华侨华人联谊会购买会址。三十年后,波哥大侨联会在徐铭添先生的引领下,众侨集资购买新会所,中国人的凝聚力蒸蒸日上。

在访谈中,松波先生清晰地回忆起花埠中华总会馆的成立经过:

> 中华总会馆是1922年在政府注册登记的,1923年正式成立。巴拿马运河修好后,有的人来到巴兰基亚,也有人从牙买加过来。当时,五个华商发起倡议成立一个会馆,1923年10月政府正式批准成立。最初会馆没有自己的物业,就在自己的店铺里开会。后来,这些先侨的子女又过来巴兰基亚。第二次世界大战期间,部分老华侨回到香港,他们的子女留在了巴兰基亚。美国的香蕉公司在香港聘请员工,这样到巴兰基亚的香

| 加勒比华侨与广东侨乡

港人慢慢多起来，先侨就集资在市中心购买了一个旧楼作为会馆会址。

现在的中华总会馆大楼在1957年自建，面积超过3000平方米，有大楼，有院落，乃哥伦比亚华人会馆中面积最大者。外墙上"中华总会馆"五个大字是大楼落成时的原貌，半个多世纪来，每逢墨迹淡了，补上色，总是古色古香。

2004年，中华总会馆大楼翻修，《重修会馆记》记载了这一段历史，此记由台山人邝仁杰于2005年1月20日题写。

重修会馆记：斯馆建于1957年，至今已历46年矣。期间受风雨侵蚀，年久失修，残旧不堪。会务停滞，冷落萧条。2003

花埠中华总会馆筹建委员会捐款收据印模（翁育明供图）

年8月，82岁高龄之长辈陈瓒学先生，目睹此况，深感心愧，前辈心血，岂不白费哉？况中国已日渐兴隆，屹立于世界之林，会馆如此残旧，亦有损国体也。遂愿于有生之年，重振会馆昔日之兴盛。与侨界有识之士黄迪光等几位先生磋商，决定锐意改革，草拟出方案，组成新一届理监事会。原中华总会馆改名为中华侨联会，动议重修会馆。经一声动员，全侨热烈响应。一呼百应，纷纷慷慨解囊。历经数月，已募集相当资金。于是组成以黄迪光、陈伟康、邝仁杰三位先生为重修会馆核心小组，于2004年4月26日招修。历时半年，经全侨同心同德，一鼓作气，完满竣工。从此，会馆焕然一新，美轮美奂，大长了中国人的志气,提高了中国人的威信,亦成为侨胞休憩、聚会、娱乐之优雅场所也。特以此书为记。

中华总会馆与中华侨联会合并,意寓全体侨胞联合起来,吸引了许多新华侨参加社团,这些新侨在中国改革开放后才出国,为老社团注入了持续进取的新活力。

"70后"翁育明在中华总会馆做侨务工作二十多年了,当过理事、秘书长、财务、会长,他介绍说:

> 中国和哥伦比亚建交后,新侨支持中国,成立中华侨联会,黄迪光先生任首任主席。中华总会馆老人比较多,会务基本处于停滞状态。黄先生主动和波叔(陈松波)沟通,两会合并,当时波叔是中华总会馆理事长。合并后,黄迪光先生接任理事长。黄先生是从卡塔赫纳到巴兰基亚发展的企业家,非常热心侨社事务,他担任了一届理事长,之后,邝仁杰先生做了两届会长,我姐夫做了一届会长,我又接替姐夫做了两届会长。

巴兰基亚的华裔比华侨华人多。翁育明介绍说,现有华侨华人600多人,华裔约有1500人,华裔有第六代了,华裔人口难以准确统计。大西洋省政府的陈秘书长是华裔,祖籍台山端芬平安里,翁育明曾陪同陈秘书长的母亲回到乡下寻根。

很多华裔去欧美留学后留在当地工作,老一辈的家业难以为继,这是造成农场养殖和耕种业从鼎盛走向衰退的原因之一。

巴兰基亚华人中99%的人口原籍为台山端芬、三合、水步、四九四镇,尤以端芬和三合两镇人数最多,这一华人人口结构至今未变。巴兰基亚华人有五个大姓"梅陈翁朱甄","梅陈翁"三姓来自端芬,

加勒比华侨与广东侨乡

"朱甄"两姓来自三合。

翁育明是台山端芬庙边村人，庙边人的移动方式以家族为单位，不知不觉中全家族移到了地球另一边，在巴兰基亚的庙边人有11个大家庭，超过100人。

1989年，13岁的翁育明来到巴兰基亚与父亲团聚，开始在第二故乡逐梦。他带我参观中国第一鸡场员工宿舍，那是他在巴兰基亚的第一个安身处，听他讲述一个少年走出小山村，重履父辈的金山之路。

1989年，我来到巴兰基亚，当时我才13岁，我在巴兰基亚过了14岁生日。刚到巴兰基亚时，我住在陈瓒学先生的侄子开的鸡场里，我读书，我爸爸在餐馆打工。那时，中国村的鸡场和菜场有十几家，几千米长，要开车才能一家一家收鸡蛋。

鸡场斜对面有一家面厂和饼干厂，面是供给餐馆做炒面的。面厂很大，里面有足球场和网球场，有一支华人足球队，有空时大家就踢球消遣。20世纪90年代中期，我姐夫来到巴兰基亚，那时他的父亲已经在巴兰基亚了。梅清是我姐夫的伯父，开了一家中国超市，他也是面厂股东。

1991年，我的父亲终于在巴兰基亚开了自己的餐馆，餐馆名是"华园"，那家台山人移民到美国去了，父亲就买下了餐馆。1997年，我买了一块地建房，一楼开餐馆，二楼家里人自住，餐馆名是"丽明"。

我在巴兰基亚上学，有很多本地同学和朋友，年轻时我常跟他们出去玩，有几次被同乡见到，同乡就去告诉我的父母。家里人不允许我们找外国的女朋友，我们都要回国相亲，结婚。现在四十岁左右的新华侨基本上是十一二岁出国到这里的，我们的经历都差不多。

翁育明对历史很感兴趣，抽空就整理中华总会馆旧档案，发现了不少古董，一件一件摆给我看。他有一个愿望，在会馆大楼里设立一间小博物馆，展示巴兰基亚百年华侨史。

2020年，中华总会馆换届，梅锡康接任新一届会长。梅锡康是端芬六乡沙萌村人，比翁育明晚五年到巴兰基亚，他是沙萌村第一个到巴兰基亚的人。

1994年农历端午节过后的第二天，我从台山到香港，然后坐飞机来到巴兰基亚。那年我24岁，到巴兰基亚和妻子团聚。

在来哥伦比亚之前，我从未做过厨房的活。我先在岳父的餐馆做了几个月，岳父教我怎样拿刀开鸡，怎样炒菜，我很用心学。后来，朋友介绍我到大鸿运餐馆工作，结识了不少朋友。大鸿运的老板梅溥钧先生就是翁育明会长的姐夫，梅先生对我很好，他教我怎样做好每一份工作，我在他那里学到不少东西。2000年12月，我开了明珠餐馆，开始自己创业，在奋斗的日子里，什么甜酸苦辣都尝过了。

从码头回到巴兰基亚已是晚上十点，因为大鸿运酒家距离我们的住地稍近，梅锡康临时在老东家当起大厨。一桌地道的粤菜，将我们从满身的疲惫中唤醒，治愈系的美味，满屋子的乡情。

松波先生和年轻人玩在一起，话很投机，食无禁忌，心理年龄真的很年轻。在场人人开餐馆，笑言今晚吃的中餐是老番不吃的。

巴兰基亚有100多家中餐馆，华侨华人有600多人，平均每6个人开一家中餐馆，当然，有的华人不只开一家。这些"洋中餐"迎合本地市场，与纯粹的中国料理有差别，但极受欢迎。

他们告诉我，在20世纪70至80年代，很多人来巴兰基亚就是为了品尝大鸿运的中餐。我对海外中餐文化有些了解，对此丝毫不怀疑，仔细看大鸿运的菜单，中文版和西班牙文版菜式不完全一致。翁育明说，世界知名歌星夏奇拉是巴兰基亚人，他们一家人都是大鸿运的忠实顾客，最喜欢吃"甜酸鸡肉"和"西兰花炒牛柳"。

从巴兰基亚到哥伦比亚全国，华人不经营杂货店，主要做餐馆，其次做贸易。这是哥伦比亚最独特的华人经济生态。几家大型连锁超市垄断了全国市场，小本生意的华人杂货业没有竞争力。

巴兰基亚第一家中餐馆是"杂碎"，它也是哥伦比亚第一家中餐馆，接而又开了一家"炒面"，从此将中餐植入哥伦比亚，落地生根。"杂碎"和"炒面"的主人麦孔怀是从牙买加来的东莞人，作为牙买加一家糖厂的代理来到哥伦比亚，后来成为中华总会馆创始人之一。20世纪50年代后，杂碎馆搬离旧址，租下中国青年会会址物业，在门前兴建

哥伦比亚第一间中餐馆 Chop Suey（杂碎）

一座耀眼的中式牌楼，升级为"杂碎大酒家"。杂碎馆的老板换了几拨，招牌坚挺，铁打的杂碎，流水的老板。而炒面店早已翻篇。

紧邻巴兰基亚的古城卡塔赫纳约有华侨华人300人，其中台山人只有几十人，还有六个新会人、一个开平人、一个鹤山人，其余皆为恩平人。全市约有70家中餐馆，基本都是快餐店。

中华会馆主席胡学英是唯一一个鹤山人，三十多年前来到卡塔赫

纳，经营着城内最著名的中餐馆"海龙楼"。海龙楼做中式中餐，食客中少见有中国人，喜见中式中餐的美好未来。胡学英的妻子吴艳娟家族是最早到卡塔赫纳的中国人，大约 50 年前，吴家在卡塔赫纳开了第一家中餐馆，如今夫妇俩一起打理三家中餐馆。吴艳娟的大哥以前在香港当老师，现在担当"行政总厨"角色，率领厨师团队大胆创新菜式，这些厨师都从老家恩平招聘过埠。

在历史的沧海，巴兰基亚不过浪花一朵。匆匆走过这个被贴上魔幻标签的城池，如遇见一面历史之镜，我看见中国小乡村走过全世界的宏大足迹。中国人在这片土地上创造的各种不凡，仅一味"杂碎"，已足够魔幻现实。

荷法跨境华人

荷兰和法国怎么会有边界呢？中间明明隔了一个比利时,你的地理课怎么学的!

我笑笑说有边界,边境线就在加勒比海圣马丁岛上。

每次跟朋友们说起这个荷法边界话题,我总是被嘲笑,因为这不符合常识。正如我自己与圣马丁的初次遇见。

第一次见到从圣马丁来的同胞是在广州,他跟着库拉索华侨来,因为库岛华文学校办成功了,他们也跃跃欲试。交谈中,我习惯性使用"圣马丁华人"的表达,对方纠正说,他是荷属圣马丁华人,居住在圣马丁岛荷兰区,持荷兰护照。我赶紧脑补小岛知识,方知圣马丁岛上有两个国家——荷兰和法国。

常识告诉我们,荷兰和法国非邻国,两国之间差一个比利时的距离。而常识也会蒙蔽我们的眼睛,让我们跟着习惯性思维误入歧途。

圣马丁岛面积只有广东恩平沙湖镇一半大,仅87平方公里,登记人口仅8万人,却被荷兰和法国一分为二,以小岛中间的山岭和湖沼为界,北边2/3土地归法国,南边1/3土地归荷兰,这是世界上最小的由两个国家分治的海岛。

关于这个国界的划分,民间流传甚广的版本充满了法国式浪漫。传说荷法两国军队在小岛东面的水塘集合,同时沿海岸线反向行进,在最后汇合之地即为两国边界线。至于为何法国的地盘比荷兰大,据传有两个说法。

一曰,在比赛前的出征仪式上,法国人喝了白兰地,荷兰人喝了果子酒和淡啤,白兰地酒劲比果酒的酒劲大,在酒精助力下,法国人比荷兰人跑得快,所以割据的地盘比荷兰多。

又曰,两国士兵在赛跑途中,荷兰人遇见了一名法国少女,他们被少女的美貌吸引,不知不觉放慢脚步,结果,地盘被法国人抢走了。

这个浪漫传说让我想起发生在一个半世纪以前的一个真实事件,在美国本土确真出现过类似"即兴发挥",便是那条被美国人视为"美国梦"的太平洋铁路。

林肯总统签署的太平洋铁路建设法案中规定,这条铁路由两家铁路公司分别自西向东和自东向西相向推进,两支工程队伍汇合之处即为铁路合拢点,但合拢点具体位置未明确。由于铁路公司铺轨里程与公司利益捆绑,铺设里程越多,公司占有铁路沿线的土地、森林、矿产资源越多,所以,工程建设演变成两家公司的疯狂铺轨竞赛,两支施工队伍在犹他州北部山区几次相遇,却故意交错而过,背向而驰。最后,国会不得不明确合拢点定在普罗蒙特雷丘陵,两支施工队伍方才各自回头,折回普罗蒙特雷丘陵集结,在举国欢腾中体面地合体。从此,在每年5月10日,美国人都隆重地原貌重现1869年5月10日当天的合拢仪式,他们称之为"金钉节",象征金色道钉将美国东西部大陆连成一体,铸就了美国的镀金时代。

巴掌大的圣马丁自然没有铁路。然而,两国勘界事关国体,岂会如传说般罗曼蒂克。小岛的实际履历复杂得多。1493年11月11日,哥伦布在航行中首次见到此岛,这天是欧洲"圣马丁节",他以"圣马丁"

| 加勒比华侨与广东侨乡

命名此岛。后来,荷兰人从西班牙人手里夺走圣马丁岛,法国人又来和荷兰人争岛,几度刀光剑影,腥风血雨,谁也无法将对方驱逐出岛,因此,两国在1648年签订协议共同瓜分小岛。之后,两国军队之间仍然冲突不断,历经十几次修界,如今的划界直至1816年才确定,据说当时法国在小岛对面海域部署军舰,以逼迫荷兰人让出更多领地。

人们津津乐道于传说,因为传说比现实引人遐想,而想象的空间是无边界的。在这个"欧盟岛"上,人们可以自由出入荷法边界,边境线上没有哨卡和海关,没有守卫,无需办理出入境手续。边境线上,在荷兰一侧,荷兰国旗和荷属圣马丁旗高高飘扬;在法国一侧,法国国旗和欧盟旗迎风招展。中央为界碑"0公里"起点,由荷法两国于1948年共同设立,以纪念两国和平分治圣马丁三百年。

圣马丁岛,方尖碑为边界碑0公里,左边是荷兰,右边是法国(蔡秋庆供图)

这么独特的边境风景,算得上奇观了吧。

麻雀虽小五脏俱全。小岛是个不折不扣的世界岛,来来往往的人,国籍加起来超过105个国家。华人数量占登记人口数的2.5%,在一百多个族裔里,不算极少数。

圣马丁华人会馆会长莫劲壮告诉我,全岛华人约有2000多人,其中80%以上为恩平人,华人超市和杂货店约有110家,华人餐馆约有

40家,人和店,集居在荷兰区。华人会馆和中文学校,位于荷兰区。

蔡秋庆是中文学校校长,她住在法国区,区内有31家华人超市、3家中餐馆,华人约有100人,包括1名从荷兰区到法国学校上学的学生。1992年,阿秋从广东中山来到小岛上,经营过小超市、餐馆、烘焙店、私人定制服装设计,现处于半退休状态,平时负责接送侄女侄子上学。两个孩子的教育多元化程度令人瞠目结舌:他们在法国学校上学,课外跟美国老师学英语,跟俄罗斯老师学钢琴,跟法国老师学画画,跟西班牙老师学网球,跟阿秋姑妈学中文,跟香港师傅学蔡李佛拳、舞狮子,比大人忙多了,阿秋跟班在荷兰法国两边走。

"无国界"状况不是一成不变的。在2020年新冠肺炎疫情期间,荷

2020年新冠疫情期间,法国区设立宪兵哨卡,禁止荷兰区人员进入法国区(蔡秋庆供图)

法防疫对策不同,荷兰区禁止商业场所营业,法国区商店照样开门。3月20日,荷兰和法国的三个边界点全部关闭,分别用路障、车柜、警车隔断,由警察和宪兵把守,禁止两边人员自由跨界。

阿秋说,平时界碑点没有士兵把守,只有遇到抢劫或飓风等紧急

加勒比华侨与广东侨乡

状况才会设卡拦截。新冠肺炎疫情期间，两边的居民不能自由走动，过境车辆需符合过境条件并且查核所有证照后方可放行，在法国区开店的荷兰区居民，必须事先向两边政府报备相关资料。其实，设关卡的是法国政府，为了不让荷兰区的人过境，直到 6 月 1 日开始开放边界，但荷兰区的学生仍然不能到法国区上课。两边的医疗服务不同，荷兰区确诊感染病例比法国区病例多，法国区的病人用飞机送去小安的列斯群岛中部的法国海外省瓜德罗普救治，瓜德罗普岛是法国在加勒比地区的中央政府所在地。

而在非紧急状态下，在荷兰吃完早餐后去法国开店营业，在法国购物后到荷兰坐飞机，只是圣马丁岛民的生活日常。岛上华人共享跨境社区资源，一个华人会馆，一所中文学校，为两个国家华人提供社区服务，全世界独此一岛了。

荷属圣马丁是荷兰王国框架内的自治国，法属圣马丁是法国海外"飞地"，较真起来，岛上同胞的称呼着实纠结——

荷兰华人？法国华人？荷属圣马丁华人？法属圣马丁华人？抑或统称圣马丁华人？

让大脑再转会儿吧。在无奇不有的加勒比海岛，最强大脑都未必能回答的世界地理考题，答案总是出其不意。

乘风破浪的中国教师

每次见到宋力威,都会想起圣马丁,好像这个东北女子和这个加勒比海小岛融为一体了。

脚踩荷法两国的圣马丁岛是欧美人的旅游胜地,但在中国,没有知名度。除荷属安的列斯六岛华人外,没有人知道圣马丁岛上住着2000多名中国人,其中80%以上是恩平人。

我在2016年才和圣马丁相遇。就在这一年,我认识了宋力威,当时她是珠海市香洲区的一名语文教师。

起因是库拉索创办华文学校的消息在荷属安的列斯六岛不胫而走,圣马丁岛上的恩平人动了同样的心思。他们以库拉索华文学校的名义向国内求助,希望"娘家"派老师到圣马丁支教。

库拉索华文学校对兄弟岛的这一举动既热心,又担忧,他们飞去圣马丁要一个半小时,等于领了一份责任在身。一天,黄冠雄校长兴冲冲带着时任圣马丁华人会馆会长李保雅过来,这个恩平人个子不高,沉默寡言,与侃侃而谈的黄校长反差太大了,关于圣马丁的林林总总,都由黄校长在一旁做补充,我们方才得知大概,圣马丁要学库拉索老

加勒比华侨与广东侨乡

大哥赤脚办学校。

在后来的教师选拔中,宋力威以优异成绩通过考试,赴圣马丁支教两年。她特意为新学校买了一台教学投影仪作为见面礼,生怕托运时被损坏,用手拎着上了飞机,带着对新环境的美好憧憬,乘风破浪奔赴远方。

这是她第一次出国,第一次出国就绕了大半个地球。

她在小岛上倒了两天时差,依然白天瞌睡晚上清醒,索性告诉李保雅即日开始工作。李保雅兴冲冲地开车送她去学校。宋力威在圣马丁的第一天支教之旅,在满腔热血中啼笑皆非地开局。

> 会长开车接我来到临时租用的三十平方米的房子里。这就是我们的学校!没有教材,没有桌椅,没有黑板,没有电脑,什么教学设备都没有,只有一个大桌子和一台打印机。
>
> 我带着自己的笔记本电脑开始制作和打印有关表格,为开学做着准备工作。我以为已经招生完毕,过几天就可以上课了。于是向会长建议先开个家长会,因为我需要跟家长见面沟通一下,彼此增进了解和信任。

李保雅按照宋老师的提议立即安排好家长会时间。宋力威兴奋极了,她计划成立家委会,计划把珠海的优秀教育方式引入海岛,她要和家长建立家校统一战线……她信步走进教室,准备开始第一次家长会的开场白。只是她完全没有想到,等来的不是家长会,是开始招生的日子。

> 家长们陆陆续续带着孩子来到教室里开始登记报名……当天有七十几个学生报名,后来几天陆续又有人来报名,直到过百人,年龄从5岁到35岁不等。有十几个学生一看表情就知道是被逼无奈才来报名的。

乘风破浪的中国教师 | 圣马丁

宋力威和她的学生们（宋力威供图）

当天晚上，会馆召开临时会议。在分班时，遇到与库拉索同样的问题，按需分班，以方便接送学生优先。宋力威绞尽脑汁将全部学生分成与年龄大小无关的尽量合理的两个大班。

2016年11月5日上午，在宋力威登陆小岛后的第12天，圣马丁中文学校依然没有课桌，没有教材，但是，开学了！

第一堂课从教唱中国国歌和教识中国国旗开始。

墙上挂着一面五星红旗，我告诉学生这是中国国旗。我让学生跟着我朗读中国国歌歌词，接着教他们唱国歌。我在黑板上写了四行字"中国——中国人——我是中国人——我骄傲我是中国人"，让学生跟着我大声朗读，我还把带去的中国结、功夫扇展示给学生看，这样可以加深他们的印象。这是我的第一堂课。之后的教学，每堂课都先教学生十分钟中文歌，

加勒比华侨与广东侨乡

每次我都会提前打印好歌词,上课时发给学生,教他们朗诵歌词,再教唱歌曲。

这样简陋的教学条件持续了一段时间。后来,课桌有了,但教室里坐不下太多学生了,只好又分成四个小班。到第二学年招新生时,宋力威终于摸索出一套比较科学的分班法,将原来四个班级重新编成三个班,新生单独成一个班。从此,这四个快乐课堂如磁铁般吸引着孩子们,每到下午放学,每到周末,孩子们迫不及待地朝着宋老师飞奔去。

2017年元旦刚过,我们接连接到宋力威的电话,告知健康出现较严重状况,她中了加勒比海岛蚊毒。看到她传过来的照片,满身起泡,可怕极了。在这种情况下,回国治疗是唯一的选择。

两个月前,她满心欢喜地奔赴圣马丁。两个月后,她满腹忧郁地回到祖国,下了飞机,直奔医院。根据她讲述的与"花斑蚊"搏斗的情况,我仿佛看见一场美女与野兽的大战,惊心动魄,特记录如下:

每天被咬十几个红肿的包是家常便饭。每次被蚊子叮咬之后,我都会有低烧的感觉,那是一种小时候经常发烧的熟悉的感觉,是那种有气无力身上冒火微微头痛有苦难言的感觉,过两个小时左右这种感觉会消失。但是在又被蚊子叮咬之后就会继续这种让我怀疑人生的无奈……在珠海,我一年四季都穿裙子。我的旅行箱里装了三十几条漂亮裙子,只可惜仅有几条长裙派上用场,里面还要穿条裤子才可以出门。

在美丽的圣马丁岛,春季到来的时候,是蚊子恣意繁衍的好时机。每个周末9点开始上课,我都是8点开门进教室,先开窗通风,然后关好门窗开始与蚊子搏斗。如果不是亲身经历，你很难想象蚊子之多是多少……

我很清楚地记得，有一天，我手握电蚊拍，用标准的"群魔乱舞"姿势，与蚊子进行了你死我活的肉搏。十几分钟的时间，我居然非常清晰地听到212声清脆悦耳的击中蚊子的"啪啪"声。那真是一种欢畅淋漓的、有着无比快感的美妙声音啊！一种胜利者的自豪之感油然而生！可是，脖子还是遭遇了"亡命之徒"的袭击，握着电蚊拍的手背也被偷袭中招。看着尸横满地的战利品，我只有苦笑着摇摇头，战争中哪有赢家啊！

不知是被蚊子"亲"多了，还是水土不服，有一天早上刚醒来，突然感觉身上奇痒。用手一抓挠，腰部、腹部、大腿、腋下等多处突然之间出现大片红肿，奇痒无比。我慌了。从来没有过的病症！

那时刚好是圣诞节前夕，是华人生意最旺的时候。过了两天，我才不得不开始向大家求助。先是李保雅会长让夫人陪我去药店买药膏涂抹，几天过后没有效果。我又去荷属区的一家私人诊所看医生。那位白人女医生一看到我身上的红肿加水泡，顿时吓得花容失色，匆忙给我开了点口服药，还给我打了一针。

我以为让我提心吊胆的一针是退烧消炎的药，没想到过后一问才知是让我睡觉的药。虽说我几天没有睡好觉，但是只打一针让我睡觉的药那是治标不治本啊！一觉醒来之后难道就不痒了吗？！

几天过后，病情依旧没有好转。素琼和高太带我去法属区的一家私人诊所看病。毫无意外的，那位帅气的男医生依旧是吓得往后一退。看到医生的反应，我心想：又没戏了！

之后遵医嘱又去另一个地方抽了满满五瓶血，是那种细长的化验瓶。焦虑地等了几天之后结果出来了：一切正常！又高兴又犯嘀咕：我都病成那个样子了，血液还能一切正常吗？

除了亲自带我去看医生的几位好朋友之外，黄玉仪一家人也非常照顾我，她们不怕我的病会不会传染，让我去家里用金银花煮水，先口服一杯，然后再冲洗身体。

直到最后一刻，在我感觉病情不断加重的时候，我向威廉斯塔德总领馆和广东省侨办发出了求助信息。我马上收到了立刻回国治疗的暖心通知。

忍受着浑身的奇痒，在回国的飞机上坐立不安，从没感觉到时间如此漫长。第一次感觉到"痒"比"痛"更令人抓狂……我没有哭，因为我不知道自己究竟得了什么病，不知道还能活多久，心中只有一个信念：我要回国！我要回家！

一下飞机，紧绷的神经立刻松弛了。过安检时，工作人员看到我的脸上脖子上片片红印，就把我叫到办公室检查询问，然后让我测量体温，幸好当时没有发烧，否则当场就要被隔离了。

回到珠海，直接到皮防所，见到医生后顾不了许多，撩起衣服，第一句话就是："医生，救救我！"

王医生抬头撇了一眼我身上已经溃烂的部位，轻描淡写地微笑着说："是湿疹，先验一下血，应该有感染，然后先打三天针看看。"那是我听过的最淡定最专业最亲切的声音啊！

血液化验结果出来了，"白细胞""C日反应蛋白""淋巴细胞百分数"等多项数值严重背离"参考范围"。打了九天针，口服和涂抹了十几天药物之后，逐渐恢复了健康。我是多么热爱带给我无比安全感、幸福感的大珠海啊！

病愈后，我又回到圣马丁岛，结果，之后又犯病五次。后来了解到，很多当地华人包括学生也像我一样得过这种湿疹病，只不过我第一次得病的症状比较严重而已。之后的四次发病都不严重,直到第五次发病。

那天下午我有兴趣班的课。上午,阿梅带我去法属区药店购买在国内治病用的针剂药,药店工作人员说那种药只有在法属或者荷属的两家大医院才可能有。于是下午两点,阿梅带我去荷属区唯一一家公立医院看医生。

我们挂了急诊,以为很快就可以打针了,没想到等了整整两个小时还没有见到"白大褂"。

在等待的过程中,一位黑人妇女说她昨天等了六个小时都没见到医生。有一个小男孩满脸流血,也是等了二十几分钟才进去处置的。当我从厕所出来的时候,阿梅拉着我就往外跑。我问她怎么了?她说太恐怖了!旁边有一个黑人手指断了三根,还在那里滴血呢……

这就是我在圣马丁岛第一次看急诊的经历。等了两个小时也没见到医生的难忘经历。

那天没有见到医生,就回来上课了。学生们正在等我,一个男生走过来送给我一个安慰的拥抱。几位家长也安慰我说,别打针了,万一剂量不对再……我想也是,下课后回到宿舍又开始用金银花煮水,又喝又冲洗,没想到几天之后病好了。

这是一场没有赢家的持久战。花斑蚊始终没有放弃过宋力威,但疯狂骚扰的势头减弱,主要原因是宋力威独创的"长裙加牛仔裤"防御术渐渐生效了。

在出发去圣马丁前,我跟宋力威说排练一个《男儿当自强》吧,让圣马丁人看看中国人的气势。她竟当了真。在珠海,她只教语文,是一名优秀语文老师,获得过许多教研奖项。在圣马丁,她不只是语文老师,还是武术老师、舞蹈老师、体育老师……教学资源极端困乏的小岛,像一台挖掘机,挖出了语文老师的 N 种潜能。

加勒比华侨与广东侨乡

宋力威从网上找到几乎所有《男儿当自强》的武术视频,仔细揣摩拳术、双节棍、太极表演,这些都是她从未涉足过的领域。她边自学边改编,最终设计出由两节长拳、两节南拳和功夫扇组合而成的《男儿当自强》群体表演节目。接着,她选拔了一组男女生混编组成表演队,经过几个月的严格训练,参加圣马丁荷属区"嘉年华"游行,引起巨大轰动,小岛沸腾了,大幅照片登上主流媒体头版。这是圣马丁嘉年华历史上第一次出现中国元素。学生家长拉着红色横幅走在中文学校队伍前面,那个洋溢着中国风的方阵啊,是圣马丁人从未领略过的东方之美。

2018年2月12日,圣马丁先驱日报在头版刊登中文学校在嘉年华上的精彩表演(宋力威供图)

次年二月,越战越勇的宋力威和她的学生们又跨过边界线,参加法属区"嘉年华"游行和舞台演出。中国姑娘们穿着民族服装跳起优美的《踏歌》,男生打起中国功夫,现场观众如醉如痴。谁会知道这是一个中国语文教师的杰作呢!法属区媒体评价"中国孩子的表演是最棒的!"

两年内,圣马丁中文学校同时刷新了圣马丁荷属区和法属区两项

乘风破浪的中国教师 | 圣马丁

纪录:中国人第一次参加嘉年华,中国人第一次登上主流媒体头版。

我和宋力威半开玩笑的约定竟变成现实,真是不可思议。这个妩媚敏感的女子,没有十八般武艺,只是为了告诉世界一个可爱的中国,被逼成了特别具有战斗力的文武双全的语文教师。

我建议宋老师把在圣马丁的经历写出来,就叫《爱在圣马丁》,她爽快地答应了。可是,回国后教学工作忙忙碌碌,直到今天,她才写了一篇。这个关于爱的故事,不知几时才能修成正果。

在我的加勒比朋友圈里,最不敢触碰的是圣马丁,我为她哭过,为她疼过,一直回避写她,生怕记起她,又生怕忘了她。

这种挣扎是痛苦的。在经历了加勒比海那场史无前例的飓风后我才明白,有些事情,时间是不会把它淹没掉的。直到今天,每次见到宋力威,每次见到圣马丁的朋友,都会勾起我对往事的回忆,那些我们天各一方,却互相温暖的日子。

2017年9月,一场突如其来的超级飓风将圣马丁吹进中国大众视野。人们通过电视和网络,第一次看见位于飓风中心的圣马丁"战场"——城市变成海洋,飞机浸泡在大海,楼倒车翻,狼藉遍地。

当时,我正在波多黎各岛,波多黎各和圣马丁、安圭拉同处飓风正面战场,狂风巨浪一路扫荡。网络信号极微弱,断断续续,我利用时有时无的信号,与宋力威和其他朋友互报平安:

"简直像世界末日,我家二楼三楼的屋顶已被掀走,吓得我们收拾东西,准备迎接室内降雨。"宋力威的好友聂健梅急急留言。

住在圣马丁对面小岛安圭拉的唐美琴是宋力威班级的家长团成员,她晒出图片说,她家附近的酒吧在一夜之间消失了,店家找不到酒吧,问她有没有看见酒吧里的厕所,因为连厕所也无影无踪,不知被吹向何方了。

加勒比华侨与广东侨乡

美琴是个乐天派,话风幽默,就像一剂止痛药,让人暂时忘记眼前的痛。她再次出现已是一周之后,那天,她足足排了三个小时长队,买到一张电话卡,我们终于又联系上。她以恩平话普通话混搭笔触描述了被虐之后的安圭拉,断水断电断粮食,家里似一个垃圾场,狼狈不堪:

> 我屋里有一间房的窗户打烂了,整间房的东西报废,我女儿的电脑连个影子都找不到。星期三早上七点钟左右是台风打得最厉害的时候,整间屋都在摇摆,小朋友吓得钻到桌子下面。外面所有电线杆断成两三截,有一个仓库的屋顶吹走了,里边的货基本报废了。还好暂时没有发生暴乱,英国军队上岛了,人安全。

风口上的圣马丁最惨烈。宋力威一直没有消息,这让我万分焦急。第二天,我才知道她的宿舍区没有网络信号了。她说,飓风过后,当地黑人结帮成伙打劫商家店铺,疯狂到了极点,"现在荷兰军队持枪荷弹空降到圣马丁岛,才减少了打劫事件的发生。"

华人会馆通知侨胞每天上午九点到指定地点碰头,互通信息。全岛快速陷入无序状态,打劫事件屡现,会馆组织男人轮流值班,保护同胞人身财产安全。在灾后最艰难的几天里,他们每天只吃一顿饭,尽量将储备食物支撑到最大时间量。

我在焦急中等待圣马丁的消息,收到聂健梅发过来的几十秒视频。黑暗中,女孩们围坐一起,她们打开手机里的手电筒,像是给这黑夜装上了眼睛,一闪一闪的,那温暖熟悉的歌声啊,令人无法不动容:"我知道我一直有双隐形的翅膀,带我飞飞过绝望……我知道我一直有双隐形的翅膀,带我飞给我希望。"

宋力威哭着对我说:"救救同胞!"

飓风过后那几天,只有豪华邮轮尚可停泊港口。经多日抢修后的国际机场勉强供小型飞机临时起降,越来越多的人涌向机场,在烈日下等待飞机降临,逃离孤岛。

在中国驻威廉斯塔德总领馆的全力协调下,部分侨胞自

飓风过后,包括华人在内的居民和游客每天都到机场等待飞机进岛(宋力威供图)

愿离开灾区到库拉索暂留。宋力威坚决要求留下,帮助华人会馆开展救助同胞的工作。几天后,第一批由老人、婴幼儿、孕妇组成的 26 名侨胞队伍,年龄从 0 岁到 80 岁,一起乘坐荷兰军机从圣马丁转移到库拉索。他们天未亮就到朱莉安娜国际机场,在三十多度高温下,一直等到傍晚才登上飞机,于晚上八点多降落在库拉索机场。此时,中国领事馆工作人员和库拉索华侨会所同仁在库拉索机场已守候了一整天,终于将这批来自广东、中国香港和台湾地区的老少妇孺安置妥当。

这 26 名同胞在入境库拉索时发生了一个小插曲。"0"岁的婴儿在飓风当晚出生,家人来不及为小宝宝办理有效身份证件而无法入境库拉索,经中国领事馆协调才特别获准入境。之后,领事馆给婴儿办好有效签证,小宝宝拥有了来到这个世上的第一个有效身份证件。

负责安置任务的库拉索华侨会所副主席伍权荣说:"这 26 人中,在库拉索有亲戚的住亲戚家,在库拉索没有亲戚的暂住酒店。有两个小朋友持多米尼加护照,受其家人委托,我们帮助他们转机去苏里南

加勒比华侨与广东侨乡

投靠亲戚。"华侨会所同仁各有分工,紧张有序地开展接待安置工作,他们夜以继日,放弃自己的生意为同胞解忧。

圣马丁居向风群岛,库拉索在背风群岛,两岛华人都是广东人,绝大多数是恩平人。在这场风暴来临前,两岛华人社团之间几乎没有走动,灾难发生后,两岛同胞风雨同舟,尽显手足之情。

宋力威和圣马丁华人会馆的侨领们始终坚守在小岛。在岛上情况稳定后,中文学校成为圣马丁最早开学的学校。她在日记里写道:

> 恢复上课后,一天,我一个人在宿舍里备课,想教学生一首新歌,当下载到《歌唱祖国》的时候,音乐响起的那一刻,我的眼泪立刻汩汩流淌了出来。身在异国他乡,心里最柔软的部分,最不能碰触的词语,就是"祖国"。一个人,在加勒比海岛支教,在经历了很多困难和坎坷之后,我生命中第一次在听到《歌唱祖国》的歌声时,失声痛哭。哪里才是最安全最幸福的地方,那就是我亲爱的祖国——中国!

这位乘风破浪的中国教师,用自己的爱在圣马丁刮起了一场小飓风,令海岛同胞对她视如亲人,胜似亲人。在宋力威完成支教任务回国后,每次有圣马丁朋友回来,他们都会去珠海看望他们的宋老师,每个人都跟我说,他们想念宋老师,不舍宋老师。

才叔和 3S 岛

深夜收到才叔的来信,他刚喝完早茶。

才叔已过古稀之年,几个月前老人家买了一台智能手机,安装了微信,这样我才终于见到传说中的才叔——萨巴岛上第一个中国人。

才叔发给我一页手稿,上面歪歪扭扭写满客家方言特色的方块字,他说已经 50 多年没拿起笔写字了。信的落款时间是 2017 年 12 月 22 日,其实,这天萨巴岛的时间是 12 月 20 日,才叔用北京时间算多了一天。

才叔全名余育才,家乡在广东宝安县龙岗,即今天的深圳龙岗。历史上,宝安和惠阳、东莞三地人民早在一个半世纪以前开始向加勒比地区迁移,并在该地区形成庞大的客语系社区。才叔远走他乡,与此传统有关。才叔的妻子也是深圳客家人,1977 年来到阿鲁巴,因为她的父亲和爷爷当时已在阿鲁巴岛上。

才叔在信中写道:

> 我在 1960 年到香港,在香港工作十年。1970 年 1 月,我来到圣马丁埠,那时圣马丁没有很多人,唐人不到 10 人,当

加勒比华侨与广东侨乡

地人不到200人,他们都到外地做工。我在下飞机时,旋梯都是旧木做的楼梯,水看见都不想用,当时看到这样子,都想回香港,没办法只好住下来,住了差不多10年。1979年,我才到蛇巴埠(SABA)开了一间餐馆,每星期都要回圣马丁。到1981年,我和家人才搬到蛇巴,一直住到现在。当时蛇巴才有7到8辆车。这里有白人,也有黑人,他们都很和蔼。

才叔说的"蛇巴埠"是客家口音,通常称为萨巴岛,面积仅13平方公里,与圣马丁岛和斯塔莎岛同位于小安的列斯群岛北部,距离斯塔莎岛西北26公里。蛇巴实际上是一座死火山的山峰,即齐纳丽(Scenery)峰,高860米,地势崎岖,海岸为悬崖峭壁,没有港湾,风景甚秀美。主要城市博坦(Bottom)位于火山口。岛上仅有的一块平地是胡安彻·亚拉斯奎恩机场,机场只有一条400米的跑道,跑道两端皆为悬崖,每一

萨巴岛400米长的机场跑道(温卫红供图)

侧山脉都会形成上升与向下气流,被认为是世界上最危险的机场之一。

才叔说,蛇巴是加勒比海岛面积最小、地势最高的岛,沿着海岸

才叔和 3S 岛 | 萨 巴

线转一圈才五公里，真的很小。

才叔是岛上的老人，谁都认识他，谁都尊敬他，他的"中国餐馆"从来客似云来。本地人有句口头禅，如果去中国餐馆吃饭，直接说"去阿才那里"，谁都不会走错路。

2018年9月30日晚上，此时是蛇巴时间9月30日早上，才叔在自家楼顶升起一面簇新的五星红旗，这成为每年这个时节小岛上的固定风景，岛上的人已熟悉了这道"中国红"，都知道这是阿才家，都知道中国国庆日到了。才叔把升旗的视频发给我，用不太灵光的粤语叫我用客家话聊天，我用不咸不淡的粤语告诉老人我的普通话最流利。老人有时也淘气，只发张图片来，让我自己阅图理解。有一次收到一张满地冬瓜的照片，我知道才叔家的冬瓜丰收了。

一年后的10月1日一大早，我正在吃早餐，突然收到才叔的视频电话，这一年里，我时有发去短信问候，但他很少回复。此刻，老人开心得跟小孩一样，坐在沙发上，电视里正在直播国庆阅兵式前奏，和我家里的电视同步。老人说今年的国庆是大庆，他在三天前已在楼顶上升起了五星红旗，过路的游客好奇地问他"这是什么旗？"才叔告诉他们"这是中国国旗，10月1日是中国国庆节！"

为确保万无一失地完整观看国庆阅兵大典，才叔买了几个电视盒，此刻正在收看央视4套的直播。我说我正在看央视1套的直播，他说他也可以收看央视1套，1套和央视其他频道在另一个电视盒子里。我的内心涌起一股热流，被深深地打动了。

"才叔，我们相隔几万里，我这里是早上，您那里是夜里，我们居然可以同步收看国庆阅兵直播，真的不敢相信啊！"

才叔笑得更开心了，连声回复："我家里有个锅，央视的频道都可以收到！"

难忍泪眼婆娑。祖国，您知道吗？每年这一天，海角天涯的游子都在为您庆生，为您守候！

加勒比华侨与广东侨乡

四十年前,蛇巴岛上只有一二十人,现在有1300多人。据才叔介绍,岛上的医学院有500多人,带旺了人气。这间萨巴医学院每学期都有新生入校,有时有华人学生,但他们只在岛上留学两年,之后就离开小岛了。

邻居圣马丁岛比蛇巴发展快,人口从不到200人剧增到8万多人,住着100多个国籍的居民,华人达2000多人,岛上的朱莉安娜公主国际机场以飞机起飞的惊险"疯"景名扬四海。

这四十年间,中国这艘东方巨轮乘风破浪,万里之外的加勒比海亦浪花朵朵。海连着洋,海洋连着陆地,世界是平的。

蛇巴埠住着五户华人家庭,男女老少总共十六人,他们来自广东深圳、茂名、台山和恩平,其中三户人家在最近几年才来到小岛。

1985年,才叔到蛇巴五年后,聂晓健在恩平市沙湖镇呱呱落地。2017年,聂晓健来到蛇巴,从才叔手里租下中国餐馆,成为岛龄最小的岛民,在蛇巴和斯塔莎之间跨岛开店。"这两个岛之间的唯一交通工具是20座小飞机,12分钟可抵达彼此岛屿,每天一个航班,不过以前两岛之间没有直飞航班,必须先飞到圣马丁岛转机。"晓健说。

晓健的父母在他幼年时出国,在圣马丁经营一家小餐馆,姐姐在13岁时也出国与父母团聚。2003年10

酷角餐厅是斯塔莎岛上的老建筑(聂晓健供图)

月,留守在老家的晓健刚过完 18 岁生日,便启程去圣马丁,从此开始了在圣马丁、斯塔莎和蛇巴三岛之间赶海的日子。

圣马丁岛人多,生意竞争大。2007 年以后,晓健的父亲打算到邻岛寻求发展,但他对咫尺相望的邻居不了解,苦于找不到入岛机遇。

2009 年,斯塔莎岛上的一个好朋友将酷角(Cool Corner)餐厅转让给晓健家。次年,25 岁的晓健来到斯塔莎。

"我们形容自己为'开荒牛',因为我们在这边没有亲戚,认识的朋友很少,虽然同是荷兰附属岛,但当时我们对斯塔莎是很陌生的,幸好还有两三家同胞相熟,还有人可以请教。"巧合的是,晓健深念的这位"引路恩人"竟是第一个来到斯塔莎岛上的华人家庭——郑锦荣兄弟。

郑锦荣兄弟和晓健的父亲相熟,郑锦荣的弟弟将餐馆转让给晓健的父亲。郑锦荣自己的"中国餐馆"是岛上名店,但他对同行老朋友照顾有加。晓健视郑锦荣为启蒙老师,他特别跟我讲起郑锦荣对他的无私相助。

我没有遇到过一个像他那样心胸开阔的人。他自己在这里也经营一家餐馆,但他从来没有把我们当成竞争对手看待,每天午休的时候就过来看看我们做得怎么样,还把我们介绍给本地人认识。我们没租到房子前都住在他那里,他还把自己的一辆车借给我们用于平时买货运输。他对其他华人也很真诚,谁遇到了问题都会找他帮忙解决。他闲时就过来教我如何管理餐馆,细致到如何管理账本和税务,这不是一般人可以做到的。虽然他和我爸爸是同一个年龄阶段的人,但他比我爸爸的学历和见识都要高很多,我在他身上学到的东西很多,他是我的第一位启蒙老师。

加勒比华侨与广东侨乡

幸运的年轻人在同行前辈的引领下，自强不息，很快成长起来。本地人的生活如半退休状态，不会长时间地干活，有了钱就去餐馆和酒吧消费。2013年，晓健在岛上又开了一家杂货店。

酷角经常有来自蛇巴的游客。一天，一群蛇巴游客到餐厅吃饭，他们告诉晓健蛇巴很美，建议他到蛇巴开餐馆。晓健动心了。不久，他和父亲飞去蛇巴考察，可惜没能找到合适的场地。时间在每天的忙忙碌碌中流过。一次，晓健和堂姐说起想到蛇巴开餐馆，堂姐告诉他一个信息：蛇巴的才叔想退休了，打算将餐馆转让出去。原来，堂姐的公公是才叔的侄子。

晓健喜出望外，马上和父亲去蛇巴找才叔，晓健的父亲以前也认识才叔，双方马上达成协议。蛇巴岛第一家中餐馆从才叔手里转交给晓健打理。

2017年，晓健租下才叔的中国餐馆，他让父亲负责餐馆日常经营，自己负责斯塔莎的两家店，父子俩开启了跨岛工作时间。

"工作量还是不少的，在这七八年里，我只回国两次。孩子们都回江门了，想让他们多学点中文。"晓健说。

不常回老家的还有才叔。"从我出来到现在才回乡下四五次，因为全家人都在这里。孩子们也都大了，各自有自己的工作。"现在，才叔老两口在小岛上过着世外桃源般的幸福生活，他的许多亲戚还在圣马丁，常走动。

晓健的亲戚基本在环加勒比海圈，在圣马丁、库拉索和阿鲁巴都有亲戚。相对而言，晓健妈妈的同村人到加勒比闯荡的比较多，他们分流在荷属加勒比、多米尼加和委内瑞拉。

因为生意不如从前好做，一年后，晓健结束了蛇巴的生意，回到大本营斯塔莎。暑假，店铺的工人休假回中国，晓健自己渡海去对面的圣马丁岛采购货品，顺便探望亲友。

而蛇巴小岛上的华人，又从五户变成四户。

行走在圣马丁、斯塔莎和蛇巴三个小岛之间的不止聂晓健,来自江门的阿超走同样路径。三岛同属于荷兰,岛民们来去自由。

阿超和晓健年纪相仿,他从江门来到圣马丁,又从圣马丁来到斯塔莎,后来,又从斯塔莎来到蛇巴。

1993年,阿超的父亲来到荷属圣马丁。几年后,未满12岁的阿超出国和父母团聚。

"姑姑和大伯是我们家族第一批出来的,先到荷属圣马丁,接着把我父亲和姑丈申请到圣马丁,后来,我们家族的其他成员也陆续来到圣马丁。我们原来都聚集在圣马丁,后来才开始分流到其他岛屿。"阿超说。

在大伯到斯塔莎开店后,阿超一家跟着来到斯塔莎。阿超告诉我,阿菁是他的表姑,大伯是阿菁的表哥,他还有亲戚留在圣马丁岛。我把惊讶咽回肚子里,不到50个中国人的斯塔莎小岛竟又牵连着一个大家族。

三年前,阿超和父母又从斯塔莎转战蛇巴,在小岛上开了一家小超市。在他之前,他的叔父已经在蛇巴开中餐馆十几年了。阿超主要从圣马丁进货,也从迈阿密和波多黎各岛进部分货,"因为运输时间太长,所以基本上都在圣马丁拿货。"

这三个小岛构成了一个有趣的"3S"角:Sint Maarten(圣马丁)、Sint Eustatius(斯塔莎)、Saba(蛇巴),人们在其中自由地移动。岛不怕小,有人则灵;海不怕大,有岛则生。如此,小岛的想象力变得无穷无尽了。

蛇巴的五户华人,一家是才叔,一家是阿超,一家是阿超的叔父,一家是聂晓健,第五家是从圣马丁过来的茂名人。第一个华人岛民才叔退休了,新客聂晓健回斯塔莎了,中国餐馆由才叔的儿子接手,其他三家人经营一家中餐馆和两家超市。本地人依然追捧中国餐馆,依然说"去阿才那里"。

而圣马丁,无疑是"3S"的大本营。

圣马丁每天有三个航班到蛇巴,12分钟后在那条世界上最短的跑道上降落。在2017年9月超级飓风"艾玛"到来之前,有两艘船轮流隔天到蛇巴,不幸的是,飓风毁掉了其中一艘船。

圣马丁和斯塔莎之间每天有四个航班,星期天有三个航班,20分钟可串门。

斯塔莎和蛇巴之间每天有一个航班,13分钟就到了。

位于圣马丁岛荷属区的朱莉安娜公主国际机场每天飞向世界各地的航班川流不息,机场每年游客流量超过200万人。

阿超说:"坐飞机离开蛇巴,飞机引擎必须开到最大才能助跑,差不多到跑道尽头才起飞,这种惊险的感觉只有自己亲身体验过才知道。圣马丁机场这么大,一点都不惊险。"

与不到400米长的蛇巴机场跑道相比,被称为世界上最危险的机场——朱莉安娜公主国际机场2301米的跑道,不算什么了。

阿鲁哇和搭格啦

趁着女儿假期,一起飞去阿鲁巴。一路上,女儿不停问为什么去阿鲁巴,没听过这个地方。

我告诉她,知识的海洋不全在书本里,我们看海去。

女儿会说西班牙语,我说服她做伴。在西语国家行走,不会说西语,寸步难行。

飞机踏着蓝色海平面降落在阿鲁巴机场,手机屏幕跳出电讯公司短信"欢迎来到海地""欢迎来到牙买加",偏偏没有"欢迎来到阿鲁巴"。

女儿有些焦虑地问:我们真的到阿鲁巴了吗?

电讯信号尚不能精准覆盖加勒比海的角角落落,我们尚不知道这些角角落落住着许多中国人,也就丝毫不奇怪了。

1499年,西班牙探险家发现了阿鲁巴岛。小岛位于库拉索岛西北约80公里,打"飞的"20分钟可互访。跟库拉索一样,阿鲁巴内政完全自主,防务和外交事务由荷兰管辖,岛上方言是帕皮亚曼土语,也是官

加勒比华侨与广东侨乡

方语言。在荷属 ABC 三岛中,阿鲁巴面积最小,只有 193 平方公里,但它最早脱离荷属安的列斯。1986 年 1 月 1 日,阿鲁巴正式独立而成为自治国,荷兰王国变成由荷兰、荷属安的列斯、阿鲁巴组成。库拉索和圣马丁是后来才从荷属安的列斯分离出来的。

荷兰皇家壳牌炼油厂关闭后,旅游撑起了阿鲁巴经济。和其他加勒比海岛不同,在阿鲁巴,英语和荷兰语、西班牙语一样通用,这与美国有很大关系。岛上的美国游客最多,就在我们抵埠当天,从迈阿密到阿鲁巴的航班有几十个,这还未计入每天停靠在港口的豪华邮轮,游客上上落落一日游。

从阿鲁巴机场飞去美国,可以在阿鲁巴办理美国入境手续,到美国后直接入境,所以,加勒比海岛的人喜欢从阿鲁巴转机去美国。

在阿鲁巴岛上,半个多世纪以前就来了中国人,岛上现有 100 多家中餐馆、近 200 家华人杂货店和超市。

而且,这些中国人全部是广东人。

最早到阿鲁巴的中国人是海员、客家人和恩平人,其中客家人来自江门鹤山、深圳宝安和肇庆高要,这一点和其他加勒比海岛华侨的来源相一致,客家人大多从苏里南再移民过来。苏里南曾经是荷兰殖民地,被称为"荷属圭亚那"。在 20 世纪 90 年代以前,苏里南华人几乎都是广东惠阳、东莞、深圳宝安、香港新界的客家人,他们在荷兰海外"飞地"之间自由流动,这些客家人入岛时间早,经济活动活跃。

至于其他移民来源,曾经担任过阿鲁巴新中华会馆主席的吴怡稳先生给出了答案。

> 最早到阿鲁巴的两位恩平人,一位是伍炎棠夫妇,以种田和种植瓜菜为生;另一位是沙湖下凯村人吴连迪夫妇。还有肇庆人黄华夫妇,亦耕种菜园;鹤山人谢生也耕种菜园,后来转向大型超市;中山客家人余秋生夫妇后来转做大型超市;郑华

阿鲁哇和搭格啦 | 阿鲁巴

响夫妇开养鸡场。这些前辈已到这个岛生活六十多年,从他们口中了解到这几位前辈中,有一半人从哥伦比亚、多尼米加等国移民过来。

阿鲁巴新中华会馆

阿鲁巴现有人口约 12 万人。稳叔说,根据前几年新中华会馆的调查,岛上中国人超过 3870 人,其中不包括中国人与本地女子婚生后代。在这些中国人中,恩平人比例高达 70% 以上,沙湖大院村、那梨村和吴村来阿鲁巴的人最多。

这几年,由于委内瑞拉经济不景气,从委内瑞拉再移民到阿鲁巴的恩平人增多,阿鲁巴的中国人群体已超过 4000 人,其中恩平人占 90% 以上,恩平话被阿鲁巴人当作普通话来学说,他们自豪地告诉我:"这里的人都以为我们恩平话就是普通话,他们学说恩平话和粤语。"

我在岛上听到本地人常使用一个口语词汇"搭格啦",意指"已经做好了,搞好了",挺有趣的一个词,听着像广府地区方言,意思也一样,禁不住好奇,询问究竟。果然,岛上本没有此用语"Ta Kla",它是直接从粤语发音引入的外来口语词汇,流行于阿鲁巴、库拉索和博内尔三岛。

容宇庭解密了"Ta Kla"的来龙去脉。早年老华侨在岛上开快餐店,食客催问订餐做好了没有,老华侨用粤语应答"搭格啦!"本地人很喜欢这个中国词汇,说起来清脆利落,很快流行开来。

这让我想起"阿鲁巴"这个地名,听侨胞常以"阿鲁哇"称之。细看,这其中的缘故与哈瓦那(Habana)如出一辙,"Aruba"的字母"b",西班牙语发音为"v",所以,"阿鲁哇"倒是回归本源了。

一句"搭格啦",一声"阿鲁哇",让我对广东侨乡方言里的"半唐番话"有了新的理解,语言是流动的文化。

阿鲁巴中国人经营的超市、杂货店和餐馆,没有张扬的外装潢,与本地店铺无差别,仅有几家中餐馆门面带些中国元素。华人店铺遍及大街小巷,店名都用英文,极少用中文。

同胞们喜欢以姓氏作店名,比如 He's Restaurant,表明餐馆主人姓"何"。也有些店铺以地名作为店名,比如 HongKong Supermarket,表明超市主人是中国香港人。

新中华会馆主席郑达恩告诉我,阿鲁巴做超市和杂货业的商家以中国人为主,本地商家只有两三家大型超市。鉴于岛上超市太多,政府下令暂时不再发放小型超市营业牌照,以控制市场规模和良性竞争。

郑达恩原籍恩平君堂镇湾桥村,1981年,12岁的达恩随父母来到阿鲁巴。他努力学习岛上使用的各种语言,会说荷兰语、西班牙语、英语、帕皮亚曼土语,加上恩平话、粤语和普通话,简直是个语言天才。在这么多种语言中,他的普通话水平最普通,用普通话和他聊天,常常要各自表述,欢乐的气氛令人捧腹。

阿鲁哇和搭格啦 | 阿鲁巴

语言畅通为达恩的创业道路扫除了许多障碍。他的"第一桶金"来自开餐馆,当时岛上的中国人很少,生意好做。到20世纪90年代岛上旅游业快速发展起来时,他又抓住机遇,迅速转型投资商业地产、超市、酒吧和建材,成为一名成功的企业家。

恩平人开的杂货店

达恩说:"1981年我来阿鲁巴的时候,这里只有6万人,现在人口有12万人,经济发展态势很好。"

达恩的老家湾桥村不大,有二三十人在阿鲁巴。

吴怡稳于1988年来到阿鲁巴。稳叔是恩平沙湖镇塘劳村人,出国第一站到了多米尼加,六年后又移民阿鲁巴,一大家子老少四十多人安居在小岛上。稳叔自己在沙湖圩建了新楼,每次回乡不需要住酒店了。

  1982年10月15日,我从家乡来到多米尼加,家乡人称之为"山多罗",在那里生活了6年。因该国金融动荡,美金对土币贬值,所以产生了离开该国的念头,因为那时自己是单身汉,家人在乡下,抱着柳暗花明又一村的心态,在1988年10月29日,从山多罗来到本埠。

加勒比华侨与广东侨乡

现在,我们全家人都在本埠。我妻子和五个孩子都在这里,他们于1994年从家乡直接移民过来,以后几年里,我内弟、妻舅和我的几个侄儿侄女陆续都出来了。如今,我和我的孩子们每人各有一间超市,五个孩子都已成家,我们两夫妻加上五个孩子和内孙外孙已经有40多人了。

稳叔的超市位于市区,绿色的外墙夹在五颜六色的街景里并不起眼。我去看他时,老人显得特别高兴。来超市购物的人都是游客和本地人,除极少数日用品从中国进口外,其他商品从美国和周边国家进口。

稳叔指着各种蔬菜瓜果介绍说,这是本地唐人种的,那是委内瑞拉进口的,那是多米尼加进口的,那是巴西进口的,那是美国进口的……一个小岛超市连着一个岛外的大世界,唯有加勒比小岛才有这么典型的全球化特色吧。

此时,三个本地人走进超市,看见我们带着相机,便搂着稳叔的妻子,热情地叫着"中国妈妈",示意给他们拍张合影。

机灵的女儿按下快门。她悄悄地跟我说,没想到本地人和中国人相处得这么融洽。

离开稳叔的超市,路过一家便利店,进门发现这又是恩平人开的杂货店,货架挤迫到只够一人进出。店主好客地请我们吃本地小吃——鸡肉馅角仔,角仔是油炸的,口味有点重。他说,家里吃的角仔是恩平做法,蒸的,馅不同。

我惊于广东人的闯劲和创造力。他们来到这个遥远的陌生的小岛,说着小岛方言和恩平土话,招徕世界各地的游客,提供丰富多彩的全球商品和本土化中餐。

我想到了"愚公移山"。这些海岛上的中国人,点滴汇成大海的力量,不正是愚公移山的精神吗!

中国菜场 | 阿鲁巴

中国菜场

印象里,中国人在海外以种菜而威名大噪的地方是澳大利亚悉尼,中国菜农几乎垄断了悉尼蔬菜市场,这些菜农均来自同一个地方——广东省肇庆市高要回龙镇。坊间开玩笑说,假如高要菜农罢市,全悉尼的蔬菜供应瘫痪无疑了。

没想到,我在阿鲁巴会遇见一群广东菜农,有恩平人,也有回龙人。

阿鲁巴的绿色植被,除了仙人掌和棕榈树,没有其他典型植物,土不肥沃,怎么会出现一群广东菜农呢?

这要从阿鲁巴的经济政策说起。

在旅游业兴盛之前,阿鲁巴的经济支柱是石油工业,这里距离石油国委内瑞拉边境不到 30 公里。阿鲁巴新中华会馆前会长吴怡稳说,在 20 世纪 50 至 60 年代,政府鼓励农业耕种,扶持农牧业。若要办农场,可书面向政府申请农场用地,这些土地价格便宜,地税很低。由于岛上自来水皆由海水淡化而来,成本很高,所以,凡兴办菜场者,政府一律按菜场面积大小配给灌溉用水,每天免费派专车送水到场。

广东人的饮食偏清淡,无青菜不欢,而且,青菜必须是带叶子的青

加勒比华侨与广东侨乡

菜,"全身"下锅灼水或烹炒,不切成小段。早期到阿鲁巴的广东人便利用政府的优惠政策,开荒种菜,菜场成为早期阿鲁巴华侨创业的"绿色金矿"。

稳叔说,到 20 世纪 60 年代,岛上已经有三个主要的中国人开办的菜场。

一个是恩平人吴炎棠夫妇的菜场。这个菜场始于 20 世纪 60 年代中期,面积大约为 0.4 公顷,人力不足时请当地人帮工,菜场规模不大,但菜的种类很多,以家乡恩平菜为主,亦有相当多番人喜爱的菜类。奋战了二十多年后,炎棠先生又新建三间酒家,酒家仍在营业中,菜场亦仍在耕作中。这几年,炎棠先生的菜场由其子接手,酒家亦租给家乡人经营。炎棠先生是恩平沙湖乡下凯村人,家族大约有五十多人在阿鲁巴。

一个是谢生先生的菜场。谢生在 20 世纪 60 年代从山多罗埠移入阿鲁巴,他在山多罗埠也从事菜场种植业,面积大约为 0.7 公顷。历经十多年勤劳奋斗,事业有成,并于 20 世纪 80 年代前期申请家乡亲人过来,后将菜场转让乡亲承包继续耕种。而谢生则转入大型超市商场行业,进入 21 世纪,谢生的孙儿又进入地产业。今谢生家族在本埠四代同堂,开枝散叶六七十人。谢生是广东鹤山市连坪村人,在他的帮助下,谢氏乡亲多达二百人来到阿鲁巴。

一个是黄华先生的菜场。黄华是肇庆人,此菜场亦创建于 20 世纪 60 年代,菜场所在地环境恶劣,土壤比前两个菜场的土壤差很多,地上全是鸡眼砂土,加上又在海边,不但风大,而且夹着咸气,自然条件相当差。不过,这里有一个天然泉眼,泉水不大,但胜在四季不干枯,足够此菜场灌溉用水。黄先生投入了很多人力财力,在海边用木方和木板建造隔风屏

中国菜场 | 阿鲁巴

墙用于避风,这样才能种上农作物。黄华先生于20世纪80年代中期从家乡申请了8位中青年人出来帮工,他们在菜场奋斗了七八年。因为菜场离埠有十多公里,无电,无自来水,黄家后代亦无意打理菜场,因此于1995年荒废掉。

以上三个菜场,除了黄华先生经营的菜场已荒弃,其他两个菜场仍在运营中,加上另外几个恩平人耕植的菜场,现在阿鲁巴有六七个中国人菜场,除了栽种广东人离不开的叶菜,还有本地人喜欢的各种作物,如南瓜、秋葵、土豆、番茄、甜椒等等。

黄景新是回龙人,来阿鲁巴已十多年,"我和妹妹在2004年圣诞节抵达阿鲁巴,那晚岛上灯饰美极了。"这是阿新第一次看见圣诞节的样子,所以记忆深刻。

阿新的父亲于20世纪90年代中期由在阿鲁巴的堂伯父申请来岛,六年后母亲又来到岛上,一家人没有沿袭回龙人的传统种菜业,而是经营小本生意。阿新说,在阿鲁巴的肇庆人有四五十人,其中回龙镇人占90%,其余来自肇庆其他地方。

位于阿鲁巴岛东边的阿勒科克国家公园是越野爱好者的天堂。除了从公园门口到海边的一段路面平整,其他多为碎石路。公园是一座山体,起起伏伏,上上落落,如摇篮般盘旋于仙人掌丛林。

几个旧轮胎被随意地弃于路边,吉普驶过,飞沙滚滚,车上的人都用头巾把脑袋包裹严实,只露出一双辨识方向的眼睛,从我们身边呼啸而过。

遍野的仙人掌,幸有一些低矮灌木,让我们欣喜地遇见一幅美丽的原野牧歌图。高耸的白色风车下,一群山羊在休闲地觅食,突然,领头羊独自走往山坡,众羊哗啦啦紧跟而去。生动的羊群效应。

眺望四周,却不见牧羊人。

公园里有两个印第安人岩洞遗址,已有上千年历史,是早期原住民部落的家。岩洞在小丘上,洞穴低矮,中央比较宽敞,洞口朝向大海,潮起潮落,尽收眼底。

瓜迪瑞科瑞洞(QUADIRIKIRI CAVE)的中庭阔地上方有一个洞眼,连着外面的日月星辰,正午的艳阳当头。阿新点燃一根烟,猛吸几口,伸手向着天眼画了个圈,顿时,一道晶亮的白色锥形光束从天外倾泻而入,如仙人下凡,梦幻之境让人浮想联翩,那些武侠小说里的武功秘籍往往在这般灵境中炼成的。

肇庆人黄华开垦的菜场遗址在风庭洞遗址(FONTEIN CAVE)范围内,属于国家公园中央区域。因为此处有阿鲁巴全岛唯一淡水资源——一小口泉眼,黄华别出心裁地用这口泉水灌溉出一块绿地。

听稳叔说,并非黄华本人发现的这个天然泉眼,在他之前,另有一个中国人在此地种菜,后转予黄华。至于这位能人如何探到"神水",因年份已久,谁也记不清了。按逻辑推理,这或许是从前印第安部落的饮用水源。

但是,除了中国人,没有人想到在这里开垦绿色农场。

从风庭洞前的空地往右侧转入小径,便见一个用水泥

阿鲁巴岛上唯一的一汪淡水,位于中国菜园遗址

和砾石围砌的小水池，一条两米长的小水沟与水池贯通，泉水是活的，从这里开始，绿树成荫，杂草茂盛，恰如沙漠里的绿洲，与一墙之外的地貌截然不同，令人难以置信。

一池泉水清澈见底，被浓密的树伞遮蔽住，阳光透过枝叶的缝隙流下来，在池底种出一片树林，又映出一片蓝天，而跌落在池中的老树根，犹如枯木逢春，与池上的绿意更加相映成趣。三三两两的游人走到这里，都会被这独好的风景吸引，驻足，纳凉。水沟里的小鱼儿多呀，成群结队的，正好看见几个小朋友将脚丫放落沟里，与鱼儿嬉戏。

沿着简易的碎石道前行几步，左侧可见四条废弃的水泥柱子，里面的钢筋裸露出来，这是以前菜场的灌溉系统，连着泉眼。由于有天然淡水，政府不往这里派送灌溉用水。

1988年，稳叔第一次上山探访这个菜场，当时上山的路很难走，环境非常恶劣，他说："那天，我看见三台小型柴油机在轮番抽水灌溉，柴油机好像是从中国青岛进口的。"

菜场在1995年被废弃，不过，仍留下一栋石头造平房，或许是以前园主人和乡亲雇工的居所，闲置久了，房檐已现爆裂。这个菜场距离阿鲁巴市区有十多公里，不通电，亦无自来水，风沙大，空气咸潮，有时还有台风，条件要比阿鲁巴西边的农场艰苦。

阿新说："听长辈说起过，那时环境

阿鲁巴中国菜园遗址

加勒比华侨与广东侨乡

很差，工人定期轮流下山送菜到市场，才可以顺便理发，收拾一下。"

菜园子的正门面向几步之遥的大海，用一道木板墙围蔽，用来隔挡海风，如今白色颜料已风化脱落，中间的褐色大门用铁链紧锁着，大门上的白色牌子写着诸如勿损坏公物此类的告示。

到风庭洞的游人都会来菜场这边观光，没有任何标识，没有示意图，谁会知道在这个人去楼空的绿色园子里，发生过怎样的故事呢！小涧戏水，再到空洞的房子里张望一番，便是全部内容了。

海风吹过来，一阵一阵的，波卡普林斯湾惊涛拍岸，奔腾的潮水在礁石上激荡起几米高的白色飞花，后浪打前浪。壮哉！

阿新问我："这像钱塘潮吧？"

我走到海边礁石，迎风而立，任凭浪珠如急雨般敲打在脸上，咸滋滋的，隐隐痛，很难站得稳。

从未如此接近波澜壮阔的加勒比海，久久不愿离开。

每个时代都有弄潮儿，那些弄潮儿啊，都有自己鲜为人知的搏击故事。如身后的中国菜场，有日月为证，是他们，将一地荒芜变成一片青绿山水。

当我在海岛西边的加利福尼亚灯塔观赏日落时，才知道东边的国家公园里有最美的日出。日出，标志新的一天开启光明。我忽然萌升了一个愿望：如果有一天，中国菜场遗址可以拥有一个以本地文和中文标识的示意图，该有多好啊！

后来，我把这个想法说给朋友听，他们很赞同，说会去和政府部门认真沟通。

我相信，太阳，每天都是新的。

圣尤斯特歇斯

广州姑娘

St. Eustatius，安的列斯六岛中的荷兰特别行政区，中文译名为"圣尤斯特歇斯岛"，官方和民间均以"Statia"昵称之，宛若少女的名字。我本想找出"Statia"的广东音版本，岛上朋友说还没有取名呢。

岛太小，中国人太少，进进出出如过客，没多少人在意。为方便书写，且叫"斯塔莎"吧。

1493年，斯塔莎被哥伦布发现而走进西方世界。17至18世纪间，小岛22次易主，在法国、荷兰和英国之间来回转换，直到1816年归辖荷兰至今。全岛长8公里，宽4公里，面积仅21平方公里，人口仅约3000人。居民主要是非洲人后裔，超过22个民族和谐地生活在这个太阳岛上。

华人成为二十二分之一的族裔，始于1972年。

祖籍恩平、在香港出生的郑锦荣在岛上生活48年了，他会说粤语和英语，会看中文，但不会说普通话。1972年初，他的父亲从圣马丁岛来到这里，成为第一个到斯塔莎的中国人。这年年底，郑锦荣随父上岛。

加勒比华侨与广东侨乡

> 当时我父亲有两间餐馆,一间在圣马丁,一间在斯塔莎,所以,我中学没毕业就来这个岛帮忙了,直到1993年,父亲才退休回香港居住。以前岛上只有我们一家人,后期来的中国人不像我们早期移民那样一个家族一起过来,我们恩平人来中南美洲都是整个家族一起出来,一个家族带着一个家族出来,现在的中国人出来都是打工的。

直到20世纪90年代末,台山人来到斯塔莎开店,岛上才有第二个中国人家庭。之后十几年间,来自广东广州、肇庆、恩平、台山和海南的中国人陆续来到小岛创业。前人离岛,后人又来接手前人的店铺,周而复始。而今岛上住着10户华人家庭约50人,开了6间中餐馆和9家超市。

郑锦荣从未离开过斯塔莎。郑家的餐馆是小岛上历史最久的中餐馆,取名"Chinese Restaurant"——中国餐馆,岛上的人没有不知道这个餐馆的。

小岛没有华人社团,以前华人遇到需与政府协调解决的事,郑锦荣出面的时候较多,这几年,广州姑娘刘颖菁义务担起小岛华人联络官的职责,为同胞做些力所能及的工作。

"很多网络登记区都找不到我们这个岛的。"这是阿菁对我说的第一句话。

跟阿菁约了很久,她说计划回国看父母,这一等,就等了三年。我们在广州见面那天正是金秋十月,她给自己放了两个月大假回国探亲。

阿菁是"80"后独生女,广州名校高中毕业,放弃大学学业而远走加勒比海，在小岛上经营1家超市和1家餐馆。和很多岛民不同，阿菁因害怕高考失利而离乡背井；和很多岛民相同，阿菁也由亲戚申请到加勒比海岛。她把当初的"鲁莽"归结为四个字：年少无知。

阿菁的餐馆（刘颖菁供图）

2007年，阿菁是广州四十七中的高考生，因一次小考成绩不理想，情绪持续低落。她想起在加勒比海岛做生意的亲戚，决定给自己找条退路，"高考照考，考完就出国，当时我有点害怕面对高考失败。"

高考月如期而至，阿菁顺利考入广州一所大学，全家皆大欢喜。但她思量再三，大胆地向父母提出弃学远游，去那个遥远的、神秘的、完全陌生的海岛闯荡。她在世界地图上找不到斯塔莎的位置，但她没有改变决定。

阿菁说，当她满心欢喜登上梦中小岛，才发现这里比广州郊区还要荒凉，她后悔了，又怕回国后被人嗤笑，连做梦都在哭，在失望和失落中，开始了海岛超市打工妹的崭新经历。

> 我觉得自己的世界发生了天翻地覆的改变。我一直在父母的保护下长大，未经历过风雨，也没有吃过苦。来到小岛，我不再是任何人的掌上明珠，更不能有独生女的娇气，因为没人会怜惜你。

加勒比华侨与广东侨乡

在阿菁到斯塔莎后的第三年，2010年10月10日，斯塔莎成为荷兰特别市，政府规定入籍考试由最初的英语水平考试改为英语荷兰语双语考试，内容包括听说读写和社会文化知识。阿菁的英语很好，但要入籍，必须学习荷兰文。

然而，岛上除中小学开设荷兰文课程外，没有其他教育机构提供系统的荷兰文教学，不像荷兰本土有专门为新移民开设的语言班或者针对入籍考试的荷兰文课程。从斯塔莎飞到荷兰本土要9个小时，走读显然不是上策，唯有自寻出路，自学成才。

> 我在网上买了语法书、对话书和视频教材，一有空闲就抓紧学习，不懂的地方就向来餐馆和超市的客人请教。大多数客人都很热心，并且鼓励我好好学习荷兰文。后来有位朋友介绍我认识了一位在库拉索的老师，她每个星期在Skype上给我上一两个小时的荷兰文课，我的学习效果飞快地提升。老师会根据我的实际水平布置一些课后练习，我也用荷兰文发邮件请老师解疑释惑，总之一切可以用来学习的手段都用上了。经过努力，我在入籍考试中的九个环节均以高分通过。考官夸我是斯塔莎改变入籍考试制度后第一个一次性通过全部科目考试的人。

一边打工，一边学习，时间从指尖流过总觉太匆匆。阿菁在亲戚家打工五年，努力地攒钱。2012年，她终于有能力从亲戚家盘下一间中餐馆，开始独立创业。资金短缺、天灾人祸、突发事件、棘手的顾客……创业途中各种艰辛常令她感到孤独无助，有时沉重到不能呼吸。这十年，历练了她，成就了她。她赚钱后的第一件事就是在广州给父母买了新房。

斯塔莎全岛只有15家华人店铺，阿菁一个人独占2家，立业于三十前。

广州姑娘 | 圣尤斯特歇斯

与邻近诸岛相比,斯塔莎的游客不算多,消费主力在岛内。岛上的超市都是小型超市,95%的顾客是本地人,消费力有限。法属圣马丁和荷属圣马丁每星期各有一个货柜运来岛上,食品以美国产为主,杂货主要从圣马丁进货,部分杂货从美国和荷兰进货,偶尔从中国进口日杂产品,但量不大。

无论杂货,还是餐馆,中国人需要比本地人付出数倍努力才能在行业竞争中居一席之位。阿菁一周只休息半天,但在法定节假日,她的餐馆和超市一律打烊,让员工放假,她是个贴心的老板。

美国独立后,斯塔莎是第一个向美国独立致敬的外国政府,当时总督指挥士兵在海边堡垒鸣枪致敬(刘颖菁供图)

斯塔莎政府用"世界上最小的首都"来推广小岛。当我把这一"重大发现"向阿菁求证时,她笑了。她说小岛上只有一个城市,市中心只有一条街,岛民称之为CBD,她每天从那里经过,从来没把那里当作首都。

一条街,一座城市,一个岛,构成斯塔莎的五脏六腑。岛上的人,在岛内开车,去岛外坐飞机,去圣马丁偶有客船。圣马丁是中枢岛,20分钟飞到圣马丁,再飞向世界各地。

| 加勒比华侨与广东侨乡

　　偶尔,市政府会安排一艘客船到圣马丁,但客船要在海上漂两个小时,而且一年中只在圣诞节和圣马丁购物节各安排一次。小船只能坐三十多人,返程时船舱里堆满大包小包的战利品,成了一艘"女人船"。

　　2017年9月超级飓风席卷加勒比海以后,圣马丁到荷兰本土的航线暂时与库拉索合并,斯塔莎居民原来用9个小时可飞到荷兰本土,飓风后要兜转一天才能到荷兰。阿菁去一趟荷兰本土,搭乘中午11时的航班从斯塔莎飞往圣马丁,下午4时左右坐荷航飞库拉索,在库拉索等候一个多小时后,原机再次起飞,于第二天中午11时左右抵达荷兰本土,比飓风前多用15个小时。

　　在浩瀚的加勒比海岛上,像阿菁这样的广东"80后""90后"比比皆是,他们可能互相认识,可能从不相识,每个人都在为自己的梦想奋力前行,在纷扰的世界里活出自己的小精彩。

　　路是人走出来的,走的人多了,也便成了路。

苏里南

街角的客家大叔

第一次听说苏里南是在大学毕业不久。一个对外汉语专业毕业的同事曾在一所学校教书,1989年被国务院侨办派往苏里南广义堂中文学校支教两年。当时学校有280多名学生,有9名中文老师,除他以外,其他8名老师是从广东、北京和浙江刚抵埠的新移民。学校分周

广义堂属下中文学校

加勒比华侨与广东侨乡

末班和夜班,周末补习班学员都是在读小学至高中的华裔学生,夜班专门为成人而设,每天都有夜间补习班,除了华裔,还有印度裔和其他族裔来学中文,同事说在他的班上有两个华裔部长和许多政府官员学员。

对于一个大学毕业新生来说,这个故事太新鲜了。我好奇于这个南美洲国土面积最小、人口最少的国家何以有这么大能量从中国申请一名老师到一间社团办学校教书。国务院侨办向海外华校派出中文教师始于1987年,第一批公派老师只有两人,我的同事本来在1988年上半年接到外派任务,只因办理签证手续花费一年多时间,才拖延至1989年5月出发,成为被派往苏里南的第一位中国教师。此时,距离广义堂中文学校创办仅三年。

二十年后,当我站在雄伟的广义堂二楼,向前方的唐人街望去,我才恍悟。

广义堂堂长张志和告诉我,广义堂大门向着东方,那里是祖国。

苏里南是一个多民族国家,印度人、克里奥尔人、印尼人、华人、非洲人、丛林黑人、印第安人、白人、黎巴嫩人、犹太人等各肤色人民和平共处。在全国50万人口中,印度裔占33%,印尼裔占15%,华裔占10%,亚裔人口超过一半。从机场前往首都帕拉马里博市区的路上,可以看见一片一片相对集中的居民区和庙宇,当地朋友说,有的是爪哇人片区,有的是黑人片区,而路边大大小小的商店,竟都是华人开的。华人散居在帕拉马里博,没有形成相对集中的居住区,但有唐人街。

在这个弹丸之国,文化是多元的,保留着浓重的殖民地遗风。帕拉马里博市中心街道不宽却洁净,两侧多为木质建筑,一栋栋骑楼住宅让人不由得想起印尼和马来西亚老城的风物。清真寺和犹太教堂毗邻而居,独具气质的印度寺庙总能在不经意中让你惊艳。倒是华人庙宇缺席了,华人有自己的教会,只是建筑没那么夺目罢了。

市中心的圣彼得和圣保罗大教堂是一座木制罗马天主教大教堂,长 59.1 米,主堂高 14.6 米,宽 16.5 米,从地面至塔楼的青铜十字架高 44 米,是西半球最大的木结构教堂。听当地侨胞说,即将到任的新主教是从荷兰派来的苏里南华裔,这在苏里南 165 年华人历史上是第一次。

唐人街并非没有信仰。广义堂、中华会馆和华侨商会是苏里南最早的三大华人社团,是远离祖国的同胞寄养

中华会馆

乡愁的精神殿堂。而广义堂是最早的"华人之家"。

苏菲列芒街(Dr.Sophie Remondstraat)19 号,这是帕拉马里博的著名门牌号,街口拐角处有一座富丽辉煌的中式楼宇,流光溢彩的琉璃瓦院墙,雕梁画栋的牌坊,威武的汉白玉石狮,无不泄露楼主人的非凡气宇。这便是苏里南无人不知的广义堂。

19 世纪 80 年代,苏里南水网交错,没有公路通往大埠帕拉马里博,从种植园到大埠的唯一交通工具是坐船。散居在各埠种植园里的华人苦力坐船到大埠后,难以当日返回,却没有可投宿的地方。于是,五位先侨在现在的唐人街开设俱乐部,供远道而来办事或看病的同胞临时寄宿,也作为同胞与中国家人往来信件收寄处,承担寄汇侨批的"金山庄"功能。这就是广义堂的起源。

后来,到苏里南的华工越来越多,俱乐部已不能满足同胞需求,先

侨们通过筹款募捐，在大埠边沿地带的苏菲列芒街和那底马街角位置买下四块地，兴建广义堂，并于1885年落成，苏里南同胞从此有了自己的组织。

广义堂

广义堂占地面积2300平方米。礼堂正门两侧高挂红底金字对联，上书"广联声气，义冠华洋"八个苍劲大字，门眉"广义堂"三字熠熠生辉。礼堂为四边走马楼式三层楼宇，后面为回字形二层楼，空间宽敞。

从外部看去，广义堂的建筑格局不寻常，牌楼与正楼大门不在一条直线上，而成一个角度。原来此举为先侨故意为之，将牌楼向东而立，意为永远向着祖国的方向，不忘来时的路。

牌楼"广义堂"三字下面书有西文名"Kong Ngie Tong Sang"，这令我费解，便问张志和堂长"Sang"为何意。

张堂长直言，在20世纪20年代，由于广义堂违反苏里南政府的赌博禁令而被吊销了牌照，堂产被拍卖，后来老堂长等侨领集资4万荷兰盾又买回堂产，于1933年重新向政府注册。"原'广义堂'的名字已不能再用了，只得改用'广义堂生'，这也是为了昭示广义堂重生之决心。"张堂长补充道。

此后的广义堂励精图治，凤凰涅槃，重新赢得了华人社会和苏里南政府的信任。"广义堂生"在70年前购置华侨新公山坟场，50多年

街角的客家大叔 | 苏里南

前创建白莲花体育会,40多年前创办《洵南日报》,30多年前创办苏里南中文学校,10多年前开设华人星期天街市,10年前创立中文电视台。除此之外,还开设了敬老院、健身院,全方位为苏里南华人提供一条龙服务,蜚声全国。

广义堂中文电视台是中南美洲和加勒比地区唯一一家拥有独立发射塔的中文电视台,有英文、中文和儿童教育三个高清频道,这样的规模在西方发达国家中都难见。

从广义堂二楼登高望远,骤然间天空海阔,唐人街街口转角处的华泰酒家是苏里南最早的粤菜馆。因为这天刚好是公众假日,街上行人不多,想起前一天路过此三角地带却见车水马龙,据说这里是出了名的堵车路段。

张志和是个温文儒雅的人,到苏里南四十多年了。他是香港新界客家人,出国前,一家人在粉岭经营一间商店。1970年,张父的一位老友从苏里南回乡,委托张父将香港的日用百货发货柜到苏里南,未几,张父买了一张单程票,也去苏里南经商了。张志和白天上学,下课后就到店里帮母亲干活。1973年,19岁的张志和刚从无线电专科学院毕业,母亲便毅然放弃生意不错的自营商店,带着四个子女前往苏里南。家里亲友都不能理解张母的这一"鲁莽"行为,子女也不理解母亲的决定,只有张志和理解母亲的苦衷。

张志和说,当时香港治安日下,处在反叛期的少年特别容易误入歧途,"所以母亲决定放弃多年打拼的商店,带着我们三兄弟和妹妹一起去一个相对纯朴简单的国度。后来证明妈妈的决定是对的。"

母子五人从香港飞往日本,又从日本飞往美国,但在从美国飞往中美洲岛国千里达的途中遇到大风雪,错过了千里达飞往苏里南的航班,当时从千里达到苏里南每周只有一个航班。五人被困在机场,不知所措。航空公司联系了当地一个客家侨团,侨团立即派人到机场,见到母子五人后嘘寒问暖,将他们接到侨团会所里暂住几日。这段经

加勒比华侨与广东侨乡

历令年轻的张志和第一次尝到什么是"游子"的滋味,也让他第一次强烈感受到侨团组织对海外游子的意义。

在苏里南安定下来后,年轻人对陌生国度的新鲜劲很快过去了,生存问题接踵而来,最大的困难是语言不通。张志和清晰地记得他们兄妹如何努力学习语言和创业的过程。

我们在香港用广东话和英语,这里用荷兰语作为官方语言,加上本地特有的土语,这都是我们从来没有接触过的。但我们明白要在这里生存必须先要学习语言。我和二弟年长些,去一间父亲朋友开的商店做义务帮工,美其名曰教新客学话,三弟四妹进了当地学校继续学业,高中毕业后都先后去了美国上大学。我们大概学了2至3个月,基本上可以用土语与当地人沟通了,晚上再抽一点时间学习荷兰文。

我们三兄弟都热爱运动,很快加入了当地一个名为青年会的羽毛球会,球会大部分成员是土生华人和西人,他们都不懂中文,所以我们必须把新学到的语言学以致用才能勉强与他们交流。可能因为年龄比较小,记忆力比较强,那段时间语言有了快速进步,也认识了不少朋友。

半年后,我在父亲商店的一个角落开设了人生中第一家电子维修站。当时的电子元器件还是以真空管为主,在黑白电视的年代,电视机因机体庞大,很多时候要上门到户维修,但一些需要大修的电视机还是要搬回店里修的。当时我们一家人都没有驾照,距离近的或比较小的器件便用单车推回来,如果客户距离远便求父亲的朋友开车帮忙运回来。后来生意渐渐上了轨道,大部分顾客都会自己用车将器件送到店里来维修。

1978年,我和二弟在市中心当时全国最大的百货公司"隐士顿"旁边租了一家店铺,开设了第一家名为"张氏音响中心"的商店，专营家电、影音、乐器、电脑等电子商品，现在在全市有三间连锁店了。

1999年，随着大量移民来到苏里南，我们在市中心唐人街开设了"侨信华人服务公司"，业务有保险、旅游、地产、投资顾问等等，服务对象大部分为新移民。

在千里达的经历令张志和格外关注华人社团事务，后来，由于苏里南发生白莲花游泳池事件，促使他义无反顾地走上服务侨社之路。张志和回忆道：

> 苏里南当时仅有三个侨团，侨务工作非常繁忙，其中有一百多年历史的"广义堂"会员相对最多，当时也以广义堂的侨胞福利事业发展得比较全面，其中有一个下属机构是白莲花游泳池（现因增加了其他设施已改名为白莲花文体中心），里面有泳池、足球场、篮球场、网球场、乒乓球室等等。因以前政府批地给华人建池时，其中一个条件是要让各民族均可享用泳池，所以有很多西人加入会员。这个青少年的康乐平台培养出了很多体育健将，最重要的是令青少年不会因无所事事而衍生出如打架、闹事、偷盗、赌博、吸毒等问题。广义堂当时给全体华人交了每月会费，所以只要是中国人都可以享受免费入场的待遇。我们兄弟便是在这样一个充满关爱和感恩的环境下成长起来，我心里暗下决心，将来若有机会一定要尽力保护和发展好这个难得的平台。
>
> 1998年发生了西人会员为争夺白莲花主权而把理事会告上法庭的事件，当时华人理事们法律意识薄弱，而西人会员中有律师、法官等专家钻研法律漏洞。眼看官司要输掉，我当时以南华体育会会长的名义登报号召侨胞出来正视问题，结果有大

批侨胞到法庭声援。见到群情汹涌，法官虽判西人胜诉，但附带一个条件，即要他们在一个月内补交建池时的股金，方才能够得到主权。当时有一百多个西人会员需补交股金。

我们立即成立了一个由20多名华人组成的团队，分别上门做西人的思想工作，说明白莲花确实是中国人集资所建，若一小部分人强行侵占也没有财力去把泳池建设好，这对他们是完全没有好处的，我们同时保证一定不会开除他们的会籍。我们用真诚打动了很多会员，这样忙忙碌碌一个月过去了，他们大部分人没有去交股金，泳池主权又回到华人手中。也由那时开始我加入了理事会，后来当选为会长，6年任期内，我们首先完善了泳会章程，堵住了全部法律漏洞，增建了儿童游乐场、球场灯光等设施，为泳池铺设了磁砖，还建造了一个大舞台，能容纳每年中秋晚会几千人的表演场地。

2006年，广义堂申请多时的电视台牌照终于批下来，一是中国的日益强大让本地人对中国事物产生了浓厚兴趣，二是这里是个多民族的国家，有荷兰语、英语、印度语、印尼语等电视台，所以在我们的据理力争下终于申请成功了。因为我有一些电子专业背景，在蜀中无大将的情况下，这项光荣的任务便落在我身上。从无到有，在没有专家支援的情况下，我们做得非常吃力。幸好在我认识的西人朋友中也有办电视台的，在两年时间里我们一边装设机器，一边派员工到相熟的电视台学习，中文电视台终于在2008年2月2日成功开播了，当天有多位部长及大使来祝贺。从那时起，苏里南的上空也开始有中国人的声影了。开播后，我被委任为电视台首任台长，一直至2014年，也由2014年开始，我被选为广义堂堂长。

所谓创业难，守业更难！现在广义堂下属机构有中文学校、洵南日报、中文电视台、白莲花文体中心、华人星期天市场、广义堂养老院、华侨公山（公墓）等等。另外，白莲花无条件借出二楼给苏里南华侨华人社团联合总会作为会址；也免费借出一个房子给苏里南华人妇女会作为活动和办公场所；作为全球第一批18家"华助中心"之一，苏里南华助中心也在广义堂二楼落户办公了。广义堂现有的33位理事全部是义务工作者，大部分人都要担负几个部门的工作。

张志和为侨务工作奉献二十年光阴，把最好的年华奉献给了社区侨务事业。在苏里南，像张志和这样的侨胞义工很多，他们和友族一起，默默地撑起苏里南人的良知和信仰。

我是为参加华人定居苏里南165周年纪念活动而去苏里南的。因为华人大多数祖籍在广东，主办方特邀请广东艺术团到苏里南访问，我随团出发。

我们从广州飞往苏里南，中途在荷兰阿姆斯特丹转机，经过31个小时的长途跋涉后，终于在傍晚时分落地。小小的停机坪被广袤的热带雨林包裹住，艳阳照得人睁不开眼，奶昔一样的白云飘浮在蓝色机翼之上，伸手可采摘下来。

从荷兰到苏里南每天只有两个航班，返程亦然，一个是荷兰航空，一个是苏里南航空，抵离时间错开。加勒比地区也有航班飞往苏里南，时间不同。所以，首都帕拉马里博国际机场停机坪上经常只有孤零零的一架飞机。

苏里南时间比北京时间晚11小时。盛大文艺晚会于10月20日晚上7时在总统府前面的独立广场举行，由广东艺术团联袂本地各族裔文艺团体演出，印度裔、印尼裔、丛林黑人等民族都呈献了精彩节目，这是一次苏里南各民族的大团结和大联欢。

加勒比华侨与广东侨乡

帅气的苏里南副总统是印度裔,当晚穿着大红唐装,甚是喜庆。他在致辞中讲到苏里南有一句俚语"街角的华人大叔",意思是华人大叔开的店铺遍及街头巷尾,苏里南人随时可以在店里买到所需要的物品,他说"华人大叔是我们大家的华人大叔"。

全场观众都会心地笑了。坐在我旁边的女士是现任教育部长,她是一位优雅端庄的混血儿,貌似有华人血统。部长告诉我,她的祖上来自广东,"我们家族成员混血很多次了,我们身上流着几个民族的血液,我们都没有中文名字,只知道我们家族第一代来苏里南的人名字是骆(陆)亚九"。虽然她很吃力地说出祖上的名字,也不知道中文如何写,但她对自己的身份很认同。

张志和告诉我,苏里南的混血华裔姓名很特别,用第一代父辈的完整中文姓名做为家族的姓,另取西文名,比如"骆亚九"便是其后代的姓。如此一来,一个人是否有华人血统,从他那一串名字里就可找出答案。

苏里南国土面积约16.4万平方公里,比广东省的面积小一点,而人口仅有50多万,其中华人华裔人口约5万,每10个人里有1个华人或华人血统的华裔。华人在苏里南城乡开设店铺达七八千家,餐馆有两百多家。这些店铺和餐馆的名字,有些用中文,有些用客家话拼音,有些用汉语拼音,更多的用荷兰文,单看店名无从知道店主姓甚名谁。我随意指了几家荷兰文店名,侨胞说店主都是华人。

165年来,华人大叔成为苏里南杂货业和餐饮业的中流砥柱,润物无声地改变着当地人的习性。在21世纪到来之前,华人大叔清一色地来自广东"惠东宝"客家,这个地方古时指惠阳、东莞和宝安三地,按现时行政区域划分已是东莞、深圳和香港新界,特别是来自深圳市宝安区观澜和龙岗、东莞市凤岗和清溪四个地方的客家人最多,跟惠州市惠阳区没有关系了。

华人大叔受到苏里南人民的尊重。1980年,宝安人后裔亨德里克·鲁多尔夫·陈亚先（Hendrick Chin A Sen）当选为苏里南第一位华裔总统兼总理，当然，"陈亚先"是他的姓，名为亨德里克·鲁多尔夫。2014年4月，苏里南政府将中国农历新年确定为全国永久性公共假日，苏里南成为西半球第一个把中国春节作为法定假日的国家。

苏里南官方语言是荷兰语，由于华人大叔满口客家话，政府允许华人在办理官方文件时讲客家话，但要有翻译陪同译成荷兰文。中文网络上铺天盖地说客家话是苏里南官方语言，是一种误读。这一惠民之策同样惠及苏里南各族人民，只因大部分人懂荷兰文或英文，所以让人误以为特别照顾华人了。

而在民国时期被称为"巴拉马利坡"的帕拉马里博，因为有华人大叔，所以本土啤酒牌子"帕拉马里博"有了一个有趣的中国名字——怕婆，侨胞笑称"怕老婆"，并传为美谈。

第一批到苏里南的华人并非直接从中国渡海而来，他们来自爪哇岛，位于现在的印尼境内。

发源于圭亚那高原的苏里南河自南向北流经苏里南，它是苏里南进出外部世界的水上门户，往北汇入大西洋。帕拉马里博初时是一个印第安人小渔村，位于苏里南河下游西岸，距河口仅15公里，后来欧洲殖民者到此定居。由于此处河道开阔，可泊远洋海轮，因此发展成一个繁华商港。

在1975年独立之前，苏里南被称为荷属圭亚那。殖民地时代的苏里南以甘蔗和咖啡种植园经济为特色，每年为荷兰创造的财富达数百万荷兰盾。大约在1775年，63艘驶向荷兰的帆船满载约810万千克咖啡、68.4万千克糖、27万千克可可、6.75万千克棉花，轮船公司的运输费高达146万荷兰盾。

荷兰人从非洲输入黑奴发展种植园经济。殖民者的残酷剥削逼迫

加勒比华侨与广东侨乡

黑奴多次举行武装起义，17世纪末至18世纪初，部分黑奴从种植园逃入边远的热带丛林，建立独立新村，从而形成了一个新群体"丛林黑人"，至今还生活在热带丛林里。

在19世纪废除黑奴运动的呼声下，荷兰当局被迫于1863年废除奴隶制，停止非洲黑奴贸易，种植园因缺乏劳动力而衰退。1853年，帕拉马里博的人口只有1万人，其中白人仅1000人，而周围有806个种植园，部分种植园已荒芜，仍在运营中的263个大种植园都集中在大河沿岸。

劳动力短缺给殖民地经济带来致命打击。荷兰东印度公司总部位于雅加达，那时已有大批客家人在印尼各地种植园里务工，荷兰人发现华工可替代

1853年10月20日，18名华工在新阿姆斯特丹堡登陆。这是当年码头遗址

黑奴而成为最合适的种植园劳力。1853年，由苏里南殖民地政府主导，从爪哇岛尝试招募18名华工到凯瑟琳娜·索菲亚（Catharina Sophia）甘蔗种植园当制糖工，合同期为五年。1853年7月2日，第一批十八名华工从荷属爪哇出发，经过三个多月的海上航行，四人不幸去世，其余十四名华工于1853年10月20日抵达苏里南。他们在新阿姆斯特丹堡上岸，这里是苏里南面向大西洋的海防要塞，也是新移民入境的隔离防疫所。

之后，这十四人到甘蔗园务工，合同期满时，又有三人病故。余下

十一人中有八人返回爪哇岛，三人自愿留下并受聘于政府担任后来劳工的翻译，此三人便是苏里南华人的先驱。

第一批十八名华工是：邓炳(煮糖工、该批劳工的工头)、苏德学(种蔗工)、苏德修(种蔗工)、陈甫华(种蔗工)、陈士元(于1853年8月9日死于船上)、陈德励(种蔗工)、陈忠(煮糖工)、周安群(于1853年9月19日死于船上)、周在(抵岸时已患病，送医院救治)、何俊杰(1853年10月17日死于船上)、叶励津(种蔗工)、叶炳(种蔗工)、林德瑞(种蔗工)、卢蔼(种蔗工)、刘琰(种蔗工)、魏亚牛(煮糖工)、魏金胜(种蔗工)、欧杰(1853年7月18日死于船上)。

殖民地政府从爪哇招募华工的目的在于填补种植园劳动力急缺并通过华工提高蔗糖厂的生产效率。在第一批爪哇华工抵埠后，苏里南人观摩并试图引进在爪哇流行的华工熬制蔗糖的方法，未获成功，这与苏里南人在露天大铁锅里熬煮蔗糖有关。但种植园主对华工本身很满意。

1854年，殖民地政府从北大西洋上的葡萄牙属马德拉群岛输入120名华工，在蒸汽轮船发明前，马德拉是从欧洲去往美洲的重要中继站，同样是从非洲向美洲贩卖奴隶的转运站。由于华工工作出色，1858年4月，殖民地政府又直接从澳门输入500名华工，其中325人在合同期满后转为自由移民，其余华工与政府仍有契约合同约束。此后，苏里南移民公司和种植园主开始从香港、澳门、爪哇岛、荷兰和英属圭亚那输入契约华工到甘蔗园或咖啡园当苦力，这些华工年龄在二十至三十岁之间。不过，在苏里南，他们的另一个名字更加耳熟能详——客家人。

我查阅了1858年到1873年间运载华工的部分船只信息，广东人称这些船为"猪仔船"，意指船上华工得到非人奴役，被视为"猪仔"。在登记的33艘"猪仔船"中，12艘始发港为爪哇岛，4艘始发港为香港，3艘始发港为澳门，这三地到苏里南的航程时间都是两三个月；3

加勒比华侨与广东侨乡

艘船来自荷兰阿姆斯特丹附近的辛迪普港,一个半月可达苏里南;11艘船来自一河之隔的英属圭亚那,一两天便可抵达荷属圭亚那。彼时英国人从香港运输华工到其殖民地圭亚那,荷属圭亚那得了"近水楼台"的便利。爪哇船和荷兰船如此之多,是否由香港和澳门出发而来,还需更加细致的探究。

怪异的是,荷兰人在17世纪中期将咖啡从爪哇岛引入苏里南,苏里南由此成为南美洲种植咖啡最早的国家。却未知何故,现在苏里南境内没有咖啡园,苏里南人每天喝的咖啡需从荷兰或周边国家进口。

从帕拉马里博市区到苏里南河对面的新阿姆斯特丹堡大约半个小时的车程。当年新移民上岸的古码头旧貌犹然,一道锈迹斑驳的

1853年10月20日,华工在新阿姆斯特丹堡上岸。此为华工抵达苏里南纪念碑

铁皮门寂寞地朝向苏里南河,门框上面依稀可见"历史遗址"之类的文字。河边绿茵上,一座黑白相间的大理石纪念碑格外引人注目,碑文用中文荷兰文镌刻:

> 1853年10月20日,在这块被称为"新阿姆斯特丹堡垒"的地方,住有第一批来自中国的合同工人。他们在这里建造了各式各样的种植场,从此这些华人就在苏里南开始创业生根。
> ——此纪念碑于2008年赠献给苏里南人民

街角的客家大叔 | 苏里南

穿越新阿姆斯特丹之门的华工为新大陆注入了新活力。五年合同期满后,大部分华工离开种植园而成为自由人,他们在帕拉马里博和周边地区从事杂货、洗衣、餐饮生意。在19世纪70年代中期契约华工招募被全面禁止后,一批批客家人又跟随前人脚步自由迁徙到苏里南而成为矿工、商贩或店主,在南半球的热带雨林区汇聚成一个低调平和的"客家部落"。

1904年5月12日,《苏里南人:新闻广告报》上刊登了一则消息,内容是5月11日有一批矿工移民从印尼邦加来到苏里南。报道中写道:

> 最近《巴达维亚新闻报》报道,荷属东印度邦加岛上的采矿工程师E.米德尔堡先生将会被临时借调至苏里南。该报纸还得到消息,邦加总督被赋予为苏里南招募矿工的权利。待招募的劳工包括两名华人钻井工头,16名华人钻井工人,4名爪哇伐木工。他们将会在米德尔堡先生的领导下前往苏里南从事开矿工作。

华人都有一个开店的梦想。帕拉马里博街道是由华人店铺勾勒出来的,在每一条街道的转角都有一间华人店铺,无论大小,店里日杂百货齐全,"街角的华人大叔店"由此内化为苏里南人的生活必需。即使在密林深处也会遇见"华人大叔店"。从前帕拉马里博有繁华的船上集市,周边地区的华人大叔载着满船蔬果来赶集。

华人大叔将水稻引入苏里南,教会苏里南人吃米饭。在这之前,黑人种稻,但谷种是野生的,米下锅煮后马上变成稀饭。华人种植的稻米可以煮干饭,一面市即受市场追捧,供不应求,不得不从泰国进口大米来满足越来越大的市场需求。1917年5月29日,《苏里南人:新闻广告报》刊登了一则苏里南中华水稻脱壳公司成立的通告,称该公司的目的是建立和发展苏里南殖民地的水稻脱壳业务,从事水稻和相关产品的贸易。

现在，华人在帕拉马里博郊区开垦菜地，建立家禽养殖场，青菜和鸡鸭都比本地人种养得好，价格也更低，在市场上占优势地位。

近二十年来，台山赤溪人成群结队来到苏里南，他们聚集在帕拉马里博郊区种菜。赤溪是台山唯一一个客家镇，当地人都是客家人，现在在苏里南的赤溪人大约有1000人。十年前，广义堂为帮助这些新

广义堂星期天市场

侨开拓生财之路，"零租金"租用一位老华侨位于税务局对面街角处的一块私人用地，上盖屋棚，建成"星期天市场"，免费提供给新侨营生。

星期天市场面积有1000多平方米，有120多个摊位，处理好的鸡鸭鱼肉，以及青菜、水果、萝卜、茄子、番茄、冬瓜、南瓜等各种蔬菜，应有尽有，还有粤式点心熟食，如在广东逛菜场一般。接近午时，每个摊位上的货品卖得七七八八，仍有各种肤色的顾客陆续前来，大包小包扫货而去。

星期天市场起源于20世纪90年代末，起初只是二十几个新侨在街边临时摆摊，因为没有牌照，几经搬迁。2009年6月，广义堂向政府申请"星期天市场"牌照并成为牌照持有者至今。星期天市场每周开放一次，来这里买菜的人一般都会把一星期的菜买回家储存起来。

"这个还是临时市场，这块地是一位老侨无偿借给我们的，我们计

划向政府申请一个固定场所,把市场搞得更好些。"张堂长介绍说。

　　人口大迁徙让世界变大了,变多元了,变复杂了。海洋不只连接陆地,也将四海的人牵扯一起。当你走过"怕婆"街角,不期而遇的那位华人大叔,他可能刚从中国来,也可能是从荷兰回来的寻根者,因为有许多华人生活富裕之后迁移到荷兰,荷兰便出现了一个几万人的苏里南裔华人社区。

　　如时光再现,浙江人、福建人和海南人在这些年又快速迁徙到苏里南经商,成为苏里南的"新客家人"。

　　山不转,水转。水不转,人转。

　　人类在加速流动。在这个移动的地球村里,我们都是客家人。

多米尼加

玫瑰之梦

4月,三角梅盛开的季节,花城广州姹紫嫣红。

这天是星期六,本是公众假期,多米尼加共和国驻中国贸易发展办事处代表吴玫瑰又风尘仆仆回到广州,为即将去多米尼加的乡亲办理家庭团聚类签证业务。上午九时,乡亲们陆陆续续走进位于海珠广场的华厦大酒店会议室,他们中间,年龄最大的60多岁,最小的才七八岁,他们都知道专程从北京来广州为他们办签证的人是恩平女儿吴玫瑰。

玫瑰祖籍恩平市沙湖镇乌石村,在多米尼加和中国建立外交关系前,她是多米尼加共和国驻中国贸易发展办事处首任代表,自2011年5月19日上任后,每年坚持回乡一两次,为乡亲们提供签证服务。

"乡亲们老的老,小的小,去北京办签证费时费钱。恩平是我的故乡,我回来给他们办签证,可以为他们省去很多麻烦。"玫瑰把自己和乡亲们的合影晒到朋友圈,一张张笑脸,洋溢着幸福的温情。

玫瑰最喜欢红色,喜欢穿红衣裙与花儿合影,那些花儿啊,也被玫瑰陶醉,开得更加娇艳了。每一个见过玫瑰的人,必不会忘记她那出色的口才,如果你打开了她的话匣子,那么接下来的时间便是"玫瑰脱

玫瑰之梦 | 多米尼加

口秀"专场了。

有时候我在想，如果没有这朵红玫瑰，遥远的多米尼加和中国、和广东的距离会变得这么近吗？

我知道多米尼加，是因为吴玫瑰。

而我知道山多罗，是因为我在寻找加勒比海岛上的恩平人。

十几年前，听说多米尼加总统顾问吴玫瑰要回恩平寻根，出于好奇，我在世界地图上查找多米尼加。多米尼加是加勒比岛国，离古巴很近，与海地比邻而居。偏偏古巴和海地还挺有名气。

又隔了几年，玫瑰从总统顾问华丽转身为驻华贸发处代表，她爱恩平，常回恩平，于是，遥远的多米尼加变得似乎就在我们身边了。

这几年做加勒比华侨口述史，侨胞常说起一个地名"山多罗"，引起了我的注意。后来我在恩平农村做田野调查时，又听到村民提起山多罗，有的公益项目捐赠人名单前还注明国家"山多罗"。初期，我以为这又是一个我没听说过的"新大陆"，问了几个人都无果，世界地图上也找不到。凭着以往经验，我果断地转从四邑话里觅芳踪。

黄冠雄校长虽然生活在库拉索岛，但交友甚广，我问他："山多罗是哪里？"

黄冠雄用西班牙语答道："Santo Domingo！"

语音刚落，我确定他说的是山多罗。果然，他紧接道："恩平话是山多罗，中文名是多米尼加。"

Santo Domingo 的中文译名是"圣多明各"，多米尼加首都。用恩平口音将西班牙语念出来，舌头一卷，就是这个名字：山多罗。

广东华侨的语言创造力真的非同寻常。后来发生的事情更叫人捧腹不俊。一天，库拉索岛上的一个朋友告诉我说某某移民去山多罗了，我笑言多米尼加的恩平人真多啊，朋友反驳说是去山多罗，不是多米尼加。他问我多米尼加在哪里。

在多米尼加土生土长、恩平话和普通话统统不会说的玫瑰当然不会知道多米尼加还有一个乡音名字——山多罗。我告诉她这个秘密,她扑闪着大眼睛,大笑不止。

现在,多米尼加有近五万恩平人。恩平人只知道山多罗,鲜有人说多米尼加,一代一代传下来,山多罗的恩平人着实多。

翻开世界历史,多米尼加在西方殖民史上占据特殊位置。

多米尼加是哥伦布首航发现的新大陆岛屿,以西班牙国名命名为"西班牙岛",又叫"海地岛"。西班牙岛一分为二,岛上有多米尼加和海地两个国家,东部的多米尼加面积比西部的海地面积大,有4.8万平方千米,占全岛面积的64%,人口也比海地人口多,超过1000万人。多米尼加在历史上被海地占领过。

在加勒比海岛国家中,多米尼加的面积和人口仅次于古巴,一岛两国的特色,唯圣马丁岛类似,但圣马丁岛面积之于西班牙岛,实在是"小巫见大巫"。

1492年12月5日,哥伦布首次登陆此岛西北端,遂命名为西班牙岛。12月23日,由于船队搁浅于今日海地角附近,无法将所有人带回西班牙,不得已将船上39人留在岛上,用沉船的枕木在岛上建立"圣诞节堡垒"。1493年11月,哥伦布率船队返回西班牙岛,发现堡内的西班牙人已无一人生还,据说西班牙人掳掠岛上原住民妇女而被部落杀光。哥伦布在圣诞节堡东边建立了伊莎贝拉堡,这成为欧洲人在美洲的第一个殖民地。五年后,由于当地传染病肆虐,伊莎贝拉城迁至今日圣多明各城,新伊莎贝拉城被视为欧洲人在新大陆建立的第一个永久殖民地。1502年,西班牙岛正式成为西班牙殖民地,取名为"圣多明各",首都为圣多明各城。哥伦布对西班牙岛有难舍之情,1506年去世后,葬于圣多明各城老城。

从 16 世纪中叶起,西班牙人开始在岛上大量种植农作物,西班牙岛成为欧洲人征服加勒比海岛和安的列斯群岛的桥头堡,欧洲人依托此岛进入美洲大陆。哥伦布发现西班牙岛时,据说岛上原住民有 100 万人,其中主要为泰诺人。西班牙岛沦为殖民地后,原住民被贬为奴隶,从事挖掘金矿、种植甘蔗等苦力。由于对西班牙人输入的传染病缺乏免疫力,泰诺人在岛上几近灭绝。为补充农耕苦力,西班牙人于 1520 年开始引进非洲奴隶,到 19 世纪初,岛上的黑奴已达 50 万人。

岛上粮草丰足,加勒比海盗闻风而至,建立多个据点。多米尼加是电影《加勒比海盗》的外景地,位于欧美豪华邮轮旅游线上,国际机场平均每五分钟有一班欧美客机抵达。

玫瑰的家人在多米尼加开旅游公司,公司名字是"花儿旅行社",位于圣多明各中国城,缤纷的外墙如花儿一样鲜艳。

2005 年,玫瑰第一次回到恩平乌石村寻根,她一直都在寻找一个答案:"为什么爷爷会在那么久之前去那么遥远陌生的国度?"

新大陆上名为"圣地亚哥"的城市不少,多米尼加的圣地亚哥是新大陆上第一个以圣地亚哥命名的城市。圣地亚哥所处北部西堡(Cibao)谷地是多米尼加烟草、蔗糖、可可、咖啡和稻米种植基地。最早到多米尼加的华工可能是农业劳力。从多米尼加和古巴的距离看,若有华工从古巴坐船到多米尼加,亦非不可能,像波多黎各岛首批华工即是从古巴运过去的。何况,多米尼加有金矿。

第一个中国人在哪一年抵达多米尼加?有一种说法是在 1864 年,其依据是在多米尼加复国战争记载里出现过相关记录。

唐人街杂志《此时此地》曾经引用第一大城市圣多明各和第二大城市圣地亚哥的早期华人数据。据 1893 年圣地亚哥市人口普查显示,1893 年圣地亚哥只有 7 名华人,且为男性。1910 年,圣多明各市有 32 名华人,圣地亚哥的华人不足 12 人。到 1920 年,多米尼加全国华人人

加勒比华侨与广东侨乡

多米尼加最早的华人社团三益堂

口只有 255 人。

玫瑰的爷爷和父亲就在 1920 年左右去了多米尼加。爷爷于 1923 年去多米尼加，1928 年返回恩平，之后再没出国。1927 年，18 岁的父亲去了多米尼加，从此没有回过中国。据老华侨介绍，50 年前多米尼加华人不足 400 人。

到 20 世纪 70 年代，多米尼加华人人口大约有 700 人，主要是广东和台湾移民，主要居住在首都附近。现在，多米尼加华人人口有五六万人，其中 80% 以上来自广东恩平和开平，与加勒比其他国家和地区的中国移民格局一致，广东人占大多数。

不过，多米尼加移民局数据显示，华人人口远低于"五六万人"，其中一个重要原因是根据多米尼加移民法律，凡持有美国、加拿大、欧盟和英国的合法签证，均可购买机票直接去多米尼加，不需再办理签证手续。玫瑰说，用这类方式去多米尼加的人数无法统计。

所以，玫瑰每次回乡都带着复杂的心情。她总是苦口婆心告诫乡亲们要通过正当途径去多米尼加，这样才能保障自己的人身安全。她情愿放弃周末假期，不辞辛劳地从北京飞到广州，一个一个地和申请者面谈，仔细核实资料，现场亲笔签字确认。

我清楚地记得那个午后，在街角的咖啡馆，她坐在我对面，疲惫地靠在沙发上。此前她因公务回国，返回中国时在纽约转机，突遇飓风，路上耽误了三天,到北京后未做休整直奔广州,因为她不想失约父老乡亲。

"每次回恩平,我都反反复复告诉乡亲们,在中国所有赴多米尼加的签证申请最后都必须有我的亲笔签字确认,不要将申请资料交由社会人员去办理,以免造成不必要的经济损失。"每次说及此事,她显得很无奈。面对社会上出现的仿冒她签名的造假行为,玫瑰果断采取应对措施,"所有赴多米尼加的护照上,除了我的亲笔签名,还要盖钢印,我必须要这样做。"她苦笑着说,为了乡亲们不上当。

在首都圣多明各建一个中国城,是玫瑰的梦。

十几年前,玫瑰到美国三藩市华埠旅游,被深深地吸引,萌生了在圣多明各建中国城的想法。回国后,她以花儿基金会主席的名义发出兴建中国城的倡议,很快得到政府和华社的支持。

2005年8月27日,玫瑰携儿子吴德华回恩平认祖归宗,这是她第一次到中国,此行的另一个目的是考察建中国城的建筑材料。

2006年,中国城建设工程动工。中国城选址极佳,在圣多明各老城北边的杜阿尔特街附近,这里原本有华人会馆和商铺,但需要大面积改造扩建。社团侨领经常开会讨论,"每次开会,不同地方的人讲不同方言,恩平话、普通话、闽南话、西班牙语满天飞,相互之间需要翻译才能听懂,太热闹了。"玫瑰讲西班牙语,她同样需要翻译才能与其他人沟通。

那两年,玫瑰像着魔一样以工地为家,有时候凌晨3点跑到工地上,东瞧西看,地砖铺得结不结实,美不美观,操碎了心。每次回广东,她跟我们聊得最多的是中国城。

2008年4月17日,圣多明各中国城落成,此时,距离中国人抵多已有一个半世纪,距离美洲最早的唐人街——墨西哥阿卡普尔科唐人街出现已有四个多世纪。高规格的大阵仗落成典礼难得一见,总统费

加勒比华侨与广东侨乡

尔南德斯夫妇以及公共工程部长、高教科技部长、圣多明各市长到现场剪彩,轰动全城。

中国城总面积4万多平方米,主要街道杜阿尔特街全长200多米,街道南北各建一座中式牌坊,南牌坊镌刻"四海为家",北牌坊镌刻"天下为公",气势雄伟。

圣多明各中国城

在中国城里,本地人和游客比华人多。中餐馆、杂货店和超市鳞次栉比,各种日用百货、家具、假发、蔬菜、水果、鸡鸭鱼肉、食品茶叶、厨房调料等等,琳琅满目,这些商品从中国远道而来。中餐馆是最红火的,除了本地人追捧的"炸食"快餐,粤菜越来越受欢迎。老广把粤式茶点搬进酒楼,当食客发现世界上除了咖啡饮料外,还有一种名为"早茶"的饮料,而且还有糯米鸡、虾饺、叉烧包、牛肉丸等各式美味点心相伴时,中国城的人气越带越旺了。在广东人的示范效应下,从来只吃冰冻海鲜的多米尼加人喜欢上生猛海鲜的滋味了。

中国城特别设计了两个文化广场,一个是孔子广场,一个是十二生肖广场。两个广场都在人行街道上,人行街道很宽。孔子广场栽种竹子,孔子像面向大街,塑像下方用中西两种文字镌刻孔子《礼运·大同篇》节录:"大道之行也,天下为公。选贤与能,讲信修睦……是故谋闭而不兴,盗窃乱贼而不作。故外户而不闭。是谓大同"。十二生肖广场用大理石雕刻十二生肖塑像和观音塑像,栩栩如生,几个小孩正在

中国城十二生肖广场

广场上玩耍。中国城街道还竖立着一些中国历史名人雕像。

这些都是玫瑰的主意,她热爱中国文化,希望多米尼加人民跟她一样喜爱中国文化。

中国城邻近圣多明各老城,相比老城的冷清,中国城游人如织。玫瑰钟情中国城,她用连珠炮式的语速告诉我:"圣多明各中国城是加

| 加勒比华侨与广东侨乡

勒比地区第三大唐人街,每年有来自世界各地的 500 万游客到多米尼加,他们都会到中国城。最重要的是,社会各界都承认了中国城的成功。"

在玫瑰心里,她的中国城最美。

然而,她还有一个更大的梦想,在任期内见证中国与多米尼加建立外交关系。为此,她不遗余力,全力以赴。

2018 年 5 月 1 日,一个平常的劳动节,却是玫瑰一生中最不寻常的日子。这一天,中国和多米尼加正式建交。玫瑰依然一身中国红,笑得比花儿更甜。

山多罗郎中

我和张国柱相识,因为一杯咖啡。

他是个懂咖啡的人,第一次见面就吹嘘自己煮泡咖啡的独门绝技,跟说书一样,口吐鲜花,让人以为他是开咖啡店的。后来发觉他其实是个有故事的人,而故事无关咖啡,竟与中医搭界。

这原本一西一中的两件事,在他这里打通了经络。张国柱到山多罗时不到20岁,家里非中医世家,自己非医学科班出身。他和中医天生有缘。

张国柱家有八个姐弟,他排行老七,上有六个姐姐,下有一个妹妹,他是独子。

1981年,19岁的张国柱刚高中毕业,这年底,他的姑姑从山多罗绕了大半个地球飞回广州,申请国柱和两个姐姐出国。后来,另一个姐姐也从广州移民山多罗。八姐弟,四人在广州,四人在山多里。

姐弟三人出国的所有费用由姑姑垫付。姑姑在山多罗开旅馆和超市,姐弟三人在姑姑家打工,没有工资,相当于偿还出国费用。十个月后,国柱离开姑妈家出去打工,挣到的钱继续用于还债。

| 加勒比华侨与广东侨乡

圣多明各中国城。四海为家,川流不息

国柱的妈妈患有先天性心脏病,不能停药,而且药费很贵,还要多吃水果。当时广州的水果价格是每斤7毛8分钱,妈妈舍不得吃。国柱把打工挣到的钱都兑换成10美元和20美元的纸币,夹在信里寄回家。

> 我把美金平整地夹在两张照片之间,用纸粘好照片四角,不让照片移动,然后放进信封里,和信一起寄给妈妈,每次寄10美元或20美元。只要挣到钱,我就换成10美元或20美元的纸币,然后寄给妈妈治病。所以,我不会学坏,因为我肩负着照顾妈妈的责任。

到山多罗的最初三年,这个20岁的小伙子连一分零花钱都没有,两毛半一瓶的可口可乐没舍得喝过一瓶,把每分钱都攒下来给妈妈治病。说起"妈妈"两字,这个刻板的大男人,眼里写满温柔。

山多罗郎中 | 多米尼加

给张国柱做口述记录是在广州,回家的感觉太放松,所以他的思绪天马行空,好在很真实,我抓住时机把话题绕到赤脚郎中上。

国柱12岁时,邻居家有个陈大哥擅长识别草药,每天到员村一带采药。那时员村很荒凉,有很多墓地。每逢周末,国柱跟着陈大哥去采药,这个"小跟班"一直当到17岁。

17岁高中毕业后,国柱跟着梁杰荣师父学习治疗跌打损伤,学了一个月。梁师父和国柱父亲同是开平同乡,住在广州,从前是电器商人。每回师父做治疗,国柱在旁仔细揣摩师父的手法和用药,认真记录。师父很喜欢这个徒弟,在1988年国柱第一次从山多罗回国时,他将自己治疗跌打损伤的秘方传于徒弟。

1996年,国柱莫名其妙大病一场,一到天亮见光就出汗,四十天求救无门。一位来自上海的朋友告诉他,针灸师郑儒吉医生正在山多罗,可以向他求治。郑医生给国柱扎了几针,半小时后,国柱醒来,病好了大半。郑医生和国柱异常投缘,他发现国柱对治疗跌打损伤有兴趣,便热心地教授国柱针灸。一个月后,郑医生要回上海,他将两本医书送给国柱,叮嘱他好好学以致用。国柱如饥似渴地学习这两本医书,在自己身上扎针试验,勤学苦练12年。

2002年,国柱的姐姐突发颈椎炎,在山多罗无法得到有效治疗,姐夫要他三天内送姐姐回广州治病。"当时我不知道颈椎炎是怎么回事,从那时起,我开始研究颈椎炎的治疗方法。"

2008年,国柱飞回广州,到广州中医药大学进修经络课程,这次学习令他信心大增。2009年,他在圣多明各中国城正式开了中医诊所。初时门庭冷落,他没有太在意,因为他有其他手艺,不以诊所为主要收入来源。

刚开诊所那会儿,没有人相信我,差点连租金都交不起,但我没跟我老婆说。我那时兼职修理手表、装修、烧焊,我手

加勒比华侨与广东侨乡

艺很多,不靠诊所赚钱。我开过炸鸡店,但是我和老婆都生病了,开炸鸡店赚的钱不够看病,索性将炸鸡店让给了合伙人。我有一家钟表店,和炸鸡店对门,方便兼顾。四姐夫开钟表店,在他还没有成为我姐夫之前,我就在他店里打工,所以学会了修理钟表。1996年,我开始做水饺批发,制作面皮的机器是我自己做的,到现在这个机器还在使用。

张郎中最开心的事情是见到外国人开始相信中医。山多罗政府默认中医,但不发牌照,换言之,除非有真本事,否则开中医诊所有风险。郎中说自己做自然疗法,不需要用药,风险很小。

从12岁开始梦想做医生,最后梦想成真。张郎中每年在山多罗和广州之间走动,与同道中人切磋医术,乐此不疲。

正如他自己所说:"开诊所赚不到钱,但是越来越多的人认同我,100个人里面未必有1个人可以做到这样,我已经很满足,我实现了我的梦想。"

就像在家里,郎中心甘情愿做一名快乐"煮男",每天按时做早晚两餐,因为孩子们喜欢他的厨艺。

你快乐,所以我快乐。

郎中50岁生日那天,窗外淅淅沥沥的雨声令他诗兴大发,诗句脱口而出,他自视为得意之作:

福祸招由人之过,词穷理直难定错,
欢恕常怀感恩心,世上无分你或我。

他特地提醒我,这首诗的韵脚是广州话,要用广州话朗读,才能理解个中滋味。

诗会说话,我懂的。这样的豁达,唯有经历过艰苦和奋斗过的人,才会有。

安圭拉

何来孤岛

　　星期六,唐美琴早早起床,给两个孩子煮好可口便当,带好护照,母子三人开车到安圭拉码头,乘坐中午 12 点的小客轮,半小时旅程,三人在船上吃完便当,在法属圣马丁岛码头入境上岸,坐上汽车,20 分钟后到达位于荷属圣马丁岛的中文学校上课。下午 6 点,又原路返回英国岛安圭拉。

　　从 2017 年 2 月起,这成了阿美每周六的走海图,一天在三国间穿梭,陪读,单程时间一个半小时。

　　在这之前,阿美自己在安圭拉家里教两个孩子学中文,孩子太调皮,教学效果不太好。2016 年底,听圣马丁岛的亲戚说广东要派老师到中文学校授课,她便马上报了名。

　　安圭拉人口大约有 15000 人,其中中国人约有 100 人。英语是安圭拉官方语言,学校在四五年级开设西班牙语课,到高中开设法语课,没有开设中文课。

　　阿美说,只要孩子能学好中文,这点累不算什么。

191

加勒比华侨与广东侨乡

广州的暑假,台风暴雨天气多。一天上午,暴雨骤降,狂风乍起,我接到阿美的电话,她带着儿子已在楼下。这是几天前我们约好的会面,但这般天气仍如约而至,令我感动不已。

这是我们的第一次见面,阿美率直善言,我们很快像老朋友一样无所不谈。

阿美是恩平君堂镇琅哥旧村人。恩平由锦江河一分为二,形成一个不成文规律:上游靠山吃山,下游靠水吃水,上游的人不出国,下游的人都往国外闯。

阿美家在下游。出国前,她有一份令人羡慕的安稳工作,但仍然抵挡不住世代风俗,嫁夫随夫,移民安圭拉小岛。

2004年2月,阿美和表弟一起踏上出国"长征路",他们从广州直飞巴黎,在巴黎机场转机到圣马丁,在圣马丁机场再转机到目的地安圭拉。姐弟俩第一次出国,第一次坐飞机,出海关时又碰到突发"意外",令她对这段往事心有余悸。

那时广州刚开通与巴黎的直航。姐弟俩高兴地办完登机手续后排队过海关,工作人员坚持认为他们的目的地应该是非洲的安哥拉,安圭拉是不存在的,任凭阿美如何解释都无济于事,而阿美对安哥拉同样毫无概念。两人被叫到一边等候,直到飞机快起飞时,工作人员终于查清安圭拉不是安哥拉,两人拿过护照拼命向登机口狂奔。

十几年间,阿美的两个弟弟和堂弟几家人陆续离开恩平乡下搬到加勒比海岛,亲戚居住在安圭拉、圣基茨和尼维斯、哥斯达黎加、巴拿马和美国,家族出国人口庞大。留守在老家琅哥旧村的多是老人,村里只有五六十人了。

阿美小两口在安圭拉岛上经营一家超市,来超市的顾客都是游客和居民。超市售卖食品、肉菜和日用品,食品和大多数日用品从美国和圣马丁进口,小部分日用品从中国进货。

我们每周从圣马丁进口蔬菜，食品从美国进口，肉从美国、圣马丁和巴西进口货柜，卖得最好的是老番食品，比如马铃薯、南瓜、西红柿、生菜、红萝卜和罐头食品。肉类卖得最好的是鸡翼、鸡腿和排骨，反而牛肉卖得不好，老番喜欢炸鸡翼和炸鸡腿，排骨和鸡腿用来烧烤。我有时不做饭，就炸鸡翼吃。

老番开面包店，中国人不开面包店。面包店里卖Pattie（一种馅饼），有鸡肉味、牛肉味、火鸡味、咸鱼味。咸鱼刚开始从美国进口，价格很贵，后来都从中国进口了，但不是台山那些咸鱼，都是一大块一大块的咸鱼，没有鱼骨头。咸鱼味Pattie很好吃，也卖得最好。

中国人开的餐馆不是纯中餐馆了，卖老番中餐，比如炸鸡腿、炸鸡翼、炸薯条、甜酸鸡肉、甜酸猪肉，还有已经本地化的西蓝花炒牛肉。

岛上的人喜欢吃西蓝花炒牛肉。阿美的工人是恩平乡下来的，却喜欢向老番学煮西蓝花炒牛肉，结果，在阿美没时间下厨时，老番版西蓝花炒牛肉便隆重摆上餐桌。

听到西蓝花炒牛肉，我忍俊不禁。我把横扫秘鲁餐桌的经典菜肴"洋葱炒牛柳"说给阿美听，两人会意地大笑。中西融合的美食料理何止这些呢。

阿美家的超市早上八点开门，晚上九点收工，还要抽时间监督孩子做作业，不堪负重。她暂时不想开新店，多花点时间在孩子教育上。阿美常带孩子们回恩平，小朋友能讲一口地道恩平话。无人可以猜到眼前这个满口恩平话的小男孩其实住在两万公里之遥的加勒比海小岛上。

在普遍意识里，城里人才见过大世面，而现在，何不让我们换一种

加勒比华侨与广东侨乡

思维,跟着农村人学习世界地理。他们用脚步丈量出一张活生生的世界地图,把一个我们未知或知之甚少的新大陆带到我们面前。

阿美的婆家在恩平沙湖镇聚龙里,公公的父亲很久前去了多米尼加,回恩平成家后,又独自回到多米尼加。这一走改变了阿美婆家的世界版图。

20世纪80年代,阿美的公公离乡投奔父亲。那时多米尼加经济不景气,他认识了一位在圣马丁岛开洗衣馆的乡友,在乡友的鼓动下,飞去圣马丁岛打工,几年后,申请在恩平的妻子和三个儿子移民圣马丁岛。

不久,三兄弟中的老大开了一间餐馆。一天,一个安圭拉人到圣马丁旅游,随意走进餐馆吃饭,和店主聊得异常投缘,主动提起他在安圭拉有一个店铺想出售,问店主是否有意买下。全家人没听说过安圭拉,家庭会议决定由阿美的先生和公公先行飞去安圭拉实地考察。父子俩感觉小岛不错,决定买下店铺,开一间餐馆。

这个"历史性事件"发生在1995年前后,阿美的婆家——何家,成为第二个到达安圭拉小岛的华人家庭。此时,阿美还在恩平,她做梦都想不到地球上有一个地方叫安圭拉,而这个在安圭拉开餐馆的何家,会和自己的命运紧紧拴在一起。九年后,阿美嫁到小岛上。

在三兄弟各自成家立业后,阿美的公婆移民到另一个海岛——被称作美国第51州的波多黎各,距离安圭拉约1小时飞机旅程,老两口开启乐享晚年的生活。

"9·11"事件发生前,阿美的先生去波多黎各看望父母,不巧遇到"9·11"事件,美国收紧出入境政策,他被滞留在波多黎各两年多,无法回到安圭拉小岛。

在阿美的先生滞留波多黎各期间,大哥卖掉圣马丁岛的餐馆,去安圭拉打理家族餐馆生意。接着开了一家超市,这是中国人在安圭拉岛开的第一家超市。

这二十多年间,何家申请恩平亲友到安圭拉,一个又带来一个,一个又跟着一个迁到其他岛或这些岛的宗主国。现在,这个大家族在安圭拉岛上

阿美家的超市(唐美琴供图)

有11家店铺,包括8家超市和3间餐馆。

而阿美的公婆,又从波多黎各岛迁移到美国本土,偶尔回海岛探亲访友。

我在波多黎各的一家华人超市偶遇何家人。店主是恩平人,姓何,一家人正巧都在店里,爷爷刚从委内瑞拉来岛上照看孙子。我问他们是否认识从安圭拉来的何家。店主笑笑说,他们很熟悉,沾点亲,前段时间何家老人还在岛上呢。

据阿美介绍,其婆家在中国大陆的近亲基本都已经出国,有的在美国,有的在圣马丁和安圭拉,很多亲戚回村里建了漂亮楼房。

而婆家所在聚龙里的村民,大多移民去委内瑞拉和美国,同样,很多人回村里建起新楼房。

阿美小两口没有在村里建房子,他们在城里买了房,每次回来住城里。她说已经习惯小岛的生活,简简单单,不折腾了。

这几年,我和阿美常联系,她又介绍我认识安圭拉小岛上的其他女同胞,虽然相隔千山万水,看着她们又忙碌又快乐的简单日常,如

加勒比华侨与广东侨乡

同自己在小岛上一样。看着她们把酱肉挂成一排风干,看着她们手工做肠粉包粽子,看着她们种菜种瓜种百香果,无比感慨中国女性的勤劳坚韧,这些源自她们对生活和家庭的热爱。

2020年春天,一个特殊的历史瞬间被定格在安圭拉小岛华侨史上,岛上中国人从100人暂时下降到80人。其余20人在恩平,春节前回国度假遇到新冠疫情,后来疫情在全球爆发,安圭拉封岛,国际航班停摆,何时才能返回小岛,要等待世界重启时间表。

安圭拉在地图上只是一个点,再小,都连着大世界,不能独善其身。

何来孤岛。

圣基茨和尼维斯

在一国两岛种菜

中国人是农耕巧匠,给他一把泥土,他便种出一座金山银山。自从广东人发现加勒比海,无论大小岛屿,皆有广东人开垦菜场,神农来自江门恩平、台山、鹤山和肇庆高要。

阿美住在安圭拉岛,她的弟弟住在圣洁岛。第一次听阿美提及"圣洁",我便记住了这个名字好听的小岛,这又是广东人的粤音岛名。

阿美的弟媳莫彩平向我普及岛情。圣洁即圣基茨岛,圣基茨和尼维斯是岛国,由姐妹岛——圣基茨岛和尼维斯岛组成。这两个岛上的中国人约有 200 人,主要聚居在圣基茨岛,尼维斯岛的中国人只有三四十人。中国人或开超市,或开餐馆,总共有六七家中餐馆、近二十家中国人开的超市。岛上中国人主要来自广东,老广将圣基茨岛极简地称为"圣洁"。

圣洁是大岛,面积有 170 多平方千米;尼维斯是座火山,只有 93 平方千米。两岛人口总计五六万人,尼维斯人口约有一万多人。姐妹岛上各有政府机构,各自为政。

郑礼珍是恩平君堂镇人,2001 年移民尼维斯小岛,2010 年和丈夫

加勒比华侨与广东侨乡

尼维斯岛码头（郑礼珍供图）

搬到圣洁,一家人至今分住在一国两岛上。她住在圣洁,父亲和弟弟留在尼维斯开餐馆、办农场,每周送菜到圣洁。她告诉我,每天最幸福的事莫过于吃上老爸亲手栽种的中国菜,每周最开心的事就是到圣洁码头迎接老爸从尼维斯岛运过来的各种新鲜蔬果。

> 我丈夫和他的姐姐在2000年来到圣洁。我家最初在尼维斯开餐馆,现在改行开超市了。我娘家只有我和老爸、弟弟在加勒比海岛。我和老公搬到圣洁后,我们把餐馆转给我弟弟了,他一直在尼维斯开餐馆。我们在尼维斯的家占地面积比较大,前后院子都被老爸开垦成农场了。

老郑不愧为资深农匠,除了水稻,凡中国人和外国人喜欢吃的蔬菜,都种了一些,一个人在屋前屋后开荒,办起了颇有规模的家庭农场。阿珍一有空就回家,对自家菜园如数家珍。

在一国两岛种菜 | 圣基茨和尼维斯

我家菜园里种了很多中国菜：辣椒、潺菜、生菜、白菜、芥菜、青菜、枸杞叶、凉瓜、冬瓜、节瓜、葱、木瓜、椰菜、茄子、莲雾、香蕉、花生、黄豆、毛豆、甘蔗、南瓜、葫芦瓜、白萝卜等等。因为岛上物资缺乏，很多东西有钱也买不到，刚开始老爸只是想种些菜给我们自己吃，后来本地人看到老爸的菜种得特别好，散客和超市都陆续来拿货了。现在，我家的菜园是圣洁最大的华人蔬菜农场。每个星期老爸和弟弟把刚摘下的新鲜果蔬通过船运寄给我。两个岛之间平日以渡轮为交通工具，坐船大概需要45分钟。

阿珍父亲耕作的家庭农场（郑礼珍供图）

原为满足家人的中国胃而开地种菜，不经意中引来了一门红火生意，这恐怕是阿珍一家始料不及的。

"五一国际劳动节"前夜，阿珍收工晚了些，一家人像往常一样热热闹闹围坐在一起吃火锅，生菜、白菜、金针菇、豆芽、冬瓜全部是自家出产。十点多，阿珍收拾好厨房，开始和中国的客户联系，此时北京时间正好是早上十点多，真正的颠倒黑白。

加勒比华侨与广东侨乡

海岛上的中国女人很强大,个个出得厅堂,下得厨房,里里外外撑起半边天。阿珍是个懂生活的女子,把自己的小世界打理得井井有条,闲暇时喜欢自己动手做烘焙做老家糕点,还晒到朋友圈里嘚瑟一番,引来姐妹们叽叽喳喳索要配方。

娇小玲珑的莫彩平比阿珍晚十三年到圣洁,和丈夫经营一家超市,既当老板又当员工。她把种菜目标定为"每日家里有新鲜菜吃,青菜吃不完就晒成菜干,用来煲老火靓汤。"庭院作坊,自给自足。

彩平家的院子有四五十平方米,稍不留神,杂草蹿升到半人高,转眼变成百草园。她每月请人修剪一次百草园,一次劳务费要 20 美元。只要有空,她就自己动手锄地,然后撒上菜籽,坐等收成。

"小白菜生长二十几天就可以吃,不用施肥,雨季种菜连水都要少浇,差不多每晚都下雨。"彩平总结出自己的种菜经。

在这个春季,彩平在院子里种上百香果、冬瓜和狗肝菜。百香果爬满了铁丝网,个头很大,过些时日便可收成了。狗肝菜的菜籽是从恩平老家带来的,此菜清肝解毒,最适宜煲汤或煮糖水。

彩平俏皮地说:"从恩平到安圭拉,再到圣洁,这是见过世面的狗肝菜啊!"

我便对这颗野菜充满敬意了。有机会定要去恩平拜见这颗见过大风大浪的狗肝菜,尝一尝见过大世面的味道。

本地岛民不种菜,种瓜。他们不吃带叶子的绿色蔬菜,种南瓜、地瓜、马铃薯、葱、椰菜、红萝卜和西瓜,一眼而知不是中国农场。

人类自有吃饭的欲望以来,"中国胃"可能是最难懂最难搞定的胃,它很强大,又极脆弱。我们世世代代被教育"一方水土养一方人",水土假以时日可慢慢适应,而妈妈的味道,就像种在心底的种子,每天都在悄悄发芽,撩拨思念的味蕾。因为这种顽固,中国人走遍四海

在一国两岛种菜 | 圣基茨和尼维斯

八荒,总不忘开荒、种菜、养胃。

彩平因为相亲来到圣洁,媒人是住在英属安圭拉岛的阿美,那时,彩平住在荷属圣马丁岛。从圣马丁坐船半小时到安圭拉,从安圭拉坐飞机到圣洁同样需要半个小时。

2004年,彩平和姐姐离开家乡恩平沙湖来到圣马丁,几年后又把父亲和弟弟妹妹接出国。由于弟弟在安圭拉岛上阿美家亲戚的店铺打工,彩平常过海去看弟弟。一天,阿美的婆婆在店里遇见了热情开朗的彩平,顿生好感,欲将女孩介绍给媳妇的弟弟。不久,阿美过海到圣马丁替弟弟相亲,索要了女孩的联系方式。半年后,彩平嫁入阿美家。

2014年,小两口从安圭拉到圣洁察看营商机会,次年开了超市。这样,彩平和姐姐在同一个岛上开超市,两家人互相照应。

圣洁岛不算大,小镇不少,彩平家的超市在岛上最后一个小镇,从家里走路到超市只要5分钟,从超市开车到市中心需要20分钟。每天一大早,彩平步行到超市,然后收拾店面,开门迎客。超市从星期一营业到星期六,每天从早上七点半营业到晚上八点半,星期天从早上七点半营业到下午两点,一周实行六天半工作制,一天工作13个小时。

每年11月至次年5月是旅游旺季,每天坐豪华邮轮和飞机来的游客络绎不绝。有一天,两个从美国邮轮下来的中国游客走进彩平家的超市,见到她时惊叫起来:"你们太有勇气了!没有多少中国人知道圣基茨岛。"

前几年圣洁开放投资移民,有中国人移民该岛,很快又回国了,留在岛上的中国人都是像彩平、阿珍这样的创业者,安分守己地做小本生意,和世界各地的游客打交道。中国人的超市在春节照样开门营业,因为此时是岛上旺季,亲戚间串个门就算过年了。彩平说,春节这天会提前一两个小时关店,回家吃饭,吃完饭约姐姐一家玩。

圣基茨和尼维斯与中国没有建立外交关系,中国公民领保工作由中国驻安提瓜和巴布达使馆代管。只要持美国签证,岛民们可以自由串岛。弟弟在圣马丁开面包店,她时常带孩子们在圣洁－圣马丁－安圭拉三岛之间走动,风尘仆仆。

前几年彩平的父亲和妹妹回江门定居了,夫妻俩和孩子每两三年回老家探亲一次,一两个月后,又回到海岛努力赚钱。如是往复。

从圣洁到圣马丁,从圣马丁到荷兰,从荷兰到广州,从广州到恩平,彩平对这条回家的路非常熟悉了。如果航班顺利,两天后回到恩平家里。小女子说,路途不很远,习惯就好。

飓风过后

波多黎各是美国在海外的一个自由邦,被称为美国第51州。

我是按计划航班抵达波多黎各岛的。青华社华人华侨协会执行会长曾绮玲见到我说的第一句话是——超级飓风来了!从她紧张的情绪里,我了解到这个名叫"艾玛"的十五级超级飓风从圣马丁一路扫荡过来,将于第二天下午两点正面袭击波多黎各。岛上商店里的木板和家用发电机早已被抢光,加油站关门,政府、学校和商业场所关停,我们原来预订的酒店因住客无法离岛而没有空余房间,只好临时入住一个小旅馆,据说旅馆靠近医院,不会停电。阿玲说政府已通知第二天中午十二时全岛戒严。

深夜,我还未见到波多黎各岛的样子,已感受到惊涛骇浪呼啸而来的恐惧。

波多黎各岛如临大敌。电视新闻播报说这是本岛从来没有遇到过的超级飓风。美国人的表达缺少数字修饰,如果在飓风之前加一个形容词"百年不遇",第二天我会更加提高警惕储备粮草了。

第二天,小旅馆连早餐都停了,不见服务员,剩下我们几个远道而

加勒比华侨与广东侨乡

来的人,唯一见到的一个女住客正欲离开,她是亚洲人,正要转移到安全的地方。

早上九点,阿玲和他的先生梁伟周开车带我们去购粮。大风裹挟急雨,乌云翻滚,空气潮腻腻的,叫人想起广州的回南天。街上已无行人车辆,店铺门面清一色地用木板横竖钉实。我们到了几家阿玲平时常去光顾的士多店,都吃了闭门羹。

车在风雨中兜兜转转,几乎走遍圣胡安,终于在一个十字街口发现一家士多店在营业中,工人正在给店门安装护体,我们急忙冲进去,小店里已有四五个人在排队。

这家士多店是古巴人开的,以售卖"Cubano"出名。"Cubano"是一种三文治,据说这是波多黎各最有特色的小吃,因为是古巴人发明的,所以叫"古巴人"。一个"古巴人"的价格是七美元,个头比巨无霸汉堡包大。

店内墙上挂着一幅几十年前的老照片,照片里,一群古巴人挤在一艘小船里,渡海到波多黎各岛。20世纪60年代古巴解放时,美国承诺凡到美国领土包括边境地区的古巴人均可获得美国护照,很多古巴人冒险逃往最近的迈阿密和波多黎各。阿玲说,波多黎各岛最大的朗姆酒厂是那时从古巴迁移过来的,波岛上生意做得最大的人都是古巴人。

我们被困在小旅馆里,把手机和充电宝全部充足电。中午时分,阿玲打来电话,告知预报下午两点登陆的超级飓风要延迟到晚上7点登陆,风速每小时295公里,风力影响范围有四个波多黎各岛那么大。

波多黎各岛面积有多大呢?有四个中国香港那么大。

波岛的物资来自美国本土,从美国本土运过来需要四天时间。岛上每个区都有独立变电厂,为防止水灾引起变电厂爆炸,故而全部提前拉闸。到了中午,除几家医院外,其他地方都停电了。

下午三点半,突然狂风大作,暴雨倾盆,大风猛烈撞击建筑物,时而伴有物体砸落到地面的剧烈声响。椰子树东倒西歪,似群魔乱舞。

下午五点，说好不停电的小旅馆骤然停电，屋里屋外一片漆黑，只有靠手机电筒照明。黑暗中，我打开微信，试图与飓风线上的朋友们联系，信号时有时无，渐渐完全没有信号了。风，肆无忌惮地嚎叫着；雨，噼里啪啦地锤击门窗。我紧盯窗户外的狂风暴雨，突然想起加勒比海盗，不由得打冷战。

晚上七点，突然一阵狂风吹得房子"哆嗦"起来，我赶紧呼唤同伴，她竟已睡着，才想起她刚才说睡了就不会感到饿了。我默默地祈祷，终于熬到十点多，风声渐渐小去，迷迷糊糊睡着了。

半夜三点醒来，发现两条阿玲发来的未读短信，一条告知她会在午夜十二点送汤粉过来，另一条告知汤粉送到旅馆了，叫我们去吃。看着三小时前的短信，想到阿玲夫妇穿越各种障碍送口粮过来，心里歉疚不已。后来听阿玲说，这是伟周亲自煮的汤粉，特别好吃。

此事，久久不能忘怀。

同样不能忘怀的，是连飓风都阻挡不了的中餐馆的超高人气。

雨停了，旅馆里霉味浓郁，我们欲出去透透气。正门紧锁，幸而找到一道未上锁的隐蔽侧门，便从此门进出旅馆。

岛上静悄悄的，大树不是被拦腰截断，就是被连根拔起。依旧停工、停课、停电，政府依旧关门，街上偶见行人，形如空岛。

到了下午，阿玲说利口福酒家开业了，我们兴奋地直奔而去。

华人总是最勤快的，也最会做生意。利口福的老板是阿玲的亲戚，这家粤菜馆是岛上人气店，这会儿用自家小发电机发电，虽然电压不稳，仍可营业。餐馆进门有一排水族箱，这让我有几分惊讶，因为在海外中餐馆难得看见生猛游水的鱼，所谓海鲜，都是从海里捞起来后立即扔进冰库里的冰鲜。

加勒比海岛上的华人至今习惯自称"唐人"，中餐馆叫"唐餐馆"，中餐馆出品的餐饮叫"唐餐"。波多黎名岛人口有350多万,华人约有1万人,其中70%是恩平人。华人仅占全岛人口的1/350,却拥有500多家唐餐馆,其中以快餐店最多最旺,唐餐馆占据全岛快餐业18%的市场份额。本地电视台专门做过各类餐馆人气评选,有一家中餐快餐店进入前十。后来,电视台又举办了中餐馆人气评比,位列前三甲的都是平日里门庭若市的人气快餐店。

岛上唐餐馆的名字很有特色,后缀一般是"China",少数用"长城、泰山、香港"作后缀,凡是以这类标识度极高的地名做后缀的餐馆,都是唐餐馆。

青华社董事长郑欢雄的快餐店"Rica China"是三甲名店之一,有五家连锁店。得知其中一家店在晚上开门营业,我们约好在店里见面。

郑欢雄的餐馆是岛上名店(郑欢雄供图)

因为停电,街上没有路灯,望不见海边灯塔,风掠过黑夜,惊涛拍岸,划破寂静的夜空,仿佛身在与世隔绝的荒岛之中,顿时冒出嗖嗖凉意。车灯带着我们摸索前行,渐渐看见前方一间小屋灯火通明,目的地到了。

食客进进出出,店里已是另一番景象。电是餐馆自家小发电机发电的,堂食的客人正安静地品尝美味,一侧等外卖的客人规规矩矩地排队,队列一直保持在十几人。阿玲说,全岛停电,有的唐餐馆今晚开始营业,很多居民会选择到附近唐餐馆吃饭,省去自家发电做饭的麻烦。

本地人给唐餐馆取了一个极富想象力的专有名字——炒饭,因为他们喜欢吃香喷喷的炒饭,而且认为只有中国人才炒得出叫人牵肠挂肚的炒饭，所以，他们直接称呼唐餐馆为"炒饭"。

郑欢雄正在厨房里忙碌着，三四个厨师在聚精会神地炒饭。厨房明亮整洁，四五个大盆整齐地摆在架子上，盆里的白米饭正在乘凉。

一个三口之家正在堂食，他们点了家庭装盒饭，里面有炒饭和叉烧。我走过去和他们打招呼："炒饭好吃吗？"

他们抬起头，笑着说："炒饭很好吃，叉烧也很好吃。"

我瞧了瞧餐牌，一盒叉烧炒饭售价7.75美元，经济实惠又美味，真的是物美价廉。

郑欢雄快步从厨房里走出来，厨房人手不够，老板兼做厨子。据他介绍，波岛人喜欢吃叉烧、青椒鸡、青椒牛、炸猪肉和炸大蕉、捞面、中国汤。这几款菜卖得最好，是店里的招牌菜。

我以为"中国汤"是老广的老火靓汤，然而，"中国汤"是由鸡肉、杂菜和面条烹制的，一份一小盅，属于开胃菜，每个唐餐馆都有这个"中国汤"。店里还有一个汤是"云吞汤"，云吞馅由猪肉加葱花调制而成，汤料是鸡脯肉丝加杂菜，其实就是在鸡肉菜汤里放几个云吞，把老广传统的"云吞"改版成"云吞汤"罢了。

波多黎各的"炒面"更加徒有虚名，炒面不见"面"，而是将青菜、海鲜、牛肉、猪肉等几种食材混搭炒一碟，类似美国本土的炒杂碎，但在波岛被称为"炒面"。

粤菜在海外的神奇演绎总在不断刷新我的认知，在粤菜的世界里，只有你想不到的，没有粤人做不到的。美食当前，我忍不住品尝了一口"炒饭"和炸猪肉，炒饭味鲜，猪肉飘着蒜香，脆噗噗的，非常适合外国人的美食审美。

在离开波多黎各前，我终于见到了波多黎各大学的李教授，庆幸飓风已走，我们得以见面。李教授是广东人后裔，不会讲普通话，也不会讲家乡土话，我们只能用英语交流。他在2015年出版了《波多黎各的中国人》，这是我迄今见到的唯一一部关于波多黎各华人的研究专著。根据他的研究,第一批到达波多黎各的中国人是1868年自古巴而来,总共有两三百人,均为广东人,他们被西班牙殖民者从古巴发配至波多黎各修筑一号公路。后来,很多华工留下来与当地女子结婚,他们在岛上当筑路工,开中餐馆、洗衣店和杂货店。

1917年的一号公路(曾绮玲供图)

中国,对于这些完全本土化的华裔来说,是遥远和陌生的,然而,他们依然保留着对广东习俗的部分认知、对中餐的偏爱,这归功于海外华人世代传承的家族传统信念。波多黎各远离大陆,中餐业走过一个半世纪仍保持今日之繁荣,如非亲眼所见,不敢想象。

巴西

圣保罗 25 街

在南美各大城市中，巴西圣保罗属于华人人口比较多的城市。

凡是第一次到圣保罗的人，都想去唐人街走走，见到满街的中国货，却找不到唐人街，因为圣保罗没有那种建有传统牌坊的唐人街。

但是，圣保罗有一个中国城，且蜚声内外。中国城位于 3 月 25 日街区域，华人称之为"25 街"。25 街是巴西中国商品集散中心，有 5 个独立的中国商城，由同一个东莞籍侨商开发。

区内最有名的批发商城是一栋外观被涂刷得如热情桑巴一样

25 街周边一带形成一个中国城，到处是中国制造的商品

的 PAGE 大厦，本地人称之为"走私大楼"，它是巴西最早的中国小商品批发商城。"走私大楼"的名字由来，见证了华人与中巴贸易的一段轰轰烈烈的历史。

从 1992 年起，以广东人特别是台山人为主体的中国大陆新移民开始大规模进入巴西。当他们从角仔店挖到第一桶金后，开始将目光投向以中国日用小商品为主的批发市场。

PAGE 大厦原来是犹太人的物业。1992 年，东莞侨商租用大厦部分物业并开发成中国小商品批发市场，大批台山人首先进入该批发市场，包括苏新亮四兄弟在内的广东人成为 25 街第一批做中国贸易的商人。苏新亮四兄弟中，老大做雨伞和电扇生意，老二和老三做手表生意，老四苏新亮做箱包生意。

PAGE 大厦，本地人称之为"走私大楼"

到 1997 年以后，在 PAGE 大厦里做批发生意的华人除了广东人，还有来自福建和浙江温州的新移民，他们的批发产品包括手表、箱包、电子产品、眼镜、小家电等等。

苏新亮说："刚开始，我们做的小商品都是广东货。在 1998 年以前，巴西还没有开放对外贸易，所以，'广货'必须从巴拉圭进口到巴西。"

巴西华人早期进口"广货"的地方，是位于巴西、巴拉圭和阿根廷交界的自贸区共同市场，苏新亮兄弟是这里的常客。

因为我们都从这个共同市场进口中国货，所以，华人就把

PAGE 大厦叫做"走私大楼"。在 1998 年巴西开放对外贸易后，华人可以直接从中国进口商品，"走私大楼"的商品也就直接从广东和义乌进口了。但是，"走私大楼"这个称呼一直沿用下来，因为大家都叫习惯了。

走进"走私大楼"，瞬间笼罩在密集恐惧症中，呼吸陡然急促起来。店铺逼仄拥挤，凡是在中国出现的日用小商品和小家电，在这里都可以找到。很多店铺小到只有容纳一个人的空间，柜台淹没在琳琅满目的各种小商品之中，批发客熟络地和店主讨价还价。

大楼一共有 13 层，每一层都是小商铺，租金以米为计算单位，至今仍然如此。

现在，华人在圣保罗又开发了几个中国商城，比如在 25 街附近有 PARI 和 BRAS 两个中国商城，商品主要从义乌进口。

由 25 街及周边几条街形成的这一大片中国城已经规模化了，这里也是圣保罗人口密度最高的区域之一。每天一大早，来自巴西各地以及周边国家的客商汇集到中国城批发商品，到中国城的游客，除了购物，也没有其他娱乐项目了。在这个眼花缭乱的中国城里，各种店铺达 4000 多家，街头巷尾，鳞次栉比，其中华人批发商店超过 3000 家。而这个过程，仅仅用了不到 30 年的时间。

"走私大楼"，时至今日，仍然是圣保罗中国城主要的商品批发中心之一。

加勒比华侨与广东侨乡

金砖国角仔店

　　第一次见到巴西华人的传奇人物苏均亮先生，是十年前在圣保罗。因为白天密集走访侨胞商铺进行调研，马不停蹄来到会面地点时天色已黑。灯光下，一位老人身穿考究西装，抖擞地站在门前，见到我们，冷不防一声"立正！敬礼！"洪亮的声音和标准的军姿把在场的人逗乐了。不用介绍，我猜此人便是苏均亮先生。老先生说他最喜欢唱《歌唱祖国》，真的哼唱起来了。

　　苏先生很风趣，很会聊天，有他在不需担心会冷场，我们聊得很开心。因为白天在街上很少见到中餐馆，所以，我把自己的疑问抛了出来。

　　老人发出爽朗的笑声。他说，巴西到处有角仔店，角仔店都是广东人开的，台山人开角仔店尤其多。我这才知道，在巴西比中餐馆更多的是角仔店。正如广东人习惯于"一盅两件"叹早茶，巴西人对角仔一往情深，每天不吃上一两个角仔都浑身不自在。

　　角仔，乃传统粤式点心，北方人称为饺子，两者做法不同。巴西角仔移植了广东人的角仔概念，最早时是一种油炸的香烟盒大小的夹心饼，在本地面包店里出售，面皮里面的馅由乳酪、肉末和蔬菜混合而成。20世纪30至40年代，圣保罗粤侨效仿当地小贩从面包店批购一些夹心饼到车站和广场等人流量较大的场所叫卖。由于价格低廉，因此销路不错。敏锐的粤侨洞察此商机后，租赁街边店面自主经营，传统的长方形馅饼个头更大，"大号"广东角仔随之出笼，馅料也多样化了，"角仔店"由此诞生并快速扩张，遍及圣保罗

巴西小角仔店

大街小巷，旋即风靡里约和全国各大小城镇。连巴西人都认为角仔店是中国人发明的，后来从中国其他省份去巴西的华侨戏称粤侨为"角仔佬"。

这是广东人因地制宜再创造的巴西"麦当劳"，与中餐无关。虽然这些年角仔店生意不如以前兴盛，但仍属于巴西全国性饮食产业特色。现在居住在圣保罗的广东侨胞约有1.7万人，圣保罗城里有几百家角仔店，圣保罗周边小城市开满了角仔店。里约的广东侨胞约有1万人，约有2000家角仔店。

苏先生说："1956年我从台山来到巴西，那时我才16岁，就在角仔店里打工。巴西角仔个头很大，老华侨都是从角仔店开始创业的。"

"角仔店"这一街边小店，成就了广东人在金砖国巴西的第一桶金。

陈锡钦告诉我，巴西华人圈里流行一句俚语"朝头货，晚头钱"，指的就是角仔店，因为开角仔店比较简单，容易经营，赚钱快。

加勒比华侨与广东侨乡

陈锡钦是台山台城街道办水南村人,他于 1987 年到里约时,里约只有几百个广东人,他从角仔店打工开始,一直到现在还在经营角仔店。"1993 年,我开了第一间角仔店,后来又开了几间,现在,我还留了一间角仔店,基本上转向购买物业收租了。"

角仔店是广东华侨的叫法,正规店名是"Pastelaria",售卖的角仔有大角仔和小角仔之别,半圆形的是大角仔"Pastelao",长方形的是小角仔"Pastel",大角仔的价格比小角仔的价格贵 1 元巴西币。当然,假使你看到角仔店招牌上写着"Pastel",不必急,因为店里也有大角仔。

角仔店的营业时间是周一至周六,早上六点开市,晚上九点关门,周日和公众假期休息。

巴西街角的角仔店(张国雄供图)

角仔店有大有小,100 多平方米算是大店面。一般来说,在市中心步行街开角仔店,生意想不火都难。地段好的角仔店,每天的营业额可以达到六七千元巴西币。

"中国人是极少吃角仔的,外国人喜欢吃角仔。最早的角仔店是我们台山人开的,广东人在里约经营角仔店已有六七十年的历史了。"陈锡钦对此无比自豪。

被苏均亮称为"四弟"的苏新亮,他的淘金梦亦从角仔起家。

金砖国角仔店 | 巴 西

1992年，苏新亮四兄弟和母亲一起从台山移民到巴西，投奔已在圣保罗的父亲。在去巴西之前，苏新亮没有走出过海宴镇石阁村。

我爷爷有四个兄弟，二爷爷在八十年前坐船去巴西，在种植园当劳工，种植茶叶和咖啡。后来，二爷爷开了一间角仔店，赚了第一桶金后，又陆续开了五六家角仔店，再到后来，就开了中餐馆。

到圣保罗以后，苏家四兄弟都在堂哥开的角仔店里打工。对这段"角仔佬"的日子，苏新亮有些小怀念小骄傲小得意，他亲历了角仔店的黄金时代。

角仔有牛肉馅和鸡肉馅，都要加入咖喱和芝士，用面粉皮包好后，再用模具切割成长方形或半圆形，然后放进油锅里炸。那时，一个角仔的价格是2000个Crusero（以前巴西币种是Crusero，以100单位计算，1美金等于4000多个Crusero），一间角仔店一天最少要用掉五六十公斤面粉。我伯父的角仔店生意很好，一天要用掉一吨面粉，门口排队的人从早排到晚。

我的第一家角仔店是在1996年开的，到1998年已经开了四家角仔店。角仔店一天要榨二三百根甘蔗。另外，巴西水果多，我们会将新鲜木瓜、香蕉、苹果等多种水果混合牛奶榨成果汁，因为维生素丰富，我们把这种鲜榨果汁叫做维生素果汁，巴西人很喜欢喝。

甘蔗水或果汁配搭角仔，完美传达了广东人的饮食理念。角仔油炸热气，甘蔗水和果汁下火，顾客买角仔时必买甘蔗水或果汁，这是标配，也是生财之道。

| 加勒比华侨与广东侨乡

20 世纪 90 年代，台山人掀起移民巴西的热潮。前赴后继的台山人落脚巴西后，仍然以经营角仔店为生。到 2000 年以后，很多广东人改行从事中国小商品贸易。2015 年以后，由于巴西经济开始走下坡路，生意难做，而角仔店依然风生水起，一个角仔卖四元巴西币。

角仔成为传统饮食，这是角仔店在南美金钻国长盛不衰的原因吧。当你在圣保罗或里约街头遇见角仔店，你可能正在见证一个新移民的人生拐点。

其实，角仔不是巴西独有的传统小吃，拉美许多国家和海岛流行吃角仔，角仔的西班牙文名字是大馅饼和小馅饼，馅料各有喜好，做法有别，或用油锅炸，或用烤箱烘焙，但只有在巴西才有成行成市的角仔店。

耐人寻味的是，角仔又从拉美传播到西班牙。

马德里新东方文化学院院长张忠民是浙江人，在听我说起拉美角仔的光辉历程后恍然顿悟，他说每天从地铁口经过时都会看见拉美大妈推着小车售卖这款馅饼，从不知道这会跟中国人有关。他兴致勃勃地去几家面包店寻查，发现面包店也有形如大饺子的馅饼，这是他从未注意过的新发现。

第二章　容家百年出洋史

从前有座山
山脚有座庙
庙前有个小村庄
小村庄穷啊
磨刀用过的水
用了再用
磨刀水村
由此得名

姑拉嫂离奇来客

中国近代历史上发生过两次大规模国际移民潮,这两次移民潮与东方社会的世界历史进程紧密关联。

第一次国际移民潮是淘金移民潮。1848年1月,美国加利福尼亚的沙加缅度河流域发现黄金,引爆全球淘金热,加利福尼亚因此拥有了"黄金之州"的别名。做着黄金梦的淘金客从世界各地涌向加利福尼亚,毗邻香港的广东珠江三角洲农民迅速加入淘金大潮,勇闯金山路。广东侨乡把去美国、加拿大淘金叫作"走红毛",称"走红毛"的乡人为"金山伯",而淘金国将金山伯称为"金山客"。无论哪一种称谓,都是金光灿灿的。几年后,金山伯衣锦还乡,娶妻生子,这些金山伯的女人又有了"金山婆"的别称,他们在老家的子女形成中国城乡最早的"富二代"群体,依赖侨汇生活,成为"啃老族"一员。

第二次国际移民潮是铁路移民潮。1862年7月1日,美国总统林肯签署第一个《太平洋铁路法案》,决定建设第一条横贯美国大陆铁路,由此掀开美国西部铁路建设浪潮。随着这场人类前所未有的财富潮的来临,数万名广东珠江三角洲农民以"赊单华工"形式受雇成为美

加勒比华侨与广东侨乡

国铁路工人。太平洋铁路完工后,与东部原有铁路网连接,从而使美国大陆版图实现真正统一,美国成为连接太平洋和大西洋的世界大国,西进运动由此大规模推进,西部大开发风起云涌。20世纪好莱坞大片常见西部牛仔世界,殊不知老西部往事与中国农民有着千丝万缕的连接。

有美国做榜样,19世纪80年代,加拿大也宣布修建一条横贯东西部大陆的太平洋铁路,以实现加拿大国土统一。由于铁路公司的招工经纪人以广东四邑(台山、新会、开平、恩平)人居多,四邑农民再次担当起加拿大铁路建设的主力劳工。

在这个时代大背景下,台山大小村庄皆被卷入铁路移民洪流中,一批又一批村民从海口、广海、牛尾山等各埠出洋。台山有句俗语,出洋目的"第一为个口,第二为个窦",意思是为了赚钱养家,买地建房,光宗耀祖。

台山冲蒌镇磨刀水村的百年跨洋大片,由此拉开序幕。

磨刀水村

冲蒌镇距离广州约 200 千米，与端芬镇毗邻，端芬海口埠百年前是台山人出洋第一大港。香港、澳门和广州的渡轮常在此泊靠，从海口埠码头沿内河航道出广海镇烽火阁港，驶向大海。

在端芬和冲蒌之间有一座山脉，山不高，中间是鸡㙟山，右边是狗山，位于冲蒌侧山麓一千米处，有一个名叫磨刀水的小村庄。听老人讲，古时候此地是一片海，村民靠天吃饭，捕鱼而生。因为缺水，只能划船到对面山上取水，连磨刀用过的水都要留着再用。磨刀水村名由此而来。

本地流传一句俚语："甫草一洋尽枯槁，磨刀滴水挨饥荒。"不过，磨刀水和对面甫草洋两村村民认为这是外乡人的恶意诋毁。相传这是一段与本地信奉的松九夫人庙相关的传说。

清朝乾隆年间，广海有一个姓刘的书生上省城广州应试科举，他沿着山路走到磨刀水附近时，忽见前方有一贵妇急行，便疾步追赶，总也赶不上。此时，忽降大雨，书生全身湿透，而前方妇人毫发未湿，到狗山脚下瞬间消失了。书生顿悟妇人乃神仙松九夫人，祈愿夫人保佑自己，如若科举高中，愿修庙祭奉。后来，刘生果然高中解元，他回到奇遇仙人的狗山脚下修建了一座松九夫人庙，委托磨刀水、甫草洋和邻近的长安、子安一带村民轮流祭奉，每年春节张贴新春联。建庙后第一年，磨刀水和甫草洋两村负责祭

甫草洋村口的碉楼

祀，村民高高兴兴地将一副春联"灵灵感应磨刀水，赫赫光照甫草洋"贴在夫人庙门口。孰料这引得邻近的端芬村民议论纷纷，后者认为夫人庙应庇佑远近村民，不应狭隘于一己私心，有文人遂出言相讥："甫草一洋尽枯槁，磨刀滴水挨饥荒"，以此宣泄不满情绪。

不论真相如何，磨刀水人倒是有迎娶端芬女子的传统。台山人常言"端芬女，塘底水"，意指端芬有一个地方叫作塘底，水质明净清甜，以此比喻端芬的女子如塘底的水质那样淳朴甜美。磨刀水的男子得了近水楼台的好。

磨刀水有两个姓氏，大姓容，小姓鲍，由容姓族人立村。当台山刮起"走红毛"风时，距离端芬海口埠仅五千米的磨刀水村，岂会落伍。

1895年，加拿大铁路公司招工的消息传到磨刀水。这一年，容儒柬刚好19岁。他看到族人纷纷出洋，便也跃跃欲试，在招工经纪人那里报名，签了五年劳工合同。

出门前，父母匆忙给儒柬找了一门亲事，女子是海宴人黄氏，儒柬这一脉就可以延续香火了。按当地风俗，如果男子出洋前未成亲，到了成家年龄，父母替他做主娶媳妇，只是和新媳妇拜堂的"新郎"非新郎本人，而以"公鸡"当替身，一对"新人"拜堂后，女子便担负起侍奉公婆的责任，等待丈夫从金山衣锦荣归。

好在儒柬先成亲后出洋，否则，容家历史就要改写了。

婚后不久，儒柬告别父母和新婚妻子远走异邦。他和其他村民一起走到海口埠，坐火轮到香港，再从香港坐船到加拿大，加入筑路大军。

铁路华工都是"佘单华工"，"佘单"的英文是"Credit Ticket System"，意为"赊欠船票制"。华工的船票由招工经纪人或华人会馆垫付，日后在铁路公司支付的工资中扣除，华工每月薪水30美元，扣除欠款、住宿和伙食等各种杂费后，每月仅剩十几美元。

容儒柬在加拿大修铁路时期，正值北美排华运动喧嚣日甚。铁路竣工后，部分华工被迫回国，金山梦就此回头。1899年，容儒柬与铁路公司的五年合同到期，此时距离他成为金山伯的梦想还很遥远，自视无颜见江东父老，不想回国。无奈被逼上船返程，和他同船的还有其他几位四邑华工。

当轮船航行到美国某港口停靠时，船上的华工偷偷溜出船舱，企图上岸，可惜行踪被发现，又被押回船上。根据容家口口相传的说法，容儒柬从加拿大坐船回国，途径美国一港口时试图上岸未成，后当轮船再次停靠姑拉嫂港口时，悄悄上岸，滞留岛上。

按此推理，这艘船从加拿大东部港口出发，在美国东部港口短暂停靠，接着向南驶入加勒比海，一路南行绕过南美洲最南端——智利合恩角进入太平洋，驶向中国方向。只有这样才能解释为什么轮船会进入加勒比海。这条航线正是当时大西洋和太平洋之间的主要海上通道，巴拿马运河是在1914年才正式通航的。

当容儒柬等人搭乘的轮船进入加勒比海后，逃生的机会向他们招手了。库拉索岛上的威廉斯塔德是加勒比海最大的天然深水良港和大西洋贸易枢纽，来往于太平洋和大西洋的船只都在此停泊、交易，是极好的驿站。

容儒柬搭乘的轮船在威廉斯塔德港口靠岸，作短暂停留，华工被允许上岸小憩。心有不甘的容儒柬又窥见了希望，他和几个同乡乘机悄悄藏于岛上，没有返回船舱。或许在船长看来，华工就算留在荒岛上都未必能撑下去，而且加勒比海盗令人闻风丧胆，故未再上岸搜查。这几名华工就这样偶然地来到库拉索岛。

容儒柬，是有据可查的抵达库拉索的第一个中国人。

1899年，姑拉嫂中国人的历史就这么离奇地拉开序幕。

加勒比华侨与广东侨乡

金山伯二闯金山

虽然姑拉嫂岛上没有黄金矿脉，但是，对于中国人来说，只要不惧艰苦，哪里都可以找到金子，这是中国人的"点金术"。洋人对此百思不得其要领。

由于姑拉嫂在大西洋贸易线上的独特地理位置，1662年，荷兰西印度公司将该岛作为世界奴隶贸易中心，200年后，即1863年，荷兰人才废除岛上的奴隶贸易。

容儒柬和千千万万出洋淘金的广东人一样，勤劳隐

台山冲蒌圩

忍地在小岛上挣血汗钱,期盼有朝一日变身金山伯,衣锦还乡。

20世纪初期的台山冲蒌圩骑楼林立,商业繁华。新宁铁路开通后,在冲蒌圩光荣路街角设有火车站,吸引四方邻里来圩市赶集,到金山庄兑取美金,采购各种"洋货"。

冲蒌圩的金山庄很多,有的是药房兼银号,有的是杂货店兼银号,都属于商号兼营侨汇业务,统称"金山庄",如仁安药房。这些金山庄总部在香港,香港总店与旧金山的金山庄联营合作,在广州和珠三角城乡设连锁店,各店每天公布金价和最新外汇行情,与世界金融市场汇率同步。村民凭金山伯寄回的书信,与庄号收到的"昃纸"(注:四邑人将支票"check"叫作"昃纸")密码吻合后,即可取钱出来。侨乡人将这些从国外寄回来的书信称作"银信"或"侨批",这是中国最早的跨境汇付模式。

冲蒌圩上的老金山庄

侨汇维系千家万户的生活来源。台山人创作了很多"金山"民谣,比如"爸爸去金山,快快要寄银,全家靠住你,有银好寄回"。1929年以前,台山每年侨汇在千万美元以上,占当年全国侨汇总量的1/8;1930年起每年侨汇增至3000万美元左右,几乎占全国侨汇总量的1/3;1937年侨汇量达到1.8亿美元。小小一个台山县的侨汇稳居全中国侨汇第一位,不可不谓奇迹。

加勒比华侨与广东侨乡

所以,20世纪初的台山虽远离省城,偏安一隅,但它是中国最美丽富裕的乡村,其近代化程度让许多大城市望尘莫及,商业和金融发达程度堪比广州,被誉为"小香港"。金山伯自主创新的土洋混搭型洋楼和碉楼遍及乡野;商住两用的欧风西雨式骑楼勾勒出独特的乡村肌理;村村兴办学校,家家依赖银信,万国舶来品充满百姓人家。

这些乡村建筑坚固无比,水泥来自"红毛国",石柱和马赛克来自意大利,都是高订的原装进口洋货,从海上运回来。无论是自住洋楼,还是村前村后的防御性碉楼,楼顶四角皆有可架长枪的枪眼,因为金山伯多,所以山匪很多。

在中国乡村和城市居民还未"开眼看世界"之时,台山人早已坐在茶楼里吃着蛋挞和雪糕,用"半唐番"话拉家常,或住在洋楼里听着留声机飘出《夜上海》的歌声。只是他们并不知晓,大上海的大百货公司售卖的万国货与台山乡下杂货铺里的万国货相差无几,圩上的骑楼街和大上海十里洋场的骑楼街一脉相承,都是广东"金山伯"携资金、技术和人才北上建设的。

容儒崬经过十年苦拼,终于积攒了一些家底,在离乡背井十五年后,提着"金山箱"(指老华侨回国携带的行李箱)回到磨刀水,他打算落叶归根。此时,容儒崬年近三十五。容家自是喜气洋洋,有了"金山伯"这座靠山,过上了富足体面的好日子。

容儒崬做的第一件事是重建祖屋。他买下一大块地,建起一栋二层青砖楼和一个果园,他亲手栽下的龙眼树,每年挂满果实。

由于发妻黄氏不能生育,他们领养了一名男孩,可惜,养子倚仗父亲有钱,游手好闲。为继家业,容儒崬娶了第二房——隔壁端芬乡的梅氏。1914年10月28日,第一个孩子呱呱落地,取名宏富。之后,梅氏又为容家连添三男。容家四子按年龄大小排行是宏富、景富、国富和钜富。容家人丁兴旺,成为磨刀水村的望族。

一大家子靠"金山箱"过活,只出无进,渐渐坐吃山空。更糟糕的是，鸡㙟山上的匪患时常下山骚扰，一次，山匪闯入容家，将其中一个金山箱的锁撬开，洗劫一空。

大约在 1927 年，年过半百的容儒柬二度出洋，返回姑拉嫂二次创业。从姑拉嫂孤身返乡到再次孤身出洋，他在磨刀水度过了十七八年光景。

一切又归于零。

在长子容宏富出生那年，委内瑞拉马拉开波盆地发现石油，这一发现改变了姑拉嫂的命运，同样改变了容家和磨刀水村的命运。

姑拉嫂与马拉开波盆地仅隔 60 千米，威廉斯塔德港是天然良港。荷兰皇家壳牌公司很快在岛上建造了一座大型石油精炼厂，将从委内瑞拉运来的重油提炼为原油，出售到世界各地。石油刺激了姑拉嫂的经济腾飞和劳动力就业市场。

容儒柬敏锐地意识到面向石油工人的洗衣业有发展前景。岛上没有一滴淡水，除非天降大雨，但有一口人工挖掘的井，井口直径足足有几米。每天一大早，容儒柬把沉重的衣服搬运到井边，用木棍敲打出一堆堆油腻。几年后，他终于敲出了一个洗衣馆。

容儒柬起早摸黑洗衣服，收入比打工仔要高。他定期往磨刀水寄钱养家，并开始寻找机会让家里人出来一起创业。他向政府申请了几张"入境纸"，寄回磨刀水。

收到父亲寄来的"入境纸"时，容老二宏富正好十六岁。他很快复制了父亲的老路——先结婚后出洋。1930 年，十六岁的少年告别家人，从端芬海口埠别乡，坐船经香港前往姑拉嫂。

姑拉嫂岛上的建筑色彩缤纷，四季如夏，气候跟磨刀水差不多，这一切都深深吸引了广东少年。他和父亲老老实实地经营洗衣馆，省吃俭用，攒钱寄回老家。几年后，父亲又千方百计为留在乡下的三个儿子申请了"入境纸",翘首盼望一家人在姑拉嫂团聚。

1946年春,容家老四国富来到姑拉嫂。

在容儒柬第二次出洋时,老四年幼,他对父亲几乎没有印象。时隔二十年,当父子兄弟在异国小岛相见时,老父亲已满头白发。这是那个时代几乎所有金山伯家庭都经历过的金山梦,望穿秋水。

老四的到来让容儒柬喜出望外。眼见自己年事已高,他盘下一间小餐馆交由老四打理。老四很争气,很快就能独当一面,小餐馆经营得风生水起。

至此,第一个抵达姑拉嫂小岛的容家,父子兵搭档经营一间洗衣馆和一间餐馆,日子平淡,但有期盼。

1946年底,容儒柬已七十岁。他告别了两个儿子,再次返回磨刀水,与家人安享晚年。

1948年,容儒柬在自己亲手建造的祖屋里,走完了东奔西走的一生。

容老二的异国恋

老二宏富离开磨刀水村后,妻子产下一女,母女俩苦苦等待与宏富团圆。然而,当时北美排华浪潮日盛,华人女性移民难如登天。老二虽无比思念远在家乡的妻女,却也只能与星月作伴,望洋叹息。

金山伯的女人,是用眼泪做成的。

一天,从姑拉嫂隔海相望的委内瑞拉走来一个风情万种的印欧混血女孩,她的到来打破了老二的平静生活。老二才二十几岁,他打算和委内瑞拉女孩结婚。

磨刀水村

容儒柬是个守旧的人,想到远在天边不知何时才能团聚的磨刀水亲人,五味杂陈。他不支持也不反对,默认了这桩婚姻。原先只有两个男人的家顿时热闹起来了,家庭人口快速增加,老二和洋媳妇连生十三个孩子,一个跨国家庭诞生了。

然而,明月当空时,老二想起磨刀水的妻女,心凄凄焉。1960年代初,老二申请妻女移民到姑拉嫂,妻女满心欢喜,万里迢迢投奔而来,对即将开始的新生活满怀憧憬。

三十多年的长离别,当年的小夫妻已是中年,容老二希望弥补对母女俩的亏欠。老二的举动引起委内瑞拉妻子的不悦,她和十三个儿女组成共同阵营。容老二左右为难,眼看自己无力解决越演越烈的家庭矛盾,无奈请朋友帮忙将发妻母女送去美国。

留在岛上的容老二子孙满堂,儿子孙子曾孙辈加起来有六十多人。他们不会说中国话,除身份证上无法更改的姓氏——容(Yung),找不到其他跟中国相关的标识了,而"Yung"这个姓氏也必须要用粤语发音才能知道是中国姓氏,否则猜不出他们的血液里流着中国人的血。

容老二的长子容景华是姑拉嫂著名麻醉师,他和十三妹至今留在岛上,其他兄妹已移居荷兰。多年前,容哲文(老五容钜富之子)带容景华回广州、香港、澳门旅游,遗憾没回到磨刀水。

这场家庭纠纷以容老二离家出走终结。所谓"清官难断家务事",容老二万念俱灰,独自躲进华侨会所的单身公寓,天天靠搓麻将避世。

1984年12月28日,容宏富在麻将桌上自摸十三幺,兴奋地哈哈大笑几声,昏厥过去,没再醒过来。

容老二以这种不可思议的戏剧方式,梦断姑拉嫂。

三家巷容苑

容老四国富一直在姑拉嫂岛上默默奋斗,直到四十多岁才与一名中国女子结婚。夫妇俩于1970年离开姑拉嫂,移民美国。

1984年底,容老二宏富在麻将桌上倒下。

此间,留在老家磨刀水的容老三景富和老五钜富兄弟俩,也在悄悄发生变化。

1978年,中国改革开放,"海外关系"瞬间变成了"好东西"和"香馍馍",台山侨乡又掀起以家庭团聚为主的国际移民潮。北美是近代台山华侨聚居地区,当国门一开,台山人争先恐后地出国投奔亲友,如果不能去美国和加拿大,也设法去那些离美加不远的地方。

容老三和老五的子女们成为早期新移民。容家第三代以容老五的儿子容哲文最为姑拉嫂人熟识,大家亲切地喊他"三叔"。

三叔说,以前岛上的人都叫他"老板",后来容宇庭担任华侨会所主席一职,干得非常出色,大家才知道他是容宇庭的三叔,由此,"三叔"之名传了开来。

加勒比华侨与广东侨乡

"姑拉嫂的三叔,就是我!"三叔喜欢这个称呼。在容宇庭之前,他是华侨会所主席。

而三叔与姑拉嫂的故事,缘起磨刀水,又不完全因为磨刀水。

这又要从容家第二代说起。

广州市六榕街道周家巷40号,一栋中式院墙西式户外旋转楼梯的四层楼房,在周围单调划一的住宅楼群中,显得有些另类。

周家巷是著名作家欧阳山先生代表作《三家巷》的原型地,讲述20世纪20年代初在广州三家巷里住着互有姻亲关系的周、陈、何三户人家,由于社会地位和各自经历不同,三家青年最终走上了不同道路。《三家巷》这部小说影响了几代中国青年,还被拍成了电影。

现在的周家巷40号,门口写着两个烫金大字"容苑",宅子的主人叫容钜富,磨刀水村容儒埭的第五个儿子。

老五容钜富从没出国,他参加了解放军,在孟良崮战役中受伤被抬下火线。后来,他又参加了解放上海的部队,中华人民共和国成立后留在上海工作。这时,老五开始考虑寻找在国外的兄弟们。

"我父亲在报纸上刊登寻人启事,寻找我二伯父,我至今都想不通,我二伯父是怎么看到报纸的。1951年,我父亲收到二伯父寄来的5000美元,太突然了。"三叔说,"那时很多人都没见过美元,5000美元到底是多大一笔钱啊?我父亲不知道怎么花这么一大笔钱了。"

不久,老五转业回广州工作。那时东山口有很多洋楼,老五却对偏僻的周家巷情有独钟,用二哥寄来的美元买了这栋"容宅",成家立业,结婚,生子。

当然,容宅成了磨刀水人在广州的驿站。磨刀水人到广州,都会在容宅暂住几日。其中最出名的磨刀水人是中国足球名将容志行。说起这位名人兄弟,三叔记忆犹新。

容志行的老家在磨刀水,在我老家对面,我们是亲堂兄。容志行的父亲和他四兄弟从印尼回国后就住在容宅,他们住在三楼,住了十年八年吧。容志行从小在越秀山踢球,长大后就经常到河南踢球,还骑单车到三水踢球,那时广州足球场很少。他去国家队的时候我还在广州。因为他是名人,所以老有人来跟我要足球票,这让我很苦恼。

容老五一家虽然住在令人羡慕的大宅院里,然而,子女前途渺茫。容老五的妻子决定将四个子女送出国。作为家里第一个被送出国的人,三叔回忆道:

20世纪80年代,姑拉嫂有一个姓鲍的乡里回广东结婚,见到我,就帮我申请去姑拉嫂。其实这个人是容姓,原来住在磨刀水隔壁一家村,他在20世纪40年代出国,不知道谁给他办理的入境纸,上面写着姓"鲍",他就改姓鲍了。我出国后先在鲍家打工三年。

去姑拉嫂之前,我不知道姑拉嫂是什么样子的,但我已经做好吃苦的准备,我想象的姑拉嫂是"马车、黄泥土"。等去了姑拉嫂,发现不是黄土坡,还有点城市的样子,街上有车,我告诉自己我一定可以!不过,后来我老婆去的时候,在飞机上就哭了,从飞机上看下去,姑拉嫂没有太多人住,荒山野岭,当时我老婆在中国大酒店工作,反差太大了。

1987年,那年三叔20多岁,大哥一路送他到深圳罗湖口岸。他悲壮地告诉大哥"要准备好十年见不到我。"他下决心用十年时间,闯出一番事业后才回广州见亲人。

三叔说:"1998年,我第一次回国。大哥在香港机场接我,见到我又

加勒比华侨与广东侨乡

一家村,只有不到十户人家

黑又瘦,忍不住哭了,一路哭到家,抱怨我太狠心,真的11年不回来。"

这十年,三叔在加勒比海岛创造了一个洗衣业奇迹,这是他的爷爷容儒柬辛劳一辈子都不敢有的梦想。

离开鲍家后,三叔开始独立创业,他没有跟风去开餐馆,而把目光瞄准洗衣馆。他说做出这一决定是经过调查研究的。

> 我在广州读的是机电专业,我不懂洗衣服,家里也不用我洗衣服,但是,我相信一个洗涤公司只要搞定了机器就可以开门做生意了。我爷爷最早创业时开洗衣店,他用棍子敲了8年石油工人的衣服,敲出一个洗衣馆。在我到姑拉嫂二十年前,姑拉嫂有华人洗衣馆,相隔二十年后,我开了第二家华人洗衣馆。

三叔的经营理念别出心裁,在岛上首创开放式熨烫车间,引起巨

大轰动,洗衣馆前门庭若市,成为岛上一道靓丽的"朝九晚五"风景线。说起这段创业奇迹时,三叔仍然激情澎湃:

> 我在姑拉嫂住了25年,刚开始几年打工,第五年就开了洗衣馆,干了20年。我用五年时间打垮了一个大洗衣馆,跟另外一个大公司并驾齐驱,我的洗衣馆位居第二,我有三十多个员工,生意很好。我们岛上的海滩有很多酒店,我告诉他们免费更换新用品,条件是酒店用品都在我的洗衣馆里洗。酒店看到不用投资就可以免费享用服务,就爽快地跟我合作了。我每年都回广州订购大量酒店用毛巾床单等等,免费提供给酒店使用。
>
> 我的洗衣馆前面,每天早晚都有本地顾客排长队,而且他们都很高兴。我的洗衣馆柜台后面是开放式工作间,顾客可以看见自己的衣服在熨烫中,熨烫衣服发出"吱吱"的声音,他们不知道熨衣服是这样子的,站在那里欣赏,店员熨烫好衣服后直接拿给顾客。我是姑拉嫂第一个经营开放式洗衣馆的人,后来开的洗衣馆都是这种模式,店主都是从我店里出来的员工。

1988年,三叔在广州当中医的二哥到姑拉嫂,和容宇庭的爸爸合伙开餐馆,几年后又移民加拿大。三叔始终没有从事与餐饮相关的工作,他只中意美食。

几年前,三叔随子女移民荷兰。在离开姑拉嫂前,他将洗衣馆生意一分为二,转给侄子容宇庭和好友伍权荣。现在岛上有十家洗衣馆。

三叔说,年纪大了,跟着孩子走,孩子在哪,家就在哪,但无论如何,等孩子都独立了,一定回广州养老。三叔有四个兄妹,大哥在中国香港,二哥在加拿大,姐姐在旧金山,他在荷兰,四兄妹一年都难见一面,都跟子女生活,广州三家巷的容宅已出租。

| 加勒比华侨与广东侨乡

　　其实,年近花甲的三叔显得特别年轻潇洒。他每年都回广州小住几个月,每次回来,都开着吉普车四处游玩,约老友喝茶聊天,完全像一个停不下来的老顽童。

　　三叔自己也以老广州自居。去容苑的时候,他说带我去吃老广州的味道。在西关一家不到十平方米的小店门口,买了两个咸煎饼,我掰开饼子,发现里面的面粉呈香芋色。听三叔说,这才是最地道的老广州咸煎饼,冷的时候最好吃。

磨刀水流啊流

世界很小,小到在磨刀水村轮流转。

当中国国门大开,磨刀水人又重复祖辈们的脚印,洗脚上田闯世界。只是,他们不再像祖辈那样在太平洋上漂流两三个月才抵达西半球,他们绕着地球飞;他们不再像祖辈那样梳着长辫挑着扁担闯金山,他们背着最潮款的旅行包——红白蓝条纹编织袋,走向世界各地。

虽然第一个到姑拉嫂的中国人容儒柬后来陆续将磨刀水的家人和亲友申请到姑拉嫂,然而,此时的容家只有容老二在姑拉嫂,而且,他在1984年已去世。

1983年,老三容景富的孙子容宇庭是一名初中生,身边的同学一个接一个移民海外。看到同学们寄回来的明信片上各种漂亮建筑和城市风景,宇庭以为国外遍地黄金,内心悄然萌生出国念头。

容老三自己不去姑拉嫂,却鼓励儿孙出去打拼。1985年,在磨刀水一个容姓族人的帮助下,容宇庭的父亲容振均申请到哥伦比亚,在族人家的餐馆打工。

"那时,爷爷常对我说,你的曾祖父五六十岁还去姑拉嫂创业,你为什么不出去闯闯呢?"宇庭说,"爸爸刚去哥伦比亚时我还小,家里还有两个弟弟,妈妈在家,有点舍不得,不过我还是想出去闯一下。"宇庭将自己的想法告诉妈妈,妈妈支持儿子的选择,帮儿子跑了五六个月才将出国手续办妥。

1986年3月,15岁的宇庭告别家人,背起行囊,独自远行。他从台城坐长途汽车到广州,在周家巷三叔家住下,等待舅舅从香港来接他。两人坐火车到深圳,从罗湖桥上走到香港,然后到哥伦比亚使馆办好签证,订好飞机票。当宇庭在香港启德机场柜台办理登机时,工作人员看过航班信息,笑着对他说:"这趟飞机上有三个中国人去哥伦比亚,我把你的座位和他们安排在一起吧"。

少年喜出望外,连声道谢。当他走进机舱,发现邻座是一个看上去比他还小的男孩,两人互相介绍,方知男孩叫廖向荣,只有12岁,家住冲蒌镇前锋甫草洋村。磨刀水和甫草洋隔条小路,现在都属前锋管区,有趣的是,两人从来没有碰过面。

两个少年心情大好,有说有笑地一起飞往哥伦比亚。到了波哥大机场,容宇庭的父亲和廖向荣的父亲各自将儿子接回家。这两个少年再次见面,是在2014年北京举办的世界华侨华人社团大会上,他们代表各自国家的华人社团参加大会,容宇庭是库拉索华侨会所主席,廖向荣是哥伦比亚一个华人社团的秘书长。

在波哥大安定下来后,宇庭选择到语言学校学习西班牙语,放学后替父亲打工的餐馆送外卖。当时哥伦比亚华人不多,宇庭会讲一口流利的西班牙语,马上有了用武之地。

"在我打工的餐馆有一个华侨联谊会的秘书长,我就跟着他帮同胞找医生和律师,看西班牙文文件,从那时起,我开始接触到华人社团的工作了。"这个经历为宇庭日后开展社团工作积累了宝贵经验。

1988年,在姑拉嫂的磨刀水兄弟申请容振均到他的餐厅当厨师。宇庭一个人留在波哥大,继续一边上学一边在中餐馆送外卖,勤工俭学。

1990年初,宇庭到姑拉嫂与父亲团聚,父子二人一起在中餐馆打工。"我爸爸一天要打三份工,在中餐馆打两份工,深夜回到家继续做早餐,天没亮就要送到当地人开的餐厅,这样就可以赚点小钱。"不善言辞的宇庭说起父亲的辛苦,显得有些激动。他和父亲一样,拼命地干活攒钱,同时努力学习姑拉嫂方言"帕语"。

宇庭有语言天赋,学什么会什么。中餐馆一般营业12个小时,他抓住每一个与客人交流的机会学习帕语,"帕皮亚曼土语跟西班牙语比较像,我跟客人聊天时,遇到听不明白的话,就用西班牙语说,慢慢地,我就学会了帕皮亚曼土语。"这种实战型学习方法使得他很快能说一口流利的本地语。

就在这一年的七八月份,宇庭的母亲和两个弟弟来到姑拉嫂,一家五口在分别五年后终于团圆。

容宇庭一家在姑拉嫂的创业历程,印证了中国人的一句老话:家和万事兴。这是容老二曾经梦寐以求、却留下的永远遗憾。

我曾经问过宇庭,在他的人生经历中什么最难忘。他的回答很简单:"我们做的是家族生意,妈妈经常说只要一家人团结,一起做事,用心去做事,那就会有结果。"

容振均到姑拉嫂后不久,和堂兄容哲文的二哥合伙开餐馆,其间的辛苦深深地烙印在宇庭心里。

> 我父亲和我叔叔婶婶三个人做工很辛苦,每天凌晨两三点钟就要起床开工,一天做工20个小时,一天只睡三四个小时。后来叔叔婶婶移民去加拿大,把餐馆卖给了我们。

1991年,宇庭家开了第一间餐馆,1993年开了第二间餐馆,1995

| 加勒比华侨与广东侨乡

年又开了第三间餐馆,慢慢地开了好几间餐馆。

20多岁的容宇庭初次尝到创业成功给自己带来的改变,他想到还在磨刀水的兄弟们,开始申请村里人出国。

> 从1996年开始,我陆续申请磨刀水兄弟到姑拉嫂。凑巧有一个磨刀水兄弟会建房,当时我已经买了一间房子,就请他帮忙在屋后建了一个二层楼。后来我又买了一块地盖了一间新房子,这样的房子陆陆续续建了好几间。

摸着石头过河。1998年,宇庭发现姑拉嫂岛上没有华人超市,机灵的他瞄准了这个商机。

> 二叔移民去加拿大,我们接了餐馆,就在餐馆原址上盖了个超市,这是我家的第一个超市,慢慢地开了第二第三家超市。我们还做过加油站,因为经验不够,开了几个月便放弃了。

容宇庭三兄弟的洗衣厂

2005年,宇庭得益于三叔容哲文的传帮带,开始涉足洗衣业。三叔移民荷兰前,将一部分洗衣业务留给他,这对宇庭帮助极大。2009年,宇庭新建厂房1000多平方米,旧厂房仍有六七百平方米,洗衣机器从美国和中国进口。

现在,姑拉嫂有两家大洗衣厂,一家是荷兰人的,一家是容宇庭三兄弟的。"主要是我们两家在竞争。荷兰人做的很大,我的洗衣馆业务占市场份额不到20%。"

2013年,华侨会所换届,刚过不惑之年的容宇庭被推选为华侨会所主席,因深得人心,连任至今。

从1899年至今,磨刀水村容家到姑拉嫂小岛超过120年了,五代一百多人散居在姑拉嫂、荷兰、美国、加拿大、委内瑞拉和苏里南,有中国人,有混血儿,如同一个小联合国。

同样改变命运的,还有磨刀水人。当"容宇庭们"一个接一个飞越山海来到姑拉嫂,无一例外地用自己勤劳的双手创造财富,反哺老家亲人。宇庭说:

> 1986年我离开磨刀水时,村里还有四五百人。这些年,村里的兄弟们陆陆续续都出来了,现在在姑拉嫂的容姓族人有100多人,容姓是姑拉嫂的一个大姓。
>
> 磨刀水兄弟除了在姑拉嫂,还有一两百人在纽约,比在姑拉嫂的人还多,还有一些人去了加拿大、巴西、英国和南非,记不全了,很多地方都有我们磨刀水兄弟。现在村里只有几十人,都空了。

2002年,容儒柬的三个儿子——老三容景富、老四容国富、老五容钜富相继离世。这仿佛是命运的安排,容家的传奇,交由后来者续写新篇。

加勒比华侨与广东侨乡

一张"入境纸"引发的奇案

2015年7月26日下午,黄冠雄刚回到公司,侄子紧张地告诉他,有两名警察来公司找他并留下了姓名和电话。

老黄当过多年姑拉嫂"侨办主任",虽然参与处理过涉及侨胞的纠纷或案件,但警察找上门来是第一次,他心神不宁,揣摩着可能摊上大事了。他马上给警署打电话,立即驱车到警察署找到警长,才得知警方正在寻找一位90岁的中国人,名叫Kiang Foo Yung。

警方介绍了案情。Kiang Foo Yung的女儿从荷兰返姑拉嫂看望父亲,发现父亲失踪了,到警署报警。警方接到报案后展开调查,发现Kiang Foo Yung一直在政府指定的银行领取退休金,随后又发现退休金领取者并非Kiang Foo Yung本人,而是另一名华人W,W表示受Kiang Foo Yung委托代领退休金,后者已于2003年回中国。但是,Kiang Foo Yung的女儿不相信其父已回中国,认为父亲已在姑拉嫂遭遇不测,她向警方控告W谋财害命,并请媒体发动社会力量帮她寻父,通过舆论施压警方。在此情形下,警方不得不联系华侨会所,希望获得帮助。

一张"入境纸"引发的奇案

老黄被这突如其来的消息震懵了。"当时警方给我看的只有受害人的外文名,没有中文名,我用普通话和粤语都译不出来,用四邑方言译出'近福勇'等多个音译名,觉得都不靠谱。"老黄说,由于警察无法提供关键的中文名字,令他万分着急。

走出警署大门,老黄猛然想起外国人的名字写法是姓在后名在前,他仔细查看警察写给他的名字,顿时醒悟:后面的"Yung"不就是"容"吗!他马上找到容宇庭,拿出纸条让他辨认上面的外文名字。

容宇庭看了一眼纸条,脱口道:"这是我爷爷的名字——容景富。"

容景富是容儒柬的第三个儿子。1946年,老父亲给在磨刀水的老三老四申请了"入境纸",但只有老四容国富投奔父亲,老三容景富一生待在磨刀水,于2002年5月在台山去世。

那么,从来没有出国的容老三怎么会在姑拉嫂被害呢?而且是在他去世十几年后被害呢?

这简直是天方夜谭。老黄和容宇庭两人面面相觑。这桩奇案要从70年前容儒柬寄回磨刀水的那几张"入境纸"说起。

容景富于1918年在磨刀水出生,容儒柬第二次从磨刀水到姑拉嫂大约在1927年,那年,景富才九岁。

"二战"结束以后,华人进入新大陆的大门才再次打开。容儒柬想办法为留在磨刀水的两个儿子——老三景富和老四国富申请了移民姑拉嫂的"入境纸"。

冲蒌乡村,历史之眼

兄弟俩虽盼父心切，但心情截然不一样。老四年少，对国外的生活充满向往，心里自是欢喜得不得了。老三已成家，大女儿六岁，儿子才两岁，而且妻子又有身孕，他陷入苦恼。老三思虑再三，做出了一个令所有人无法理解的破天荒举动：不去姑拉嫂！

当时，对于有出洋传统的台山人来说，国外的"入境纸"等于"黄金纸"，这是通向致富之门的入场券。为了不浪费这张来之不易的"入境纸"，老三决定变卖"入境纸"，把机会给予有需要的人。

老三的生母梅氏是端芬人，梅氏族人大多去美国芝加哥淘金，早期的芝加哥几乎是梅氏族人的大本营，与梅氏等10余姓村民在端芬大同河畔兴建的汀江圩梅家大院遥相呼应。梅家大院是一座柱廊骑楼围成的小方城，城里有金山庄，有圩市，有各种西洋景，曾经是台山内外名噪一时的"小香港"，很有名气。

梅氏娘家村里一个叫梅嘉祥的人买下老三的"入境纸"，以容景富的身份移民姑拉嫂，一直没有改回自己的名字。

而真正的容景富——容家老三，在磨刀水开了一间食品杂货店，与妻儿过着与世无争的生活。

姑拉嫂警方要寻找的中国人，就是以容景富之名移民姑拉嫂的梅嘉祥，即姑拉嫂居民容景富。

在搞清楚容景富的身份后，黄冠雄和容宇庭立即赶到警署，请求暂缓对涉案嫌疑人W采取措施。老黄用警长桌面的电话联系W，告知事态严重性，请他如实告知梅嘉祥的下落。原来，梅嘉祥已于2003年回台山，W帮梅伯代订回中国的机票，梅伯委托W代领退休金并寄回台山。幸好W留下了一份航班时间、航班号和行程单副本，警方据此初步判断梅嘉祥已回到中国，"容景富被谋财害命"不成立。

此时，容宇庭的爸爸容振均正好在台山探亲，收到儿子发来的消息后，他马上返回磨刀水村，兜兜转转找到早年嫁到梅嘉祥所在乡的村民，她说梅嘉祥已去世，但不知详情。

梅嘉祥的女儿不相信警方关于其父在中国死亡的说法,依旧不断申诉。警方因没有任何证据证明梅嘉祥已死亡,无法销案。案情虽浮出水面,但情况变得错综复杂,警方寄望中国方面可以提供姑拉嫂居民容景富的死亡证明,这是容景富一案的关键证据。

在警察找到黄冠雄之前,老黄已经知道梅嘉祥的女儿几次从荷兰返回姑拉嫂寻父,还曾请求华侨会所帮助,老黄也到梅嘉祥住所附近向侨胞打听过梅伯的下落,大家都说已经好长时间没见过梅伯,此事不了了之。但是,老黄不知道梅嘉祥还有一个名字是容景富,更不知道容景富才是梅嘉祥在姑拉嫂的有效身份。

2016 年 9 月,黄冠雄从姑拉嫂飞回台山,查找梅嘉祥去世的证据。

70 年前,梅嘉祥用容景富的"入境纸"来到姑拉嫂,成为姑拉嫂居民容景富。"容景富"后来与本地女子结婚,生有一女,妻女从来不知道他的真名是梅嘉祥。妻女移民荷兰后,"容景富"住进岛上的政府公寓,眼看自己年事已高,决定回老家安度余生。老人没有将自己的这一决定及时告诉远在荷兰的妻女,悄悄地离开姑拉嫂回到台山。

根据广东省出入境记录显示:容景富于 2003 年 11 月 6 日在广州白云机场入境,之后一直没有出境记录。黄冠雄认为这可能是国际刑警组织迟迟没有回复姑拉嫂警方的原因——查无此人。

但是,"容景富"于 2003 年从姑拉嫂回到台山一年前,容景富已于 2002 年在台山去世。这又是事实。

那么,如何证明容景富不是容景富,而是梅嘉祥?

黄冠雄向老朋友们求助,在台山查找外国人容景富或梅嘉祥的死亡证明。他们专门联系殡仪馆工作人员,查核 2011 年前后三年内有没有 Kiang Foo Yung 或梅嘉祥的火化记录,还到端芬查找,仍无结果。

黄冠雄一行把调查重点转向磨刀水村,几经周转,终于找到新线索。

加勒比华侨与广东侨乡

我们找到梅伯的祖屋和他的侄子。据他说,梅伯出国前已结婚生子,梅伯回来后回村住了一段时间,后来他在香港的儿子回台城买了房,便把父亲接出去住,2005年大年初一,梅伯突然在家去世。

我们又找梅伯儿媳的大哥查证,他参与处理了梅伯的后事,他把妹妹在香港的电话给了我。我和梅伯的儿子通了电话,反复核对情况,他家里还保存着梅伯"容景富"的荷兰护照,但没有死亡证。

接着,我们又找到梅伯生前住所,经询问管辖该片区的派出所,得知他们没有出具过梅嘉祥的死亡证明,也没有他的户口登记。

我再次致电梅伯的儿子,他说,梅伯去世后,他们以生父梅嘉祥的姓名回乡政府办理了梅嘉祥的死亡证明。

我又去村委会和火葬场查核相关情况,终于找到了梅嘉祥的死亡证明,证实梅嘉祥于2005年2月11日病故,终年91岁。

黄冠雄如释重负,小心翼翼复印好梅嘉祥的相关证明资料,由相关部门盖上印章。至此,因七十年前一张"入境纸"引发的奇案,真相大白了。

在西方国家排华时期,这类"入境纸"在台山侨乡并非个例。人们为了生活,四处奔流,有的人叶落归根,有的人终老异乡,有的人一生不能用回自己的姓和名。

第三章　中餐在地化经典案例

有一种融合中餐
它的名字叫
Chop Suey
Chifa
它不在中国
却风靡新大陆

杂碎哲学

美国"炒杂碎"的起源,听起来太过戏剧,更像一个江湖传说。故事发生在加利福尼亚州淘金热初时,一个深夜,一群白人矿工醉醺醺地闯入旧金山一家中餐馆,叫喊着上菜吃饭。此时餐馆准备打烊了,华工惊恐,又不敢拒绝,忐忑地把厨房里的剩菜剩肉以酱油作调味,炒成一锅。白人矿工吃后觉得味道好极了,追问店主此菜叫甚。华工随口答道:"杂碎"。

华工是广东人,在广东,"杂碎"是指剩下的拉拉杂杂的"下脚料",但这种"下脚料"却为西方世界输送了一道传奇的中国菜"Chop Suey",这个用粤语发音浑然天成的词汇,如一缕清风,创造了一个新的中国饮食神话。

有一次和秘鲁乡亲萧孝权先生吃饭,他又向我讲述了极度类似的故事,出场菜换成了"洋葱炒牛柳",关键在于,这是一道秘鲁国菜。

"洋葱炒牛柳",西班牙文为"Lomo Saltado"。传说在百多年前的一个冷夜,天空飘着雨,黑漆漆的利马街头只有一家中餐馆透出昏暗的亮光。几个本地人跑进店来,又饿又冷,让店家快拿吃的出来。

店家摇摇手说：要关门了，没有东西吃了。

食客道：不行，有什么就做什么。

店家转身进厨房看了看，发现还剩些西红柿、洋葱和牛柳，随便把这三味炒成一锅。见菜量不足，又顺手将白天买回来配搭烤鸡的炸薯条扔进锅里炒炒，加了些酱汁。这道杂烩端上桌后，食客虎咽狼吞，好奇地打听这道佳肴的名字。店家应答"洋葱炒牛柳"。

多么似曾相识的故事，与美国版"炒杂碎"如出一辙。美食需要故事加持，有故事的美食，方能作为文化遗产，源远流长。

西红柿、洋葱、牛柳、炸薯条，经过厨师和"镬"气的化学作用后，牛柳的嫩滑，搭配薯条的香脆，夹杂着酸甜汁和番茄汁的层次感，风情独具的味蕾体验，令"洋葱炒牛柳"如明星般受大众追捧，毫无悬念地走进秘鲁家家户户。从来没有人怀疑这道秘鲁菜的出身，人们一直相信这是一味地道的秘鲁菜。

当我把"洋葱炒牛柳"的故事讲给朋友们听，他们的第一反应像串通好一样：这是什么鬼东西呀！然后，送给我一个见到外星球怪物似的夸张表情。

文明的交往，文化的交融，若然置于美食的流变中观照，会有意想不到的新发现。当世界上两个古老文明——华夏文明和印加文明跨越太平洋几万里相遇，秘鲁人民的大众的"洋葱炒牛柳"，不正是中华美食美美与共的人类共同愿景吗！

我让老萧教我做这道菜。他说关键在酱料，只有秘鲁华人才懂。

中餐烹饪艺术的秘密武器在于用料讲究"些许"哲学——些许酱油、些许盐、些许料酒、些许十三香……，事实上，"些许"是随机的，谁也不能确定究竟多少才是"些许"，这正是中餐料理难以像日本料理那样标准化的症结所在。

萧孝权将"洋葱炒牛柳"酱料的故事娓娓道来。

杂碎哲学

几年前,李锦记公司的人到秘鲁,偶然发现"洋葱炒牛柳"的独特风味,而且这道菜在秘鲁的市场很大,便让李锦记美国公司专门研发"炒牛柳汁",在洛杉矶的工厂生产,专供秘鲁市场。为研制出与 Lomo Saltado 风味匹配的酱料,李锦记专门邀请秘鲁的几个 CHIFA 商家到洛杉矶工厂试味品鉴。

我是香港李锦记的代理,应邀去洛杉矶,根据自己的经验现场炒了一碟洋葱炒牛柳,供李锦记参考。几次实验后,李锦记成功研制出"炒牛柳汁",在秘鲁卖得非常好。

这算是一个轮回吧。东半球的粤菜本没有"洋葱炒牛柳",西半球的粤人因地制宜发明了它,这世上便有了一道印加传统佳肴。美食的流转,哪里是起点?哪里又是终点?有太阳的地方,自有人间万千风味。

秘鲁人亲昵地称中国人为"中国老乡",大概跟中国人彻底改变了他们的饮食结构有关。1849 年 10 月,首批 75 名广东劳工抵达秘鲁,迄今秘鲁华人华裔人口超过 300 万,粤籍占 90%。广东人首先从改良水稻出发,渐进改造秘鲁人的餐桌,将传统中餐进行在地化改良,从而形成辉煌的中餐文化——"CHIFA"。

"CHIFA"指中餐馆,从粤语"食饭"一词音译而来。大大小小的中餐馆都有

秘鲁 CHIFA

加勒比华侨与广东侨乡

"CHIFA"标识,让人想起从前美国唐人街上鳞次栉比的"Chop Suey"招牌,一种魔幻般的仪式感油然升起。

"CHIFA"不只有洋葱炒牛柳。"CHIFA"是一个由食材、主食、菜肴、点心为核心构建的秘鲁中餐系统,创造了独特的粤菜秘鲁化范式。

在秘鲁饮食字典里,生姜是"Goeng",芥蓝是"Gailan",酱油是"Sillao",饭是"Fan",鸡是"Kai",点心是"Dim Sum",云吞是"Wantan",炒饭是"Chaufa"……秘鲁人将这些好吃的外来词融入到日常生活中,转化为本民族语言。与美式中餐一样,"CHIFA"有"炸云吞",不过,秘鲁人将"Wantan"读成"完蛋",来一份"炸完蛋"吧,彼此心领神会,沟通无障碍。

粤语是一种多么有幸福感的世界语啊!

在中秘建交45周年之际,秘鲁国家邮政局发行了5000套中餐纪念邮票,每套由四款佳肴"炒饭、云吞汤面、八珍炒面、柱候豚鼠"组成。"八珍炒面"的"八珍",指鸡肉、鸭肉、牛肉、叉烧、虾、鱼肉、鲜鱿、鹌鹑蛋八味荤菜,先把面出水后放锅里稍微煎或炸,再把"八珍"炒蔬菜(西蓝花、长葱段、甜椒、白菜)浇在面上,即成"八珍炒面"。"柱候豚鼠"是一道 CHIFA 新菜式,由传统柱候鸡演变而来。

这四枚小小的邮票啊,终归是乡愁的滋味,故乡在那头,故乡在这头,两头皆故乡。

拉美中餐自成流派。

镶嵌在蓝色加勒比海的多米尼加,在 20 世纪 80 年代只有五六千中国人,百分之九十九是广东人,其中绝大多数又是广东恩平人,因此,恩平话成了"标准"中国话。不懂恩平话,本地人会认为你不懂中国话,也就认为你不是中国人了。多米尼加一直以恩平话"山多罗"之名被广东华侨尤其是五邑地区华侨所熟知,让人误以为多米尼加和山多罗是两个不同国家。

  1975年,恩平籍华侨余廷本在多米尼加成立环球农产公司,又在美国纽约设农产公司,在美国海外飞地波多黎各岛投资农场,还在多米尼加贷款给同乡开垦四五个农场,农场产品全部由该公司收购后转运到美国、加拿大和加勒比海岛。恩平人善农耕,在山多罗农场种满兰豆、豆角、毛瓜、苦瓜、丝瓜、葫芦瓜、油菜、芥蓝、空心菜、韭菜、茼蒿、萝卜、芋头、茄子、香茅等作物,几乎把中国南方常见蔬菜一一移栽去加勒比海岛。

  许多新移民初到多米尼加的第一份工作是从厨房工开始的。我听过一个真实的故事,一位非广东籍新移民去餐馆应聘,老板问的第一句话是"你会做什么菜?"他说连切肉都不会。老板笑他既不会炒菜,到国外来做什么。炒菜是新移民的必备技能。

  现在,多米尼加比较有规模的中餐馆约有15家,快餐店数量难以精确统计,大约在350~450家。广州人卢永峰在首都圣多明各开餐馆十多年了,他说多米尼加中餐有"四大名菜",分别是:什锦炒面、炒杂碎、甜酸猪肉、什锦炒饭。

  "什锦炒面"的"炒面"其实是"炸面",把干面饼在水里泡发后沥干水份,再放入油锅里炸熟,沥干油后装碟,然后把炒好的什锦菜(鸡、鸭、猪、牛肉炒杂菜)浇到炸面上,成毕。

  "甜酸猪肉就是咕噜肉。炒杂碎更加简单,先把杂菜灼水捞起,再跟肉类熟食一起炒,这叫炒杂碎。如果用杂菜炒海鲜,那叫海鲜杂碎了。"说起这"四大名菜",阿峰一副乐不可支的样子。

  卢永峰在大学毕业后移民多米尼加,餐馆的经历丰富了他对世界中餐的认识。一次,一个游客点了一份云吞汤,云吞汤上桌后,游客不解地问:"怎么汤里没有黄色的葱?"阿峰愣了一下,旋即明白客人所指"黄色的葱"可能是切成小段的韭黄,猜想游客去过美国中餐馆,急忙解释说多米尼加没有韭黄,这是韭菜。

加勒比华侨与广东侨乡

这道名扬新大陆的主流名菜"云吞汤",奇特之处在于它是前餐,并非主食,也不是传统中餐概念中的汤羹,而是用杂菜、肉类或海鲜煮云吞,汤料丰富。广东人吃饭先喝汤,而"云吞汤"与老火靓汤相比,此汤非彼汤,却都把"喝汤"作为吃饭的第一道程序,不能不说这是广东人对传统的大胆创新。

由此念及"甜酸肉",这道放之四海而皆准的世界名菜,之所以常被当作调侃海外中餐的炮灰,跟它的名字有关。糖醋排骨(肉)、咕噜肉和甜酸肉本是一家,若非美国中餐以"甜酸肉"之名代替"咕噜肉","咕噜肉"足可以去申请世界非物质文化遗产了。这说明,"好吃"的故事,更叫人牵肠挂肚地回味。

"炸云吞"的故事一样令人哭笑不得。在新大陆,"炸云吞"是驰名小吃,可是有多少人知道,"炸云吞"本是广州传统小吃呢?

在广州,"炸云吞"有一个极好听的名字"锦卤云吞",吃时沾糖醋汁,馅料可素可荤,如鲜虾锦卤云吞、百花锦卤云吞,而百花馅由猪肉茸、虾肉茸、香菇粒等和成,并非一百种鲜花茸。一样的"炸云吞",秘鲁版的名字是"炸完蛋",广州人却酿出了春天的香蜜。

紧要的是,无论英语国家,还是西班牙语国家,"云吞"都采用粤语拼写"Wantan"或"Wonton","炒面"则一律用"Chow mein"。当我们从"云吞""炒面"的全世界走过,会惊艳地发现,锅碗瓢盆里更有我们的文化自信。

在哥斯达黎加首都圣何塞的中国城,一家打着"家乡风味"名号的烧腊店吸引我停住脚步,橱窗里挂着一排烧鸭、叉烧、烧排骨和烧猪肉,一个看似十八九岁的青年正在砧板上切肉。我问他是从恩平来的吗?他抬起头,对我笑笑,点点头。

想起那些炒杂碎、炒饭和炒面,五颜六色的食材里都有叉烧,果真是美食界的"东方不败"。

哥斯达黎加、洪都拉斯的"炒杂碎"别具一格,名字沿袭美国"杂碎"（Chop Suey），实际上是美式中餐的"炒面"，这种"挂羊头卖狗肉"的表达让我混沌了好些日子。后来，当我在波多黎各岛发现那里的"炒面"无面，而是蔬菜炒肉类和海鲜，本质上是一道美国本土的炒杂碎，这让我真的不知所措了。

沧海一声笑。广东人把海外中餐做成了武林大会，面对纵横四海的中餐江湖，难得糊涂，不失为一种美食哲学态度。

而生活，不也像炒杂碎吗！杂菜也好，八珍也好，什锦也好，既来之，则随遇而安吧。

菜谱上对"什锦菜"是这么释义的：什锦菜又称十样菜，通常用黄豆芽、荠菜、芹菜、黄花菜、香菇、豆腐衣、素肠、鸡毛菜等不少于十种蔬菜炒制而成。蔬菜各有含义，比如黄豆芽形似如意，寓意"事事如意"；荠菜音似"聚财"，寓意招财；芹菜读音与"勤快"相近，取"勤劳致富"之意……观"炒杂碎"，盘里有肉有菜，蔬菜有豆芽、芹菜、荸荠、竹笋、洋葱等等，广东人朴素地称之为"杂菜"，杂而不乱，分明是"什锦菜"嘛！

这么思量着，心情不由得明快起来，记忆里飞出《什锦菜》这首美国乡村老歌。歌曲描绘了一群生活在美国南部密西西比河流域的法国移民后裔庆祝传统节日的场面，晚宴上"有什锦饭、小龙虾派和秋葵肉片"，单单这可口的歌词，给那个国门初开年代正在兴起的英语学习热增添了快乐的滋味。

美国南方的什锦饭用米饭、海鲜、鸡肉等食材加香料烩制而成，从法国菜演变而来。最早在路易斯安那州的法国人后裔想做法式大餐，但缺少法国调料，于是配制出一种混合了加勒比香料和克里奥尔人食品佐料的调味替代品，这就是卡津克里奥尔调味料，由辣椒粉、白胡椒、洋葱粉、姜粉、盐等多种材料调配而成，用这种调味料烹制的卡津菜肴成为美国南方美食文化的一个特色。

终归是乡愁。一部海外中餐史，纵贯中国人走向世界的进程。中国

| 加勒比华侨与广东侨乡

人抓住了人类生存的根本问题,使中华文化以最平民化的形式在世界各地落地生根,开花结果。

曾经有一位洪都拉斯电台著名主持人对我说:"你们中国的中餐非常美味,我们洪都拉斯的中餐也非常好吃,两种中餐一样完美。"这至少说明一件事,在民族文化走向世界的路上,中餐早已大步冲在前,事实上担当起中国传统文化走向世界的先行者。

中国菜是一个浩瀚系统,南北有异,东西有别,菜分八大系。海外中餐常常被视为非传统的,但它是最世界性的。这些根源于中国的世界中餐,识时务地找准了中餐与西餐的契合点,并成功地加以改良和创新,才有今天风靡全球的美式中餐、秘鲁式中餐、加勒比式中餐……,这已超越一个菜系本身,无法简单地以粤菜、淮扬菜、川菜来归类之,虽然常常会发现在这些菜系中有似曾相识的影子。

那么,将海外中餐视为"第九大菜系"可否?在外国人眼里,"最中国"的符号,一个是中餐,一个是功夫。中餐是外国的中餐,功夫是中国的功夫。

中餐的大格局,由此可见。

炒饭共同体

不知从何年何月何日起,新大陆流行"炒饭"这道爆款中餐。没有人能说清楚,米饭如何战胜小麦玉米木薯而成为新大陆人餐桌上的主食。关于新大陆炒饭的起源,至今找不到文字记载,有说是从扬州炒饭演变而来,有说是广东炒饭的变版,各执一词。有一点是公认的,广东人匠心独具地创造了一个炒饭神话。

在20世纪90年代初,珠三角兴起海外打工潮,最热门的职业是厨师。顺德是厨师之乡,如今已是粤菜大师的董国成差点成为其中一员。当年劳务公司在顺德招工,只考"炒饭、咕噜肉、松子鱼"三个科目,此三款菜在海外中餐业中享有超高人气。他和师兄们都被录取了,因为父母不同意,他才留在顺德。董国成清晰地记得在参加出国前培训时,才第一次接触到世界流行的中国炒饭和顺德炒饭很不一样,顺德炒饭偏清淡,国际炒饭落足酱油,口味重。

休斯敦是美国第四大城市,是墨西哥湾沿岸最大的经济中心,每天有几十个航班飞往拉美各地。20世纪80年代,二十出头的陈灼刚从广州来到休斯顿,一边学语言,一边在姐姐家的餐馆帮忙。那时,休

加勒比华侨与广东侨乡

斯敦人民对炒饭的狂热程度令他惊叹。姐姐家的餐馆每天夜市到十点打烊,每天门庭若市,顾客排队等吃饭的场面丝毫不亚于国内。有一天,因为食客太多,家人在晚上九点将"CLOSE"告示牌挂出门外,引起陆续而来的顾客强烈不满,一群人敲打店门,欲冲进大厅,理由是"没有到十点不能关门"。从此之后,姐姐家的餐馆再没敢在晚上十点前打烊。

那一晚的惊险培养了陈灼刚对美食的极大兴趣。他一直没有入行餐饮业,喜欢在家里搞实验厨房,练就了一手好厨艺。他是休斯敦有影响力的华人,每逢有重要活动,会自告奋勇下厨炒饭。

在新大陆,没有炒饭的餐馆不能被称为中餐馆,有炒饭的中餐馆犹如一只会下"金蛋"的鸡。

20世纪60年代,陈玉球从香港到厄瓜多尔开餐馆,70年代到尼加拉瓜开餐馆,80年代又到洪都拉斯开餐馆,直到前几年退休。陈先生说,以前老华侨很节俭,每天把吃不完的米饭留到第二天吃。厄瓜多尔食品缺乏,独不缺黄油,老华侨根据本地人的饮食特点,把隔夜饭和肉类炒成一锅,再以酱油和味精调味,黑黝黝亮锃锃的黄油炒饭从此落地为厄瓜多尔炒饭。厄瓜多尔炒饭用隔夜饭,所以,炒饭在厄瓜多尔被称为炒冷饭,西文名是"Chaufa"。

陈玉球当过很多年洪都拉斯华侨总会会长,帮助申请了不少新移民从广东来到中美洲国家,他们在他的餐馆里打工,两三年后自立门户开餐馆,又申请亲朋好友出国,一个以餐馆为纽带的同质化移民链帮助许多新移民走上了致富之路。

洪都拉斯炒饭的西文是"Arroz Frito",不是"Chaufa",但这并不能改变炒饭的本质。洪都拉斯的中餐馆约有300家,仅在首都特古西加尔巴就约有200家,家家都在炒饭,有的是中国人在炒饭,有的是本地人在炒饭。食客只要看见餐馆里有一个中国人,便心知肚明这家餐馆有炒饭,这是不需要广而告之的默契。生意好的餐馆每月用于炒饭的大米达四五吨。

不疯魔的炒饭,不是炒饭。

很多新移民甫下飞机即变身厨师,到厨房里学炒饭。我在哥斯达黎加首都圣何塞附近见到一家中餐快餐店,店主姓林,在20世纪90年代初从广东中山来此。林师傅说自己一下飞机就到厨房里学炒饭,这里的炒饭跟在中山吃的炒饭完全不同。

林师傅执意要专门炒一碟广东炒饭让我品尝。我好奇地走进厨房,看他如何料理。厨房小而干净,政府对厨房卫生有严格要求。只见林师傅一手握铲一手掌勺,打开燃灶,倒入新鲜鸡蛋液,搅动几下,倒入鸡肉、叉烧、火腿、腊肠,炒热后,倒入适量食用油翻炒,加入一大碗冷饭用力翻炒至米粒晶莹剔透,下葱花翻炒,加适量老抽翻炒,加适量生抽翻炒,加适量盐和白糖翻炒,起锅装碟,冒着镬气的广东炒饭出炉了。

林师傅说,平时炒饭用猪油,口感会香很多,本地人喜欢吃口味比较香的东西。老抽给白米上色,生抽用来吊鲜味,本地人喜欢味精的鲜道。有的食客开始了解吃太多味精对身体无益而提出不加味精,才会改用生抽吊鲜。为保持炒饭唇齿留香的特色,广东人用生抽替代味精,而生抽在哥斯达黎加食典里具有与番茄汁同理的调味功能,因此,哥斯达黎加人把老抽和生抽统统叫作"中国汁"。

哥斯达黎加炒饭分多个样态,林师傅料理的这款炒饭名为"广东饭",西文名是"Cantones"。除"广东饭"外,还有叉烧饭、鸡虾饭、牛肉饭、腊肠饭、海鲜饭和其他花样,这些都不能被称为"广东饭"。广东饭是用鸡肉、叉烧、火腿和腊肠来炒饭的,用料明显丰富。

"广东饭"是哥斯达黎加饮食文化中最疯狂的一幕,哥斯达黎加人真正做到了无"广东饭"不欢的境界,令人叹为观止。

2013年春节,华人社区在中国城广场炒一锅隆重的开年饭,林师傅的家人是其中一名厨师。当日一大早,近四十名厨师着统一服装,

加勒比华侨与广东侨乡

每人手持1.6米长不锈钢大锅铲,用735千克白米饭、120千克火腿、260千克烧鸡肉、230千克叉烧、20千克腊肠、35千克新鲜甜椒、53千克鲜葱、80千克现场打的鸡蛋液、40升生油和10升酱油,在一口重498千克、两米半口径的大锅里炒出重达1345.5千克的"广东饭",

圣何塞中国城

创造了"吉尼斯世界纪录"。在现场几十名警察引导下,过万人次有秩序地排队分享了这个世界上最大的大锅饭。

在2018年哥斯达黎加大选期间,位于圣何塞市区的中国城酒家上演了一出更加疯狂的炒饭大战,轰动全城。某天,国会一次性订购了8400盒炒饭,其中早上6点至9点需供应4200盒黑豆炒饭,早上10点30分至下午1点30分需供应4200盒广东炒饭。负责当天炒饭的领班说,他们在中国城酒家停车场临时搭起15个炉头,10个80人饭量的超大电饭煲通宵达旦煮饭13个小时,煮坏了3个电饭煲。米饭放凉后,15个炉头片刻不息地炒足整个上午,终于按时送出8400盒炒饭。国会派出的三位炒饭监督员拍手叫好,一星期后,国会议员专门给中国城酒家发来热情洋溢的感谢信。

中国城酒家老板莫春发说起此事,总是一副故作淡然的窃喜。中国城酒家是圣何塞最出名的中餐馆,可以想象那个热火朝天的一天一夜,炒的哪是饭,是一粒一粒的金子在翻滚呢!

炒饭共同体

2019年金秋,圣何塞最大的俱乐部举行4500人的盛大宴会,备供西餐和中餐,特别邀请中国城酒家到宴会现场炒"广东饭"1360份。由于当日为星期天,中国城酒家食客多,人手不够,莫春发找来恩平工商会的兄弟们帮忙赴俱乐部炒饭。他将出征的八个炉头重新油漆养护一番,十个厨师和十个帮厨提前理好发,穿戴统一厨师服,莫春发认为"炒饭的形象很关键。"

中国城酒家的物业属于中华总会馆,大楼门口"中华总会馆"和"中国城酒家"两块招牌一样大。一楼大厅可以容纳450人用餐,自带大舞台,这让很多来自中国和本地社区的文化活动免去寻找场地的烦恼,尤其每年春节、中秋节和国庆节,华人社区在这里办庆典搞演出,一场场中国文化饕餮大餐,给这座城市添加了美丽的中国味道。

莫春发是恩平圣堂镇白兔村人,其外公等亲人在一百年前已到哥斯达黎加谋生。1990年,27岁的莫春发阴差阳错来到哥斯达黎加。出国前,他在广州做小贸易,恰遇贸易市场低迷,亲戚建议他到巴拿马创业。1989年10月底,老莫来到巴拿马。就在他抵达巴拿马不久,美国出兵巴拿马,社会大乱,治安恶化,此时,在哥斯达黎加的舅舅建议他过去帮工,他来到哥斯达黎加和巴拿马边境城市的表哥家超市干活。一年后,表哥租下一家300平方米的超市,助他在哥国创业,他起早摸黑,生意慢慢做起来了。

这个位于哥

哥巴边境城市色沙荷拉,莫春发从前经营的超市(莫春发供图)

加勒比华侨与广东侨乡

巴边境的城市色沙荷拉(Sixaola),成为老莫人生的第一个转折点。他在这个仅有不到 30 个中国人,且中国人都是他母亲一脉亲人的边陲之地,安居下来。

> 我老表一家在哥斯达黎加和巴拿马交界的边境城市色沙荷拉开超市,色沙荷拉市距离首都圣何塞有 265 公里,是一个以香蕉种植业为主的小城市,居民人口大约有 8000 人,中国人不到 30 人,他们差不多都是我妈妈的亲人,全市百分之九十的人口为美国香蕉公司的员工。另一边巴拿马的边境人口有几万人,同样以种植香蕉为主,居民绝大多数也在美国香蕉公司工作。哥斯达黎加和巴拿马均以美元交易为主,哥斯达黎加的物价便宜,如牛奶、大米和油的价格比巴拿马要便宜一半,巴拿马边境的人都到哥斯达黎加购物,中国人开的超市中顾客以巴拿马人为主,生意很好。舅舅建议我到色沙荷拉市来发展,我就来表哥的超市打工了。

2007 年,为了两个孩子的教育问题,老莫举家移居到首都圣何塞,开了一家中华国货超市。三年后,他获得中华总会馆餐厅经营权,将陈旧的餐厅装修一新,更名为中国城酒家,该店很快成为城中名店和中国文化传播平台。

一个"广东饭",炒火了一个中国城,炒活了一个老会馆,完美演绎了一段区域移民史的起合转承。

哥斯达黎加大约有 6 万华人华侨,全国约有 1500 家大大小小中餐馆,那些写着"Soda China"的餐馆是中式快餐店。圣何塞西面的帕瓦斯区(Pavas)中餐馆林立,有一条街上开了 30 多家中餐馆,成为名副其实的"中餐街"。

炒饭里的故事,有苦辣,有甜酸,是非凡。走出国门我才发现,炒饭的世界活色生香，它改变了人类对吃饭的态度，创造了人类吃饭的命运共同体，而我们竟全然不知。

波多黎各岛上的中餐馆，无论大

哥斯达黎加的中餐快餐店

餐馆，或是快餐店，无一例外地被"一碗饭"攻陷。岛上华人只有一万人，却有500多家中餐馆，以快餐店为主，牢牢占据全岛快餐业市场18%的份额。岛上的人出于对炒饭的迷恋，赋予中餐馆一个简约名字——炒饭。如果你来到波多黎各岛，听见有人喊你去"炒饭"，那就往中餐馆飞奔去吧，那是岛民们心中永远的炒饭馆。

秘鲁炒饭是拉美炒饭的大户人家。秘鲁中餐馆有一个规范的称谓"CHIFA"，全国约有8000家CHIFA，这一最具秘鲁特色的饮食文化词汇，早已被收录进秘鲁饮食字典。"CHIFA"一词源自粤语"食饭"，吃饭之意，可见秘鲁人对"吃饭"的初心了。

秘鲁人吃什么饭呢？餐牌上的名字是"Chaufa"，即炒饭，与厄瓜多尔炒饭一样，与粤语有很大关系。在五花八门的中餐餐谱里，炒饭深得秘鲁人宠爱，炒饭有堂食，有外卖，秘鲁人在自己家里也炒饭。2017年，秘鲁国家邮政局发行一套CHIFA四方纪念邮票，选择了四款最有人气的菜品，一碗饱满透亮的"炒饭"傲居第一方邮票主题。

当炒饭在异国他乡炒翻天，它还是我们熟悉的中国炒饭吗？这真的不重要。重要的是，灵活善变的广东人，炒出了中餐新业态、国际范。

| 加勒比华侨与广东侨乡

  林师傅又走进厨房炒饭了。他用力挥动着镬铲,起落之间,酱珍珠一粒粒跳动起来,在空中划出一道弧,又天女散花般缤纷落下。这么重复着,没有两粒米是依偎一起的,颇见功夫。

  我观赏着烟火气里的艺术,脑子里闪过三个字:中国炒!

  本质上,风靡新大陆的炒饭是中西文化融合的结晶。让我们打开世界的窗,去读懂炒饭吧,这意味着,我们向读懂世界走近了一步。而世界,同样在品味中国的过程中,走近中国,读懂中国。

  炒饭里的中国,有不一样的烟火气。

第四章　广东华侨乡村田野调查

我轻声问
孩子们呢
老人说
一个在姑拉嫂
一个在哥斯达

阳光洒落村庄
这小小联合国啊
乡愁花
正静悄悄地
开放

姑拉嫂村

在磨刀水村走访时,村民告诉我十几里外的达材村委会新兴村,家家户户有人旅居姑拉嫂,事缘该村姑拉嫂乡亲谭伯在改革开放初期自掏腰包,按"一户一人"指标带出国。谭伯是新兴村第一个去姑拉嫂的人,在村民心里,他是新兴村的致富引路人。

心里一直惦记此事。

当库拉索华侨会所主席容宇庭回台山探亲时,我跟他聊起新兴村,他说:"谭伯名叫谭盈沛,他亲口告诉我,总共从台山申请了138人去姑拉嫂。"

假如这138人各带1人出国,又带走了138人,假如后者又各带走1人,可以想象这个移民链的长度和"洋插队"的规模。

我把去新兴村探访的想法告诉宇庭,他高兴地表示可以陪我去新兴村,顺道探望回村的姑拉嫂乡亲。

新兴村没有招摇的牌楼,旧牌坊小而残破,与"门框"无异,看过各种新农村牌楼，突见老气的旧款，多少有些落差。

村子很小，从村口到村尾只有几百米长，冷清得连鸡鸣声都听不见。五邑农村民巷无一例外地逼仄，宇庭敲开良哥家门，寒暄几句。良哥的兄弟早年由谭伯申请去姑拉嫂，2002年，他去姑拉嫂打工，2017年回村定居。

良哥提议去村后走走。村后的风景与村前迥异，翠竹在风中摇曳生姿，一座四层碉楼掩映其间，这是护村碉楼。碉楼身上残留着几个弹孔，良哥说从小听老人讲，当年日寇沿新宁铁路进犯，村民以碉楼做掩体，英勇抗敌，这些弹孔是当年留下的。

新兴村的碉楼，碉楼后面是新宁铁路

走出竹林，脚下豁然生出一片醉人金黄。新建的水泥路笔直地将金色稻田分作两边，另边厢的碧石村、碧安村村民也跟着谭伯去姑拉嫂谋生。

2013年，新兴村要建水泥路，谭伯得悉此事后，主动带头捐资2000美元。根据村委会公告所示，这条水泥路由海内外乡亲捐款共建，包括谭伯在内的22名乡亲捐献美元4300元、欧元1300元、人民币13000元，共计折合人民币49962元，工程造价不足部分由村集体支付。

水泥路与村外河堤公路垂直，公路下面是新宁铁路旧路基，从前河道上有座桥，火车从桥上通过。良哥介绍，桥早被拆了，那些废弃的枕木都是很贵的坤甸木。他兴致勃勃地往桥的方向走去，桥墩被丛林淹没，我们合力艰难地探身下去，只见残垣断壁，坤甸木无处觅影。

后来，我查阅了资料，才知道此地发生过一段威水往事。

姑拉嫂村

　　1909年新宁铁路开通时,冲蒌辖区有红岭和冲蒌两个火车站,若非冲蒌商业兴盛,村人殷实,难以如此被另眼相待。新宁铁路至红岭站路段要经过河流,工程遂以架桥过河的方式在河上修建火车道,连接对岸碧石一带村落。这里的村民坐火车到冲蒌圩和台城很方便,火车票很便宜,一个站才一个铜板。直到抗日战争爆发,为抵抗日寇入侵,村民奉令拆毁新宁铁路。

　　脚下的新宁铁路有路无轨,河边的铁道遗址匿于杂林,虽荒弃,终究留下痕迹。

　　太阳照在田野上,金灿灿的,闪闪发光。清风吹过,稻花悠悠荡起波浪来,人在垄上行,如在画中游。抬头望新兴村,似金色海浪中一叶碧舟,云竹绕村,碉楼微耸,若隐若现,像一座葱郁的小岛。

　　这个绿岛,与遥远的加勒比海岛,何其有缘。

水泥路右边新兴村和左边碧石、碧安村,很多村民在姑拉嫂

　　新兴村只有28户人家,谭姓是大姓,另有刘、梁等六个其他姓氏。全叔家是一个独立的小院落,见到两个姑拉嫂老友来访,他热情地

加勒比华侨与广东侨乡

招呼我们进屋。来来往往的姑拉嫂们,在哪里相见都跟在村里一样。

全叔和谭伯是堂兄弟,刚回国定居。他拿出25年前的出国护照,开场白吊人胃口,他说自己是被父亲"抓阄"去姑拉嫂的。

"抓阄"是在特殊背景下发生的。20世纪80年代初,谭伯回国开办炮竹厂,他告诉村里人以"户"为单位,"一户出一人",由库拉索华侨会所分批申请到姑拉嫂当厨师,以此帮助村里人富起来。

全叔记忆力极好,宇庭和良哥旁敲侧补,三个姑拉嫂兄弟一台戏,讲述新兴村和加勒比小岛之间的故事。

> 谭伯是我的堂大哥,他是我们村第一个去姑拉嫂的人。谭伯在姑拉嫂做炮仗生意,以前经常回台山。
>
> 我们村一共有28户家庭。1982年,谭伯回来,说带我们村"一户一个男子"去姑拉嫂。出国前我在台山一家国营单位当司机,捧的是"铁饭碗",我不想去姑拉嫂,但是父亲看到村里家家户户都有一个人出去,觉得自己家里没有儿子出去很没面子。我是家里老大,所以父亲叫我去姑拉嫂。
>
> 1992年12月,我和本村、邻村几个人一起去姑拉嫂,我一直单独一人在那里打工,没有让家人出去。在姑拉嫂25年,我一直当厨师,住在华侨会所里,赚钱寄回家里,直到今年(注:2017年)3月回来定居。
>
> 当时我们去姑拉嫂,都是谭伯帮我们先垫付出国的钱,包括签证和路费,这些钱从我们日后打工的工资里扣除。一般打工一两年就可以还清借款。
>
> 我们去姑拉嫂的签证和机票费用大概3000多美元,我记得很清楚,我用18个月还清了这笔借款。我们出去之前,谭伯和我们每个人签合同,写明每个月要还多少钱,所以我们都知道用多长时间可以还清借款。

姑拉嫂村

我们村第一、二批去姑拉嫂的村民各有四个人,第三批有两个人,后来隔壁碧安、碧石村的村民也跟着去姑拉嫂。都斛镇也有人去姑拉嫂,因为谭伯的母亲是都斛人。谭伯的妻子是冲蒌天荣村的,所以天荣村也有村民去姑拉嫂。

从1982年第一批村民去姑拉嫂,到1998年前后,我们村所有家庭都有一人去姑拉嫂。

1992年,我坐车到深圳,从罗湖口岸过关到香港,再从香港飞到英国,转机到姑拉嫂。

我们乘坐的飞机在晚上到达姑拉嫂,我从天上往下看,姑拉嫂很漂亮,第二天白天一看,心都凉了,姑拉嫂很小。

我25年没有回来过。像我这样一直一个人在姑拉嫂打工寄钱回家的人不多,但是在20世纪90年代就很多,因为那时岛上移民政策很严,我们都是一个人先出去打工。到2000年以后,移民政策比较宽松了,很多人把家人带出去。

我们村只有三家有人从姑拉嫂回来定居,都是像我这样的单身老人,因为我们的家人都在村里。现在在姑拉嫂,祖籍新兴村的人有100多人,在那里开枝散叶了。

我第一次听见这么有规划的农村帮扶出国打工行动,难怪谭伯总被远近村民念念不忘。四十年前,城里人在绞尽脑汁如何应对"全球化""地球村"的冲击,在广东乡村,浩浩荡荡的"洋民工"已悄然走向全世界。这种城乡差别只有深入农村基层才能体会。

在前赴后继的地球村迁徙路上,有宗族亲友,有左邻右舍,有同学亲朋,只要有一定的亲戚关系,都可以共享这个"致富链条"。谭伯出钱出力助村民出洋打工致富,而他自己亦受麦叔襄助。谭伯的父亲早年去美国当厨师,在谭伯去姑拉嫂之前,父亲已离世。

距离新兴村不太远的江南北村是麦叔的老家,村口的税安麦公祠现时用作村老人协会活动场所。麦叔是谭伯的舅父,20世纪20年代到姑拉嫂开垦农场种菜。1948年,谭伯到姑拉嫂投靠舅父,在农场里种菜,后来,娶了磨刀水村隔壁天荣村村民许伯光的女儿,开超市,做餐馆。许伯光是和麦叔同时期去姑拉嫂的台山人。

个人的命运,集体的命运,在不期而至的一个个偶然中改变。像新兴村,假如谭伯

江南北村

的父亲没有过早离世,那么谭伯出国会去美国,不会是姑拉嫂;假如谭伯的舅父麦叔没有去姑拉嫂,那么谭伯不会去姑拉嫂;假如谭伯没有去姑拉嫂,那么新兴村和周边不可能变成"姑拉嫂村"。

20世纪90年代,磨刀水和新兴两村仅有100多人在姑拉嫂,如今岛上台山人达1000多人,老华侨又随子女移民荷兰、美国。

姑拉嫂们从来没有停歇赶海的脚步。谁能确保若干年后,新兴村不会变成"荷兰村"、"美国村"呢?

世事难预料。

哥斯达黎加村

楚琪从哥斯达黎加经巴黎飞抵广州,接近 30 个小时的环球旅行,黑白尚未颠倒过来,便约我中午见面。此时,哥斯达黎加正好午夜。

第一次见楚琪,是四年前在广州举行的一次海外幼儿教师联欢会上,她是主持人之一,温柔的语速,能歌善舞,会说话的眼睛始终带着笑意,这些在我脑海里留下了深深印记。只是,那时她在舞台上,我在观众席,彼此没有交流,我不知道她的名字,也不知道她来自哪里。所以,当我收到来自哥斯达黎加的邮件时,我以为约我见面的哥斯达黎加中哥文化教育中心教育主管林楚琪是一位老华侨。

她静静地坐在窗前,有些拘谨,柔声细语地和我室友聊着天,见我进门,微微笑着站起身,我的心猛地抽搐了一下,觉得与她似曾相识。

几句寒暄后,记忆终于被拉回来,眼前的女孩正是四年前的那个幼教老师,这些天她代表中哥文化教育中心到北京参加世界华文教育大会。

哥斯达黎加是新大陆上一个有意思的国家,人口约有 470 万,国

加勒比华侨与广东侨乡

家没有军队,40%的国土被原始森林覆盖,被誉为"中美洲的瑞士"。因为没有军队,人们编了个"军队":食叶之蚁代陆军,金刚鹦鹉代空军,鲸代舰艇。哥斯达黎加人以此为荣。

中国人对哥斯达黎加的认知大多来自咖啡和香蕉,楚琪说咖啡是她爱上哥斯达黎加的最好理由了,每天早上下午都要放松地喝一杯,才能保持充沛的精力。

其实,哥斯达黎加与中国早在160多年前就开始了海上连接。1855年,80名契约华工从广东坐船到哥斯达黎加的太平洋港口蓬塔雷纳埠上岸,在种植园当苦力,从此揭开中国人在哥斯达黎加的序幕。接着,第二批华工在哥斯边黎加的加勒比海港口柠檬埠登陆,参与修建港口铁路。现在,哥斯边黎加华人约有6万人,其中90%以上来自广东。

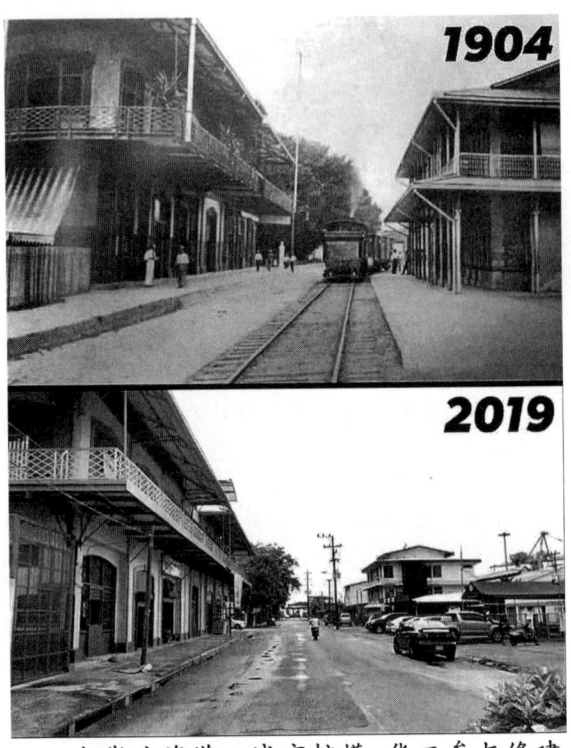

加勒比海港口城市柠檬,华工参与修建的码头铁路,如今已成记忆(莫云龙供图)

不过,根据国立哥斯达黎加大学 UCR 生物学院"细胞与分子生物学研究中心"发表的全国性遗传学采样研究报告显示,哥斯达黎加人口中约5.8%有华人血统,完全颠覆了人们以往的认知。若按此比例推算,哥斯达黎加华人华裔人口高达27万以上。这并不奇怪。中国人在哥斯达黎加繁衍五六代了,与本地人通婚不可避免。

哥斯达黎加村

最早去哥斯达黎加的华工中,许多人来自中山。160多年来,中山与哥斯达黎加的连接,一代传续一代,生生不息。

三乡小镇尤甚。在街边小店吃碗濑粉,你可能会遇见从哥斯达黎加回来解馋的乡人;在文笔塔下曲艺社驻足,你可能会发现二胡手是回乡度假的哥斯达黎加发烧友。

"哥斯达黎加有很多中山人,三乡人特别多,我们有哥斯达黎加中山人微信群,中哥文化教育中心董事会里有六位董事是我们中山人呢。"说起中山和三乡,楚琪发乎心底的自豪。

楚琪是三乡镇下冲村人,14岁时才去哥斯达黎加与父母团聚,"因为家里穷,要打工赚钱供弟弟妹妹上学。"

2001年,楚琪的父母在同村好友的帮助下赴哥斯达黎加打工,起早摸黑地赚钱供养留在家里的三个孩子。三年后,楚琪被父母接出国。"我那时才十四岁,正是青春期,很叛逆,我不喜欢这个新环境,天天想着回中山,所以,我叫弟弟妹妹千万不要来哥斯达黎加。"楚琪侃侃而谈。她一边上学,一边在父母开的餐馆里帮忙,直到2013年,才第一次回三乡探亲。

我家餐馆早上11点开门,晚上11点以后关门,一天营业12个小时。炒饭最受欢迎,当地人喜欢吃炒饭,他们知道味精不太好,所以点炒饭时也会说明不要放味精。我们用酱油调味,生抽老抽都用上,顾客觉得味道很好,好奇地问"这是什么?"华人告诉他们这是"中国汁",所以,在我们那里,酱油被叫作"中国汁"。现在哥斯达黎加人对中国慢慢有了了解,知道中国有很多美食,他们来餐馆也点其他东西吃,我们就增加了点心供应,比如小笼包、虾饺、烧卖和叉烧包。

女孩不想被牵绊在锅碗瓢盆之间,她的梦想是在哥斯达黎加成为

加勒比华侨与广东侨乡

一名出色的中文幼儿教师。哥斯达黎加的大学没有与汉语教育相关的专业,所以她选读了英语教育,课余在中哥文化教育中心兼职幼儿班老师,之后在中心董事会推荐下,到广州进修幼师专业。

大学毕业后,楚琪到中哥文化教育中心工作。中哥文化教育中心是当地最大的华文教育机构,他们和哥斯达黎加教育部合作,派中文老师到一些公立学校教汉语。中心位于首都圣何塞的总部开设周末中文班,年龄最小的学员只有4岁,最大的高龄学员有60多岁。

这几天,楚琪趁回中国开会的机会,顺道回下冲村探亲,这就有了我们的正式相见。

"我等下要回下冲看外婆和弟弟妹妹,吃一碗濑粉,明天去北京。"女孩的双眼兴奋得发光。

我一直把她送到汽车站。望着她渐渐消失的背影,我拨通了她弟弟的电话,告诉他去三乡汽车站接姐姐,她没有中国手机号。

楚琪的弟弟楚彬大学毕业后在下冲村当村长。他说下冲村家家户户都有人在哥斯达黎加。我决定去一趟下冲村实地看看。

下冲村旧时被称为下涌村,因麻子涌流

下冲村牌楼,对联由哥斯达黎加侨胞题写

经村口而得名。300年前,方姓人迁入此地开村,"陈、林"是村中两大姓氏。村里户籍人口约300人,旅哥乡人有近500人,远甚于在村人口。

下冲村口牌坊是广府村落典型的三门四柱建筑风格,琉璃瓦顶,石柱上镌刻楹联"日照群山千峰秀,辉映侨乡万点金",为旅哥乡亲所作,寓意乡村美丽、富裕、安康。

村落不大,四面环山,地势高高低低。除几户人家仍住在旧民居里,村民自建的新楼房,或两层,或三层,独门独院,整洁敞亮,屋前屋后的古榕和香樟已抽出新芽,一派小康气象。

楚彬的家是一栋独院三层楼房,院墙上的蓝黄红三色广告别具一格,写着:"哥斯达黎加货运专线中山三乡白石收货点"。从村口进来,一眼望见。楚彬说,这个货运公司总部在恩平,本村在哥斯达黎加的人多,为这一带村民提供物流服务。

原来,下冲村所在的白石社区有十几个自然村,都有村民去哥斯达黎加,只是不像下冲村这般家家户户都与哥斯达黎加瓜联。这是我第一次看见一个小山村设有通往中美洲国家的货运点,突然觉得自己像刘姥姥进大观园。

村巷弯弯曲曲,路面见不到垃圾,每栋楼都有院子,楼与楼之间没有紧逼感。巷子是公共区域,村民们自觉地维护路面卫生。

我们敲开一户人家的院门,只有老太太在家。老人独守大别墅,庭院里种着菜心和番薯叶,足够自给自足。老太太说子女都在"哥斯达",每年轮流回来看她。

巷尾空地上,一位七八十岁的老人正在摆弄一块木板,有点力不从心。听村民讲,老两口和孙女一起生活,儿子儿媳在孙女不到一岁时去哥斯达黎加打工,直到前几年回来建新楼,已出落得亭亭玉立的女孩却怎么也叫不出"妈妈"两个字。

曾经,他们都是留守儿童。

从新闻里常常看见这样的分离:春节过后,年轻的父母背起行囊

加勒比华侨与广东侨乡

又要离村回到城市打工,女儿追赶载着父母的汽车,拼命地跑,拼命地哭。

我们不知道,那些背井离乡的"海漂一族",一样经历骨肉分离之痛。在小村庄富裕起来的背后,"洋留守"们的望穿秋水,唯有大海看得见。

楚彬就是这样一个"洋留守"。父母开餐馆不能同时回来探亲,父亲回来过三次,母亲只回来过一次。他说:"小时候只要父母回来,我就开始睡不着,每天从早到晚数着他们回去的日子,害怕自己不知道又要等多长时间才能见到他们。"他在孤独中渐渐长大,习惯了父母不在身边的日子,何况微信联络比从前方便太多。"你看,我妈正在发微信给我,她刚刚收工。"我看了下时间,此时哥斯达黎加正好是午夜后。

我问他,为什么不去哥斯达黎加?

他反问:"为什么要去那里?国内多好,出去也是开餐馆,我想有自己的事业。"

我对年轻村长另眼相看了。他提议去后村的樟树林走走,那是村里最美的地方。

下冲村分为前村和后村,前村是民居,后村是生态林。后村的山名叫园山仔,与周围山脉连体,一条水泥路直通山上。园山仔中央有一片茂密的樟树林,村民曰"风水林",是国家保护的野生樟树林。夕阳洒进来,树影叠翠,真是别有洞天。村长指着山下的工厂,讲述他的梦想:"我要把我们的村建设得更美丽,这样在哥斯达黎加的人就会回村里了。"

多么励志的年轻人!他们不愿再漂泊远方,愿用双手建设美丽的家乡,呼唤游子回家。

何谓家?普通人的家,不过是父母儿女在一起,不分离。

洪都拉斯村

第一次遇见阿斌,是在洪都拉斯首都的赵家楼,他坐在陈玉球老会长旁边,话不多,说话声不大,一旦出声直来直去,给我留下了深刻印象。

阿斌和妻子都是广州龙归夏良村人,夫妻俩在特古巴加尔巴开了一家面厂和一间杂货店。他说他们乡下有很多人来洪都拉斯,夏良村来的人不算多,只有几十人。

阿斌所说的乡下位于今日广州市白云区太和镇和人和镇辖区内,村民通常称"上下三村"和"五乡角","上下三村"泛指蚌湖、人和、龙归,"五乡角"指龙归的夏良村、南村、北村、柏塘村、南岭村,"上下三村"和"五乡角"有通婚习俗。所以,这个亲友圈里几乎家家户户都有交叉亲眷在国外,去美国、洪都拉斯、加拿大、新西兰的稍多,去圭亚那、秘鲁、伯利兹的也有,仅去洪都拉斯的村民就有几千人之多,与台山去洪都拉斯的人口相当,很多人又再移民到美国等第三国。

我一直记着这个"乡下",这片土地历史上有一个响当当的名称——"南番顺",又称"三邑",即南海、番禺和顺德的统称,自古是河

加勒比华侨与广东侨乡

网相连的鱼米之乡和中外商贸兴盛之地。虽然"南番顺"古今行政区划已改变，但分分合合依然在"三邑"圈。2004年，白云区镇级行政区划调整后，原太和、龙归两镇合并为新的太和镇。

让我有些意外的是，在广州半小时生活圈里，隐藏着一片"洪都拉斯村"。

于是，在一个周末的下午，我坐上了开往"洪都拉斯村"的地铁。因为阿斌告诉我，他的父亲前些年回村里定居了，我和谢叔通了电话，告诉他我去村里走走。

地铁三号线北向开往新白云机场，龙归和人和是这条流量线上的两个站点，从龙归站A出口出来便是夏良村。这里像极了20世纪80年代的县城，广场如集市般热闹，一排排摩托车东南西北兜客。我看见一辆电瓶车停在路边，便走过去打听去不去夏良村五社。

女司机抬起头说："起步价10元，到五社一口价10元。"

我说这价格跟的士起步价一样呢。她爽快地回应这里没有的士。

我刚坐下，两边的窗户"唰"地一声关上，这才发现两边有两扇趟窗，开关在驾驶室，只听她说了声："路上灰尘大"，车子便"突突突"地跑起来。

进入城中村。小街上挤满各式店铺餐馆，电瓶车就像装了弹簧一样弹跳着前行。穿过热闹小街，村里头冷冷清清，见不到几个人，司机走迷宫般转了一圈，找不到我要去的五社，索性把我扔在池塘边，叫我自己慢慢找。

池塘边小楼招摇地打着艺术培训中心的广告，狗儿在榕树下懒散地左顾右盼，见到生人竟迟钝地不吱一声。我赶紧钻入巷子里。

村子像一个工业园区，密密麻麻的高楼千篇一律，多得数不清。巷子真窄，"握手楼"少则五层，八层以上者比比皆是。几栋新楼正在拔地而起，推土机忙碌着，行人从容地从滚滚红尘中走过。听村民讲，部分高楼是前些年建的，投资者出钱，村民出地，新楼建好后各占一半，很快出租出去，很抢手。

一间服装作坊门口，快递小哥正在取件，他说这类淘宝店在村里还有几家。

我绕到一片稍微开阔的地方，只见一大一小两个祠堂蜗居在石森林里，祠堂前后正在大兴土木。走近细看，发现两个都是谢氏宗祠，祠堂大门紧锁，门口贴着大红对联，村里刚办过婚嫁喜宴。

阿斌告诉过我，夏良村有十八社，其中十二个社的村民姓谢，五个社的村民姓江，一个社的村民姓叶，谢氏是夏良村大姓。这大隐于市的古祠堂，埋藏了多少夏良村的故事呢？

我想起一百年前发生在美国的跟夏良村有关的排华事件。

美国俄勒冈州和爱达荷州沿蛇河（Snake River）分界，河流经过的山谷名为地狱谷（Hells Canyon）。1887年，俄勒冈州一伙白人杀害了34名华人矿工，将华工尸体肢解后扔进蛇河，直到尸体漂出山谷后才被发现，但找不到案发现场。这起谋杀案只有三个白人被起诉，最后都判无罪释放。直到十年前，一位美国记者偶然到此地旅游听说此事，他在深入调查后公开了这个被隐藏一个多世纪的血案。美国地理名称委员会于2005年正式命名蛇河畔为"华工大屠杀滩"（Chinese Massacre Cove）。

一位华人学者告诉我，他的团队曾经在旧金山三邑总会馆查阅华工档案，从当年会馆与中国的来往信件中发现有十人是地狱谷血案的遇难者，并登记有中文姓名。十人中有八人姓谢，来自广州白云区夏良村，另外两人姓江，未知祖村在何处。

这是一起极端排华事件。找到名字的十名华工可能都是夏良村人，因为夏良村有谢、江、叶三大姓氏，而夏良村附近更有几条村姓江。这些村沾亲带故，可能那34名遇难华工都是同乡人，当年结帮到美国淘金。

稀里糊涂就转到村口了。村口依然广府村落格局,池塘,榕树,祠

夏良村村口,立村的江氏祠堂和家塾

堂。六棵古榕荫天蔽日,几个大婶围坐在石桌边打牌。我靠近说明来意,询问她们是不是都有亲戚在国外。

"这里的村子哪家没有人出国啊!"大婶瞟了我一眼,不再理睬。

大榕树遮掩了后面两座古建筑,一座是江氏宗祠,一座是特贤家塾,可见村里人有读书尚文的传统。村民说立村的人姓江。

祠堂前面的广场停满靓车。收租婆在惬意地乘凉。村前的公路,车开过,扬起飞沙。

我往村里方向望去,一片白茫茫的水泥森林。

终于转到五社五巷了。

谢叔说着电话,缓缓地走出巷口,我一眼认出他,父子太像了。谢

洪都拉斯村

家的楼建于 20 世纪 80 年代初,那时是村里最漂亮的楼房,谢叔笑言现时是村里最落后的楼了。

"一个男人一生中要盖两次楼才有出息。"谢叔肯定地说。2010 年回国后,他结束了二十年的异国漂泊生活。阿斌和弟弟都在洪都拉斯,家里建房子的事就慢了下来。

谢叔得知我在记录洪都拉斯华侨历史,连声说应该将这件事做下去。他用粤语和普通话交替着告诉我他的出洋记。

> 我在 1989 春天出国,出国前我在村里做泥水工。我是我姨丈申请去洪都拉斯的。姨丈是人和镇人,1980 年去洪都拉斯皇城,在人和镇方石村乡亲开的餐馆里打工,后来自己出来开餐馆。我到皇城后,在陈玉球老板的餐馆里打工,老板帮助了好多人。1999 年我在南方开了一间餐馆,从一个做海鲜生意的香港蛋家人那里买下房子的一小部分用来开餐馆。
>
> 我到皇城后的第一件事是学炒饭,洪都拉斯的炒饭跟广州炒饭不同,要加好多肉虾鸡蛋和味精,最紧要的是加老抽。炒饭很好卖,用大锅炒。杂碎也很好卖,把炒好的肉菜盖到煮好的面上,就是一碟杂碎了。

洪都拉斯首都特古西加尔巴在中部,广东华侨习惯称之为"皇城",又把皇城南面城市称为"南方"。南方是一个太平洋港湾城市,谢叔的餐馆在泛美公路旁,由二儿子在打理。

1980 年的三邑是不折不扣的农村,农民靠农耕或外出打工营生。在中国北方农民工浩浩荡荡南下广东的同时间,出国打工致富成为广东农民的新潮流。从那时起,早期已在洪都拉斯的村民陆陆续续将乡下亲友申请出国。

谢叔坦言:"如果不是亲戚,谁愿意申请你出去呢。"所以,在洪都

加勒比华侨与广东侨乡

拉斯的白云区华侨中,"叶、谢、曹"三姓人最多,他们的村庄都在上下三村和五乡角这个紧密的"大乡下"。

阿斌和他的同龄老乡的经历即如此:

> 我们乡下来洪都拉斯的人,人和、蚌湖和龙归人居多,其中蚌湖人最多,人和墟的人也多,因为他们的祖辈在20世纪50至80年代已经来洪都拉斯了。
>
> 我们龙归的夏良村、南村、北村、栢塘村都有人在洪都拉斯,我们的父辈在20世纪70至80年代来洪都拉斯。
>
> 1993年10月,我和弟弟来到皇城,那年我22岁。当时我父亲已经来洪都拉斯四年多了,他在陈玉球老板的餐馆做事。父亲那时钱不够,得到老板的资助才将我们兄弟申请出来。我到皇城第二天到老板的餐馆做工,我弟弟去一个老乡的杂货店干活。我在老板的餐馆里做了一年工。一年后,我们还清了债务,我便离开陈老板的餐馆,揣着一点点钱,到外面找铺子做起小生意,还和早年认识的同村姑娘结了婚,一起做生意,一直到现在。
>
> 当时和我们差不多同时来洪都拉斯的龙归和人和的老乡大概有几百人,年龄都在二三十岁,男女都有。我们五乡角南村和柏瑭村来的人多一点,夏良村占的比例少一点,1994年前后好像只有五六户家庭。我们夏良村跟南村仅一路之隔,栢塘村跟夏良村中间隔着北村,北村也有人在洪都拉斯,但人数少一点。
>
> 我们乡下最近来洪都拉斯的人在2010年,这十年不再有人来了,村里很富有,不用出来打工了。

现在,阿斌的父亲和岳父岳母都在夏良村安度晚年。阿斌夫妻俩一个负责面厂,一个经营杂货店生意,忙得几年没回村里了。阿斌说,等自己老了,就回乡下养老。

广州白云区的"洪都拉斯村"城市化了

乡下的城中村在城市化运动中脱胎换骨。原住民漂洋过海到彼岸成为"海漂"一族,"新村民"从全国四面八方过来当"南漂"。

龙归地铁站 B 出口是南村,跟夏良村隔着一条路,高楼林立,望不到尽头。遇见一个女孩,她说自己从粤西来广州打工,一年前住在南村一栋出租屋的 11 楼,两房一厅的租金是 1000 多元。因为有地铁,交通方便,很多白领来这里租房。

根据网上显示的夏良村和南村人口信息,夏良村户籍人口有 5300 人,外来人口约 6000 人,华侨华人有 2000 多人。南村户籍人口有 4800 人,外来人口约有 8000 人,华侨华人约有 5700 人。

真的是一个个五洲四海、东西南北汇聚的村。

加勒比华侨与广东侨乡

巴拿马村

在广州时间久了,对花有了感情。

广州和花,有不解之缘。广州,别名花城,四季鲜花盛开,过年有传统花市,广州人爱逛花市,人人捧着"年花"回家,家家户户便春暖花开了。

我是喜欢花城的,花城的花花世界曾让初到广州的我误入花的迷宫。

上大学时第一次听闻"花都"之名,我望文生义地把它解构成"花城之都",以为这是广州雅号的升级版。后来发现有个同学家在花都,她时常回去,在越秀公园有一条开往花都的小巴士专线,我才知道花都是一个大农村。

连我自己都没想到,这些年寻找各色各样的"地球新村",我到花都很多次。现在的花都今非昔比,从广州市中心坐地铁过去不用一个小时。走村串巷多了,对花都这个地方,生出许多兴致,记忆里那个沉睡的"花城之都"又被唤醒了。

据旧县志载,花都,原名花县,于 1686 年设县,属广州府,因北有花山而取县名"花"。"花山,邑北诸山之统名。重峦叠嶂,绵亘数百里。北通清远、英德,东接从化、增城,向为盗薮。今置县,因此得名。"花县县城令人费解地弃南部平原,选址匪患不息的北部山区,从立县直到新中国成立的逾两个半世纪里,县城在花城,非今日新华镇。

1993 年,花县撤县设市,定名花都市。2000 年,花都撤市设区,名花都区,隶属广州市。花县易名"花市"本来很自然的事情,不知是否要与广州春节花市分割,故取新名"花都"。

花县之趣,不止于此。

第一次到广州的人,多会慕名到越秀山上的五羊石像游览,因为此地是"羊城"发源。古时广州称"楚庭",传说楚庭连年灾荒,一天,五位仙人身穿五彩衣,骑着五只仙羊,仙羊口衔五色稻穗谷种,从天而降,仙人将稻穗赐予百姓,从此再无饥荒。仙人离去后,五只仙羊化作石羊,保佑楚庭风调雨顺。百姓为感谢五位仙人的恩赐,修建"五仙观",与五羊石像做伴。后人据此典故简称广州为"穗",别名"羊城"。

有一次到花都,听说了一个和广州"五羊"有关的新版本故事。据梯面镇民间故事流传,这五位仙人送稻穗来楚庭时没骑羊,他们途经梯面群山时,看见有位姓杨的神仙在牧羊,杨仙人得知五仙送稻穗到楚庭造福苍生,即从羊群中挑选出五只壮羊,赠予五仙当坐骑。杨仙人又将剩下的羊群点化成石,石头发出金色光芒,人们给它取了个"金羊石"的美名,传说它是广州"五羊"的祖先。

在地理上,花县扼广州之北喉,梯面居花县之北,崇山逶迤,往白云山延伸,五位仙人自北而来,梯面乃必经之地。这个美丽的传说听起来不无道理。

花县花城和花城广州,梯面"金羊石"和越秀"五羊石",剪不断,理还乱。

想到花县的人。洪秀全发动太平天国运动,多少花县人紧随而起!太平天国运动不仅影响了中国,也影响了世界。花县天地会会众先后

加勒比华侨与广东侨乡

两次攻下花县县城,清军清乡镇压,与太平天国和红巾军有关的花县人纷纷逃往海外,到太平洋彼岸的新大陆谋出路,形成花县历史上第一次国际移民潮。

花县移民有鲜明的迁徙路径,即按语系分流。区域内人口由广府系和客家系构成,广府人讲粤语,客家人讲客家话。新中国成立以前,花县人多数去越南、美国和巴拿马。改革开放以后,巴拿马成为花县人最大的迁入国。讲粤语的花县人走向美国,讲客语的花县人走向更远的巴拿马,形成典型的错位迁徙。

1934年出版的《广东省地方纪要·第四十八编·花县》中写道:"惟县人富有冒险性,土人(本地人)多往南洋、金山等埠谋生活,客籍且远商于美洲巴拿马等处,所博得血汗之资,每年转汇回县者,为数甚巨。故邑内经济,颇资挹注焉。"土人指广府人,客籍指客家人,花县倚靠土人和客籍乡民从南洋、美国、巴拿马等地寄回的侨汇促经济发展。

平山村美国华侨众多。昨日繁华圩市,骑楼依旧,风光不再

巴拿马村

在这个迁徙过程中,先是平山、洛场、东华、田美这些村落,因村民早年到美国淘金而变身为一个个"美国村"。后来,儒林、福源、新庄、旗尾等客家村民纷赴巴拿马,这些第一代"巴拿马村"又引发新一轮巴拿马移民潮,到20世纪80至90年代,花县进入巴拿马移民高峰期。

今日花都人说起巴拿马,就像在聊邻里家常事,哪家的儿子赚大钱了,哪家的孙子回来读书了,丝毫没有违和感。

我在福源水库边上见到一个小村,豪宅一栋接一栋,一眼便知这是一个富裕村。遇见一位张姓村民,经他介绍,得知这是一条老村,名为詹屋。詹屋村住着"詹、张"两姓人家,总共才100多人,张姓人率先远走巴拿马淘金,回来后迎娶詹家女,外嫁女带动詹姓人出国,而今在巴拿马又造了一个"詹屋村"。

老张的兄弟都在巴拿马,自己留守,他指着四周,骄傲地如数家珍:那个村的某某是巴拿马和平统一促进会会长,隔壁村的某某是巴拿马花都同乡会会长……我突然想起有华侨说过"在巴拿马大街上见到45岁左右的花都男,若不是各个社团的正会长,就一定是副会长。"果然不是说笑。可以看出,村民发自内心地引以为荣,出了这么多"洋官",是何等光宗耀祖的体面事啊!

曾几何时听过一个侨领救市的故事。据说巴拿马一家快要倒闭的华人照相馆被会长们救活了,因为照相馆改行做礼仪绶带生意,每有新会长履新,就有庆典,小店生意跟着红火起来,成就了一个小企业成功转型的榜样。

借中国对外开放的春风,一村又一村花都人来到巴拿马,一个中国以外最大的花都人社区悄然诞生,逾10万花都人散布巴拿马各地,这使得只有300多万人口的巴拿马奇迹般地迅速崛起为华人人口大国。巴拿马华人人口总量超15万人,居北美洲华人人口第三位,仅次于美国和加拿大,而巴拿马国土面积只有美国加利福尼亚州的六分之一。

新中国成立后,花县做过几次华侨人口统计。1955年,巴拿马花县人有 313 户 766 人；1964 年，巴拿马花县人有 1669 人；到 1986 年，巴拿马花县人爆发性增至 43659 人。这些数据来源基本为第一二代移民。如果把"中外通婚"现象纳入统计，那么，拥有二分之一、四分之一中国血统的巴拿马华裔难以计数，巴拿马华人人口将远超 15 万人。

从历史到当下，花县小邑和新大陆的紧密互动，在广州和世界的关系中，贡献了独特语境。

花山镇儒林村是中国最大的"巴拿马村"。

1888 年，儒林村朱德新、朱锦荣、朱寿均等村民远涉重洋坐船到巴拿马，由此揭开花都人走向巴拿马的漫长迁徙路。

虽然花都"巴拿马村"星罗棋布，儒林，始终是其中之最。该村现有 18 个生产队，户籍人口近 3000 人，旅居巴拿马的村民及其后代超过村内人口。儒林的东南西北分别与城西村、红群村、铁山村、五星村、紫西村毗邻，这些村庄毫无悬念地进入"巴拿马村"行列。

我第一次听到"90 后"老人新移民的稀奇事出自儒林。老人的子女早在十几年前移民巴拿马，留下一子照顾他，直到儿子也要去巴拿马，子女们为尽孝道，携 90 岁老父亲一起移民，以求两全。村干部说，新中国成立前已有很多乡人去巴拿马，这三四十年来花都做生意的外地人越来越多，村民文化程度跟不上市场需求，竞争压力大，索性跟随前人越洋打工，反而找到致富机会。

在儒林"盲访"时又遇到一位"90 后"留守老人。所谓"盲访"，就是在村子里随意走走，看到有村民家门开着，便过去拉家常。这位老人姓廖，独守一栋簇新的三层楼房。他说，生产队的村民都姓廖，自己的四个儿子都在巴拿马，他们每年轮流回来看他，平日里请同村人照顾自己。正好这个照顾廖老人的村民在煮饭，询问后得知，他的子女也在巴拿马。

我在十二队二巷遇见一位姓罗的老伯，骑着自行车，见我在巷口拍照，便停下车来。罗伯中气十足，知道我的来意后，爽朗地介绍起村里情况。罗伯的兄弟和子女都在巴拿马，他一人留守看家，自留地租给外地人耕种。罗家有三栋楼，并排而立，楼前有空旷院落，一片小康之家的气息。其实，我是被巷口那栋新楼吸引过来的，罗伯说这是他家的楼，外墙尚未贴瓷砖。我这才发现裸墙不是设计效果，仍旧要跟着村里的潮流走，笑言现在的外墙很漂亮呢，与众不同。罗伯开心极了，郑重其事地告诉我："等有钱了就把瓷砖贴上去。"

正说着，一个壮年迎面走来，手里拎着一条鱼。他是清远英德人，在村里租地种菜，像他这样到儒林种地的外乡人很多。

村民都住上了楼房，楼房外观大同小异，楼层和面积不同罢了。只有祠堂是"不动产"，一个姓氏一座祠堂，大祠堂还设立家塾，无论民房如何拆建，祠堂不能移，修旧如旧，深情地护佑着远方游子。

儒林村里的姓氏祠堂

村民楼前种满瓜果。三角梅红了，黄皮黄了，人参果熟了，柚子挂满老树，龙眼垂手可摘。听说客家人有偏爱种龙眼树的习俗，龙眼寓意人丁兴旺，难怪儒林村村民喜欢在自家门前种上一两棵龙眼树呢。看见一户人家大门敞开,爷孙三人在屋里玩耍,我便走过去。屋主人姓林,两个幼童是他的孙辈,女儿女婿在巴拿马做事,孙儿留在家里,以后在村里学校上学。

儒林南路是一条宽敞的硬底公路,一边是辽阔的玉米地,一边是大片的秋葵园,尤其那秋葵,开出了花海,就像几千只几万只白蝴蝶,轻盈地落在碧波之上,在微风中张开翅膀。这白蝴蝶的芯是梦幻的紫色,美得脱俗,若非瞧见花下冒尖的秋葵,谁会怀疑这不是一个花圃呢!

村委会就在儒林南路,一条笔直的绿荫道从门前经过,路牌写着"儒林村育才路",村委会恰好在两条路岔口。沿育才路往山里走,尽头是一个山坡,坡上有一所学校,校门高耸,蔚为壮观,这是儒林华侨学校,又名儒林小学。

据花县史志记载,1947年,旅居巴拿马的村民林达远、游鉴全和从日本留学归国的村民朱耀廷三人倡议在村里创办一所小学,林游二人返回巴拿马发动村民筹款。次年8月,儒林小学如期落成开学,"海归"朱耀廷出任首任校长。1987年,张亮本等旅巴乡人回村,第二次集资扩建学校。1995年,旅巴华侨又集资32万美元,由年逾七旬的陈煜滋等三位巴拿马乡亲代表回村,支持新校在原址上重建。

华侨学校建在儒林地势高处,现在是花都区一级学校,除招收本村子弟外,隔壁紫西村和源和村1至3队都属于儒林学位村。从巴拿马回来的儒林子弟,有的短期插班,有的读完小学。孩子们毕业后,或回到在巴拿马的父母身边,或继续跟着祖父母在花都求学,成为一群特殊的农村留守儿童。

这所乡村小学不但没有在农村中小学校教育布局调整中被闲置,反而越办越好,不能不说是个奇迹。我第一次听说一所乡村学校的首任校长是"海归",而且这所乡村学校由一群远游巴拿马的村民倡办。老人说,儒林在民国时期拥有"满乡儒"的美名,这与儒林学校不无干系吧。

巴拿马村

儒林华侨学校

儒林，即"儒者之林"，这是一个指代读书人、知识界的专门词汇。难怪通往学校的这条路取"育才"之意，可见儒林人的初心。

正如校门两侧高悬的对联，上联是"儒杰呈辉赤子敦厚绵世泽"，下联是"林士现彩桃李峥嵘报春晖"。这副对联巧妙地以"儒林"藏头，寓意海外赤子福泽桑梓，反哺乡村教育的儒风长续。

我的脑海里忽然飞出家喻户晓的名著《儒林外史》，这是多么有趣的巧合啊！一样以"儒林"命名，"外史"截然不同。花山脚下的"儒林外史"，是一部南方乡村的对外交往史。

一村一世界。

在花都，不需要假装与"巴拿马村"偶遇，因为，你随时可能走进一个"巴拿马村"。

和花山镇一样，狮岭、花东和梯面三镇都是"巴拿马村"高度扎堆的地方。儒林、源和、南村、红旗、城西、紫西、新扬、新民、响古岭、旗

加勒比华侨与广东侨乡

新、旗尾、新庄、紫泥庄、天心塘、珠高垰……每年清明,这些平日里难得见到人影的山村进入一年中人气最旺盛的季节,成千上万村民从巴拿马回乡祭祖,为花都节庆经济奉献了令人瞠目结舌的消费力。

花县史志记载,1888年,和儒林村民朱锦荣、朱德新、朱寿均一起离乡背井的淘金客里,还有天心塘村刘金,源和村张广贵和张广春,珠高垰村陈恩记,新庄陈山和陈振坤,旗尾村钟开华和钟运记,这批人是最早抵达巴拿马的花县人。他们在巴拿马运河区卖豆腐,开小店,干杂活,洗衣服,用做小摊贩换回的第一桶金,于20世纪初开设朱氏公司、顺彰公司、顺发公司、顺昌出入口公司、顺和兴商行,有的兼做金山庄,在巴拿马、香港和花县之间接驳侨汇,为华侨寄钱回家提供一条龙服务。

1909年,新会人伍廷芳任清政府驻秘鲁公使时途径巴拿马,看见运河沿岸各埠华人店铺密如繁星,惊讶之余留下珍贵记录。

> 我华民商务之在巴国者,以巴京为最大,次则个喇埠。有巴京至个喇埠开河一带,火车路所经约共华里140余里,华民店铺约300家,零星散处各埠者亦不下百十家,约共有3500余人。

伍公使当年坐火车考察巴拿马运河,其所言"巴京",指太平洋口岸的巴拿马城,"个喇埠"指大西洋口岸的科隆市,皆取粤语发音而成。时至今日,巴拿马华人依然以经营中小企业为主。花都人中70%经营超市,其次为五金建材、汽车配件、餐馆和洗衣馆。

按人口计,花山儒林、花东响古岭、狮岭紫泥庄、花山南村,列"巴拿马村"前四位。按姓氏计,儒林村大姓有张、罗、廖、陈、朱,响古岭为侯姓,紫泥庄为邱姓,南村为罗姓,这几个姓氏自然是巴拿马华人大姓。

钟浩良说,巴拿马的花都人中人口最多的四姓是张、罗、钟、邱。

钟浩良一直自称老家在狮岭镇旗美村,然而,我查遍花县地方志,均不见"旗美",而有"旗尾"。粤音"尾、美"二字难辨,我认为是旗尾。他有些动摇了,说要找老前辈问清楚,两天后,告诉我"旗美即旗尾",村里出过一个举人,族人在村口竖立旗杆,建有一座钟氏宗祠。

旗尾村祠堂(钟浩良供图)

旗尾村是一个"钟家村",村民姓钟,全村人口约有1200人,一半以上在巴拿马。在最早去巴拿马淘金的花县人队伍里,就有旗尾村村民钟开华和钟运记。1933年,钟运记捐资并发动旅巴乡亲集资回乡兴建旗岭圩,自任董事长,是当地士绅名流。

钟浩良说:"按族谱字辈算,钟开华和钟运记都是我的祖叔公,他们是旗尾村两大首富。我从小就听村里老人讲两个祖叔公开华、运记在村里开办杏林学校,后来,他们的儿子也来巴拿马了。"

1927年,钟浩良的祖父到巴拿马打工,值旗尾华侨巨贾钟金水在巴拿马开办中央鞋厂,需要大量工人,钟老板回村招工,旗尾村掀起第一波出洋热。

加勒比华侨与广东侨乡

在这一百多年里,任凭太平洋风雨激荡,旗尾村和巴拿马的互动从未间断。出国,是每个旗尾家庭的梦想。

钟浩良的祖父在出国前将十七岁的祖母娶进门,以便父母有人照顾。新婚一星期后,祖父启程赴巴拿马,至死未归。直到钟浩良移民巴拿马后,他找到祖父安息之地,为祖母的一生痴念画上心酸的句号。

1978年中国开始实行改革开放,政府下大力气落实各项侨务政策,"海外关系"从"黑五类"逆袭为人人艳羡的"香馍馍",许多侨居海外的老华侨在半信半疑中观望,少数人因思乡心切,开始试探回国省亲。一场以家庭和宗族为纽带的当代中国乡村国际大迁移,由此拉开序幕。

钟浩良的父亲千方百计联系上已出国的堂姐夫邱绍基,由后者申请钟浩良出国,1980年岁末,钟家成为改革开放后旗尾村最早去巴拿马的家庭之一,村民都来为钟浩良饯行。

> 一大早我就起床了,挑了套唯一新的白色"的确良"衬衣和深蓝裤子,我穿上两件毛衣后,衬衣就怎么也穿不进去了,我只能丧气地把旧棉袄穿上。
>
> 祖母比我起的还早,她八十出头了,大冷天穿着硬邦邦打补丁的棉袄,弯着驼背的身体,一走一拐到门口放了一串鞭炮,那是为我出国准备的,图个吉利。
>
> 母亲把大厅的桌椅擦得干干净净,拿出自己从广州娘家带回来珍藏了很久的椰子糖,还有在旗岭供销社买到的唯一不用粮票的沙翁饼招待大家。
>
> 后院的廖嘛娘第一个到来,她高兴地好像自己孩子出国似的,站在我家门口拉开嗓门高声喊着:"我浩良侄子出国发大财啦!大家都进来吃发财糖果啊"!
>
> 年辉老叔公曾经去过巴拿马,更是滔滔不绝讲述在巴拿

马的亲身经历,他的一番话至今我还记忆犹新:"巴拿马天口热水土凉,花花世界,禾草变蛇"。

那一刻的成功和喜悦,是我平生第一次感觉到,是那么让人兴奋和激动,好像自己已经走上了一条康庄大道,谁又能想到等待我的却是一条坎坷不平的道路。

旗尾村距离广州市区五十多千米。钟浩良平时去广州,要先骑自行车去旗岭圩,再坐公交车到新华,接着转汽车或火车,折腾一天才能到广州。家里出了这等大喜事,父亲特意托人寻来一辆运送红砖的手扶拖拉机,一家人坐上拖拉机,轰轰隆隆地把儿子送到新华。

那年,钟浩良20岁,在广州第三棉纺织厂当了一年司机。在那个火红年代,"医生、司机、猪肉佬"是就业"三件宝",被公认为是"油水多"的职业。钟浩良对父老乡亲欢送自己的记忆清晰如昨天发生一样。

我和其他三位新庄村的年轻人在姑丈邱绍基的带领下,从广州西站登上前往深圳特区的火车,又从深圳坐轻轨快车到香港红磡车站。由于飞机票紧张,我们只能买到一周后从香港到巴拿马的飞机票。

平生第一次坐飞机,当然兴奋不已。我们乘坐日本航空公司航班飞往东京,然后辗转温哥华和墨西哥,最终到达巴拿马。

在温哥华机场,肚子饿得咕咕叫,我发现一处写着"旺记云吞面店"几个中国字,如同找到救星似地急忙坐下。在香港,姑丈给我们每人二十美元"顺风利是",我忍痛花四块八毛买了一碗云吞面,五分钟内连同汤面一起吃光,本来想再吃一碗,仔细一算已经吃掉了我一个月的工资,便把钱放回裤袋里。

1980年的最后一天,我们白天在温哥华,晚上在墨西哥城,这算是我人生中值得回忆的一天吧!1981年元旦,飞机降

加勒比华侨与广东侨乡

落在巴拿马国际机场,我终于到达梦寐以求的人间天堂——巴拿马大埠。

安抵巴拿马后,幸运的年轻人又幸运地得到本村前辈钟月均的提携和帮助,在月均叔公家的超市打工。钟月钧是巴拿马鞋业巨子钟金水的侄子,于1960年移居巴拿马,当过三届花县同乡会主席,是巴拿马德高望重的侨领之一。

巴拿马华侨对中国是挚爱的,翻一翻老黄历令人肃然起敬。在抗战期间,巴拿马华侨成立华侨抗战捐献总会,花县侨领刘连城和唐佩湛动员全体侨胞捐钱支持祖国抗战。为落实捐钱到人,总会每年向每个侨胞发放一个铜牌,上刻12个月份,每人每月最少捐出10美元,交钱时在铜牌上用钢印戳上记号。侨胞们争先恐后以早交多交钱为荣,由总会统一寄回祖国。

为尽快适应超市工作,钟浩良在中华国货公司买了《西汉字典》和《西班牙语基础》两本书,每天晚上做完家务后,趴阳台上自学西语,一星期后会说1至100的数字,熟读了一周七天和十二个月份的单词。郁闷孤独时,他用琼瑶小说把自己灌醉。三年后,钟浩良离开叔公家的超市,单身闯江湖,做过焊工、电工、木匠、水泥工,当过杀猪佬,卖过牛肉,终于在抵巴第五年自立门户,开始创业。

1985年1月5日,钟浩良租下一个简陋的小店面,经营第一间杂货铺。这间低矮的平房没有窗户,地面高低不平,天花板伸手可触,只有一排木头货架和两个破烂的冷冻柜,一到中午俨然桑拿房。为纪念自己第一次当老板的历史性时刻,钟浩良用新婚妻子的名字"JACKELINE"作为店名,自任董事长兼总经理,温润贤淑的妻子是他手下唯一员工。

1987年前后,中国人赴巴拿马出现第一个高峰期,钟浩良的小姨子、小舅子、堂哥和亲弟弟相继来到巴拿马,夫妻店开始壮大。

钟浩良说,带兄弟姐妹出国是家里老人定下的规矩,不能违抗,他把这个家规称作"我们的使命"。

每个客家人来到巴拿马,都谨记祖训,以完成三个艰巨的任务为奋斗目标:第一,开店;第二,把兄弟姐妹带出来;第三,回老家盖楼房。这个祖训已经成为惯例,经过一百多年传承而生生不息,成就了今天巴拿马花都客家人的天下。

客家人究竟如何在巴拿马"客天下"?花县公园举办的第一次春宴活灵活现展示了这个场景。

花县公园坐落于蓝山风景区内,于1983年5月落成,内设能容纳过百桌酒席的大礼堂,配套有游泳池、篮球场。1986年正月十五,花侨春宴第一次在花县公园举行。钟浩良仍记得当时的情景。

中午时分,花县公园彩旗飘扬,人山人海,篮球场、游泳池、乒乓球室已全部完工,麻将房更是热闹非凡。舞台前面七盏吉祥灯闪闪发光,两边挂着一幅醒目的对联——花青醒狮擂鼓锣雨剑风刀天作阵,县侨春宴月烛风灯山肴海酒地为盘。

晚上八点,会场灯火通明,巴拿马国防军总司令诺列加将军在国会议员杨河西等的陪同下来到会场,顿时锣鼓喧天,鞭炮齐鸣。将军向在场侨胞挥手致意,他用西班牙语大声高呼:花县万岁!巴拿马万岁!

这是1986年巴拿马花县人庆元宵的场面。这一年,中国对外开放才八年。这一年,巴拿马花县人口达43659人,是1964年巴拿马花县人口的26倍,是1955年巴拿马花县人口的57倍。

1989年,钟浩良贷款购下两个铺位。他用尽十八般武艺,一人包

加勒比华侨与广东侨乡

办泥水工、木匠、电工、水管工、烧焊工、油漆工,经过两个月昼夜不分的装修,一家颇有规模的五金店落成。本以为可以迎来事业的春天,却不幸赶上美国入侵巴拿马,将他十年辛苦积攒的小基业毁于一旦。

1989年12月21日,在巴拿马母亲节的前两天,巴拿马城已进入欢乐的新年时间。钟浩良在店里进满年货,挂起彩灯,准备迎接圣诞购物旺季。然而,谁也预料不到,一场灾难不期而至。

入夜,听到大街上越来越多的汽车喇叭嘈杂声,不时传来几声砸东西的声音,后院的狼狗"阿财"跟着起哄。突然,巴拿马城的夜空响起雷鸣般的声音,开始我以为是旱天雷声,听着听着声音越来越频繁,我意识到事情不妙,这是枪炮声啊!便急忙打开电视。

原来美军真的入侵巴拿马了!

店里的电话响个不停,都是亲朋好友打来的,大家相互转告消息。从电话里得知国防军司令部大楼已被夷为平地,附近的平房和几家华人小超市也被大火吞没了。

夜深了,大街上越来越多嘈杂声,我从门缝往外看,汽车在马路上横冲直撞,车上的人有的还背着卡宾枪。电视台在播放中央大街上的商店被贫民窟穷人抢劫的新闻。我们一家人坐在客厅等待厄运的来临,谁也无法入睡,这是我一生中最漫长的一个夜晚。

终于安全熬到天亮。国防军全部缴械投降了,可是美军故意不进城维持秩序,国家变成了无政府状态,大街上一片混乱。

我的店铺被重重包围,歹徒用AK16向店里扫射,卷闸变成马蜂窝,我们赶紧收拾一些值钱的东西准备撤离,但发现后门已有人把守,我急中生智把钱塞进洗手间的破门里。歹徒把我们身上带的东西全部抢走,用枪顶着我的脑门要我交钱出来,我正想把藏在门缝里的钱交出来时,住在我隔壁的老人走过来向歹徒大声说:"他们是我的亲戚,你们不能为难他们,谁敢动他们先从我身上踩过去!"听到老人这么大声喊叫,歹徒仓皇离去,老人赶紧打开后院把我们接到家里。

一个小时后,抢劫的人群渐渐散去,我回到自己的五金店,满目疮痍的画面让我终生忘不了。货物被一扫而光,门窗被撬得东倒西歪,天花板全部掉下来,家具一件不留,就连唯一的面包车也被开走了。我急忙冲进洗手间,发现那扇破烂的门也被拆走了,我指望着那点钱维持生活啊!我和老婆抱头痛哭。

我们一贫如洗。善良的老人家与我们非亲非故,却收留我们,把家里仅存的一点粮食分给我们吃。

无政府状态进行到第二天,马路上依然一片混乱,好在通信系统没有中断,小舅子打电话告知旧超市幸免于难,我听到这个消息后心情才平静一些。

美国士兵开始进城了,恩达拉在美军南方司令部宣誓就任巴拿马总统。美军和交通警察开始维持秩序,但治安还没有完全恢复正常。我们已经在老人家里住了三天,实在过意不去,此时,好朋友张焕渠大哥别着手枪,开车把我们接回小舅子打理的旧超市里。

只有几十平方米的小店里,九个大人挤在一起,食物只剩下冷冻柜里的一箱猪蹄,这成了我们唯一的口粮。时至今天,我对"红烧猪蹄"还有畏惧心理。到了晚上,男人只能睡在店里的柜台上,枕头下藏着手枪,随时注意屋顶上的一举一动。

在这动乱的日子里,我心里只有一个念头:离开这个鬼地方。可是,一没有路费,二没有落脚的地方,有的人甚至把证件都弄丢了。好心的邻居陈伙贵把我的几个工人暂时安置在他的店里,谁想到第二天,他的店铺又遭歹徒抢劫,他们又惊慌失措地跑回来。我们在煎熬中度过了这段黑暗漫长的日子。

新政府在美国的支持下开始收拾这个烂摊子，首先宣布所有银行解冻，鼓励商人恢复营业。我的好朋友何伯请求他的亲家、建筑商刘南胜先生允许我的五金店每月只付利息，待经济好转后再还贷款，这才使我在黑暗中看到一丝曙光。我回到五金店，残垣断壁，遍地垃圾，还有两个乞丐把它当成了自己的家，随意大小便，整个店铺臭气熏天。这不堪入目的场面，再一次深深地伤透我的心。

我借来一台电焊机，把房顶门窗重新修复装好，妻子收拾好破烂的家具。这就是我们的全部家当了。我每年春节必须寄钱给父母，这次，父母却千方百计托亲朋好友把我寄给他们过年的钱带回来，让我可以重新开业。

歹徒抢去的那些东西没有用处，他们开始在大街上以很低的价格售卖，政府也没有制止他们，许多侨胞硬着头皮把被抢走的商品用低价买回来。我与妻子下定决心，宁可自己多熬一段苦日子，绝不帮他们买一分钱的货。

一天中午，店里进来一位黑人，很客气地与我打招呼，他从口袋里取出一叠纸币，问我是不是中国钱，我一看，差点笑破肚皮，原来是侨胞用来拜神的冥币。想到自己的遭遇，就故意对他说："这是中国的兑换券，可以直接兑换成美金，但只有巴拿马国家银行才有这种服务"。

山重水复疑无路，柳暗花明又一村。巴拿马的经济开始复苏，银行恢复了正常营业，我通过一家银行中介公司贷到了款，把铺位买下来，五金店生意也开始好转，我终于找回了自信心，决定把失去的一切加倍补回来。

十年一劫，筚路蓝缕，从零出发，东山再起。如今，钟浩良三代同堂,他把生意传给子女,自己乐享退休生活。从小学到高中,他始终爱看小说,爱唱歌,爱表演,爱写诗情画意的文字,这些小欢喜伴随他出走半生,从一名"小文青"活到"老文青",出任巴拿马华星艺术团团长,依旧少年归来。

　　老钟说,他乡即故乡。我理解这份情绪,因为,我们都是世界的客。

　　旗美在花都,在巴拿马;在花山,跨越太平洋。

　　在那山水之间,有我们的快乐老家。

加勒比华侨与广东侨乡

委内瑞拉村

在恩平,委内瑞拉村,不是一条两条,条条村路通"委内瑞拉村",只是村子大小有差异罢了。广州花都的"巴拿马村"主要分布在花都北部山区,恩平的"委内瑞拉村"遍布恩平每一个镇圩。

巴拿马村,除了广州花都区,珠三角乡村零星有,不典型。而委内瑞拉村,恩平独有。

恩平面积约有1698平方千米,常住人口超过50万。委内瑞拉面积为91.64万平方千米,人口超过3000万。南海边的中国小县与加勒比海边的南美洲大国,不可思议地架起一座跨越太平洋的桥。

恩平人说在委内瑞拉的恩平人有20万,占委内瑞拉华人华侨总数的九成以上。如此,委内瑞拉人把恩平话当作中国"国语"就不足为奇了。

且不论这20万人持中国护照或委内瑞拉护照,仅侨民的单一籍贯比例已高得惊人。据近期不完全统计,恩平在海外的侨胞有371367人,港澳同胞有110070人,分布于37个国家和地区。换言之,仅委内瑞拉的恩平人已占恩平海外人口的六成,而且,这20万移民人口是在改革开放后四十年间快速形成的。

因为人口高度集聚,恩平和委内瑞拉之间的联动变得异常紧扣,恩平在某种程度上成为了解委内瑞拉时局变化的晴雨表。我在水楼村祠堂见到捐款功德碑,捐款者大多数来自委内瑞拉,分第一批和第二批捐款者,其中第一批的捐款后面括号内注明"时值一千元委币折换美元一百壹拾元",第二批的捐款后面括号内注明"时值一千元委币折换美元六十九元",委币的贬值速度一目了然。

近几年,委内瑞拉局势反复动荡,部分恩平人回国,最高时有两三万人短时间内回流,单在恩平域内幼儿园和中小学上学的外籍学生已超过6000人,恩平瞬间成为国内接受外籍"小留学生"最多的地区。

然而,即便委内瑞拉物资严重短缺,仍然有十几万恩平人坚守在委内瑞拉。在华恋社(中文名为瓦伦西亚)的华人仍有四五万人,基本来自恩平各地。当地侨胞坦言,他们没有明显感到华人减少,每天看到的恩平人依然那么多,营商环境大不如从前,但风险和机遇同在。

一位在委内瑞拉生活了三十年的华商乐观地告诉我,2019年以来,回乡的恩平人又开始陆陆续续回潮,每天去委内瑞拉的飞机上都有一二十个恩平人。

委内瑞拉的春夏秋冬,可以从恩平人不安分的脚步中,洞窥出一二。

沙湖圩往水楼村的路修得很好,路边有一个农庄,看起来与普通农家乐无异,却吸引了我的目光。农庄里,一面五星红旗在蓝天上高高飘扬,很远都能看得见。

据说,这个农庄是从委内瑞拉回来的华侨开的。

过了午饭时间,农庄里的食客不多,仍有三三两两。偌大的鱼塘边,三个男子围坐一起,每人点了一个炆鹅饭,香气扑鼻。我从旁边走过,突然想对他们做个访问,便折返。

加勒比华侨与广东侨乡

三个男子中两个是亲兄弟,这两年才从委内瑞拉回村开果园,另一个年轻人是兄弟俩聘到果园的技术员。

"你看,我的水鞋上沾满泥巴,我在委内瑞拉生活了三十年,现在又回来当农民了。"弟弟抬起脚,尴尬一笑。

大厅里坐了几个人,干脆叫上他们一起吃饭,刚好坐满一桌。这一桌人,有水楼村村民,有塘下村、长安村村民;有从委内瑞拉回来的,有从哥斯达黎加和荷兰回来的。他们说,邻村兄弟本是熟人,到了国外,忙碌之余也会约饭喝茶,回到村里,同样聚会聊天,没有区别。

一个村民从查韦斯的家乡归来,恩平土话把那个城市称作华恋那,他在华恋那开杂货店。说起前些年委内瑞拉经济向好时,杂货店生意兴隆,甚是怀恋。

> 华恋那是个县城,没有沙湖人口多,只有不到两千米的一条街。华恋那所在的省约有八十间华人杂货店,我们城市就有二十多间华人杂货店。
>
> 那时候,我们每天从早上8点开门,一直到中午12点都没空吃饭,经常要轮流吃饭。农村人进城都来杂货店买东西,每天店前排长龙购买粮食、糖、面粉、咖啡、油等物资,一车一车地装回去。

他们说,许多人离开委内瑞拉了,但对未来仍存希望,只要委内瑞拉局势好转,都会回去。

距离沙湖圩四五公里处的金贵村是恩平少有的碉楼密集村落,一栋栋碉楼,无声地告白金贵的老黄历。从村前经过,忍不住停下脚步,多看几眼。

村口的牌楼如小城楼,本地人称之为"闸阁"或"门楼"。城楼上,"金贵"两个大字引人入胜。池塘边,古榕连片,蔚为壮观。二十多个老人围坐榕树下,或下棋,或唠嗑。一个老伯走过来,我以为他要询查身份证,未料他自顾自介绍起来,说要当我们的导游。

他姓陈。陈伯说,金贵村都姓陈。

果然,城楼墙上嵌有一块花岗石碑记,上面的名字至少

恩平金贵村

有一百人,每个名字后面紧跟捐款额,每个人都姓"陈",可见村里的公共设施都由海内外村民集体出资建设。

陈伯平时住在恩平县城,非常认同当今国家政策,深信国家发展会越来越好,故而常回村当志愿讲解员,见到有人来村里,就带他们游村。老人说一口恩平腔粤语,我用半吊子粤语跟他对话,感觉我说得比他要好。从陈伯的解说里,得知金贵村正在建设美丽乡村,地上见不到鸡屎、牛屎,环境整洁文明。

我思量着这应该是一条"委内瑞拉村",便问是否有很多村民出国。

陈伯一听,乐了,"我们村里去委内瑞拉的人最多,也有人去古拉梳和圣马丁,都是加勒比海的小岛,系荷兰的。"

见我笑了,陈伯更加热情地讲解道:"还有一个岛仔,系英国管的。"他试图念出这个英国岛仔的名字,可是翻来覆去说不出来。

我问:"是安圭拉吗?"

他惊讶地看着我,大声反问:"你怎么知道的?"

我笑而不语,没有告诉陈伯我怎么知道的。如果他知道,当我在世界地图上与加勒比小岛捉迷藏时,他正坐在村口榕树下和岛民拉家常,这画风该有多幽默。

我马上向安圭拉岛上的阿美打听岛上华人中谁家在金贵村,她说:"我老公的外婆家在金贵村,金贵村里只有我家婆的娘家在安圭拉。我老公家在对面聚龙里。"又是不出所料的亲友团。

反正,陈伯明显把我列入了文化人行列,大到国家大事,小到外嫁女回村,讲个不停。

我问:"陈伯,您家里有人出国吗?"

他爽朗地回答:"我家只有难民。"

我困惑了几秒,马上反应过来:"您家里有人在委内瑞拉啊!"我想起动荡中的委内瑞拉侨胞调侃自己是"难民"。

陈伯是个好向导,步履矫健地游走在他熟悉的巷子里。巷子真窄,老房子真美,虽久无人住,那原汁原味的趟门,锈迹斑驳的锁头,门楣上的壁画依稀可见对联,透着广府村落独特的田园古风。

村后的碉楼楼龄要追溯到民国年代,有的还住着人,无人打理的则如弃物。走进其中一栋,只见屋内杂物横七竖八,又脏且乱,可叹几代人光宗耀祖之物证,如今了无生气。

然而,村落依旧美丽。清风过巷,吹得老宅门上的新对联飘飘然。低矮的青砖屋,挺拔的大碉楼,相映成趣,流连其间,像在观赏一部历史长卷,古往今来,小村里外,听见流淌的声音。

离开时,陈伯提议拍张合照,叮嘱要记得他们的村,还留了联络方式。国庆节,我刚好看完新中国成立70周年大阅兵,就收到陈伯的留言,老人很激动,依旧一口恩平腔。我连蒙带猜这是老人收看阅兵式后的心情,赞国家富强了人民有希望了,马上发了短信回复,他说我理解的意思是对的,让我找恩平人翻译一下就全听懂了。

委内瑞拉村

伍权荣的老家在伍边村,距离金贵村四五公里,杨金公路通达两地。老伍的大姑姑嫁去金贵村,大姑父在20世纪80年代去委内瑞拉,是金贵村最早去委内瑞拉的那批人,属于最早富起来的那部分人。

这一村连着一村的路,又把我带去伍边村。

老伍说他们村委会很大,我查了一下,发现真的很大,伍边村村委会有14个自然村,方圆10.19平方千米,与加勒比海的萨巴岛相当。

伍边旧村是老伍的家,他的叔叔还在祖屋里住着,伍叔的子女在委内瑞拉和库拉索。旧村只有三户人家在库拉索,老伍和叔叔占了两家。全村人口约有270人,其中去库拉索对岸的委内瑞拉的人最多,有70多人,其他还有去中国香港、美国、加拿大、墨西哥、荷兰的人。

恩平伍边旧村

进村的小道草木葱郁,曲径通幽,拐几个弯,只见绿油油的稻田,山青水绿,钟灵毓秀。池塘上下,小村对影成双,素色,恬静,宛若世外桃源。

加勒比华侨与广东侨乡

伍公祠将旧村一分为二,一边为塘仔岩,一边为塘尾婆,老伍家在塘仔岩。从塘仔岩通往祠堂的小径上,有一间不到二十平方米的废弃小屋,老伍说,祖屋倒塌后,他家就搬到这间小屋,兄妹四人都在这里出生,一家六口和叔叔总共七人,蜗居在小屋里。"家里太穷了,屋子太小了,到了晚上,家里的男人就到村里祠堂过夜。"直到老伍九岁,全家才搬回原地重建的祖屋住。

位于塘仔岩的积礼学校荒废已久,后来用作伍边小学校舍,老伍的父亲在这里当过老师,他一生寄望子女用读书改变命运。老伍在家排行老三,姐姐弟弟都是名牌大学毕业生,唯有他不思圣贤书,是杨桥圩上出了名的淘气学生,与现在腼腆的样子判若两人。中学毕业后,老伍独自跑到广州读电子培训班,之后在电子厂当工人。

> 大姐去库拉索时我才20岁。1999年3月28日,大姐夫回国带着我从香港经阿姆斯特丹去库拉索。我的孩子都在国内读书,我每年都回国,我的护照上已经盖了几十个出入境印章了,可是每次过海关,我都要被叫到一边等上一会,工作人员说他们要查一查是不是真的有库拉索这个地方。如果哪次不被叫到一边,我反倒不习惯了。

老伍说笑着。我告诉他,若不是认识了他们,我也许永远不会知道世界上有一个库拉索,这个陌生的小岛,距离我们的世界实在太遥远了。

而天底下的事情,没有一成不变的。小时候家里最淘气的老伍,现在是库拉索华文学校董事长,跟一帮志同道合的侨胞一起,孜孜不倦地奔波在华文教育一线,成为了一名出色的民间教育志愿者。

委内瑞拉的名气是库拉索望尘莫及的,老伍随家人去了海岛,但村里多数人选择去委内瑞拉,包括他自己的堂兄弟。

伍边所在的杨桥圩开创了恩平人旅居海外的先河,蟠龙村李龙于嘉庆年间赴泰国谋生,成为恩平第一个华侨记录。伍边建村500余年,伍边旧村的出洋史,至少有一百年了。村民说清朝出洋的村民名字很难查找了,不过,可以查到这一百年里最早下南洋和闯金山的几个名字,第一个去委内瑞拉的村民是伍英海,在20世纪70年代就去委内瑞拉了。如此算来,伍边旧村与委内瑞拉的联系已四十载有余。

有意思的是,旧村自称"儒林村"。村口闸阁上的楹联"伍孚士德,边让儒林",彰告伍边出儒林名士。我在闸阁外侧找寻一遍,发现三块旗石,其中一块旗石上写"宣统元年乙酉科拔元伍瑶光立。

伍边村旗石

原来,清末拔贡伍瑶光是伍边旧村人。

伍拔贡是个新派读书人,一生致力于乡村办学,是一位受人尊敬的乡村教育先驱。1906年,他在村里创办积礼学校并任校长,这是沙湖地区最早开办的学校,学生有170余人,是当时该区域的名校。1918年,他又创办恩平一中,出任首任校长,还当过省立肇庆中学校长。1929年,伍拔贡倡导兴办乡村公路,建成沙湖至杨桥一带公路,为家乡建设做了诸多实事。他在晚年解甲归乡,撰岭南伍氏阖族总谱,为继任总编辑。伍拔贡一生未曾出洋,1909年,他编译的《亚洲各国史》由广州粤东编译公司出版,成为中国近代以来最早的亚洲史著作之一。

而伍边后人,比他们的先辈步子迈得更大,走得更远。他们走出国门,走出亚洲,走向新大陆,走向世界的天涯海角。

加勒比华侨与广东侨乡

因为阿鲁巴岛上稳叔的老家在唐劳村,我顺道去村里转个圈。

刚过唐劳村牌楼,迎面遇见一位中年村民,我问吴怡稳家是否在此,村民上下打量眼前的不速之客,答道:"我是稳叔的侄子。"

恩平唐劳村

真巧了。据吴大哥介绍,他是唐劳村为数不多的留守村民。全村现在有30多户130多人,在国外的大概有140人,内外人口比例为一比一。村里人都姓吴,家家户户都有人出国,一般在春节和清明时节,华侨集中回村,村里才热闹起来。

吴大哥说他不想出国,但家人是村里最早去委内瑞拉的人。"我的太公是村里最早去委内瑞拉的,新中国成立前出去的。我们村去委内瑞拉的人比较多,去阿鲁巴的有二十几个人,都是一个带一个出去。我的子女在委内瑞拉。"他领着我往村里走。村口这栋五层楼是美国华侨建的,旁边那栋高楼是委内瑞拉华侨建的,村里的房子都是华侨回来建的,连文化楼和学校也是华侨捐钱建起来的。

村后有一栋老建筑,藏匿于果林半遮面,屋顶"鹏冈学校"四个大字从林间探出头来。学校早就不办了,现在是出租屋。

一扇铁丝门将村里与村外的世界分割,它们原本是一体的,此刻,我却无法走过去细细赏读,不免生出些伤感。只见一村妇走出校舍,鸡踱着碎步,狗跑着撒欢,育人之地这般转型,应是建校先贤们意想不到的吧。

稳叔透露了鹏冈学校的变迁,听来有些苦涩。

学校这个地方在历史上是一个很大的庙,香火很旺,恩平各地的人都来这里祈福。后来改建为高园小学,高园、鹏冈、唐劳的村民子弟都到这里上学。我就在高园小学上学,那时候有三百多名学生,十几个班级。因为鹏冈的孩子比较调皮,加上高园华侨多,就在自己村里建了一所小学,高园村的孩子就在村里上学了,高园小学改名为鹏冈小学。因为计划生育,鹏冈和高园两个学校的学生越来越少,前些年都去沙湖中心小学上学了。

隔壁同姓的鹏冈村,村容建设比唐劳大刀阔斧,因为村里出过多位有功名的祖先,村民把入村口改造成微型纪念广场,重修后的旗杆墩和旗石,分立于广场两侧,旌旗飘扬。由侨胞捐建的鹏冈村大道,穿过大鹏展翅的门楼,笔直地通向

恩平鹏冈村吴府旗石

村里,池塘中央,亭台楼榭,一派新农村气象。

根据村史记载,鹏冈村始祖光集公为南宋进士,从福建莆田迁至南恩州任刺史,从此吴姓开宗恩平。自2013年8月起,鹏冈村民陆续在该村各处发现残存的举人、武举人、例贡生旗石。为传承光大本族文脉,该村向海内外乡亲倡议募款重建旗石,这个文化工程于2016年8月竣工。村人在广场上竖起巨大的花岗石碑记,铭刻重修旗杆墩石缘由和捐款名录,列明美金和人民币币种,从名录可见旅居委内瑞拉和多米尼加的华侨捐款踊跃。

村民告诉我,对面的高园村去委内瑞拉的人更多。

过马路,走一小段,便到了高园村。

高园村也是古村落,建村已有600年。据村史载,其村祖先光集公于宋朝从福建莆田迁至恩平,始居牛江仕洞,后迁到沙湖鹏冈。明朝初叶,高园村始祖怀义公的曾孙国珍公,从沙湖唐劳里迁至此处,开枝散叶。

我方然大悟,鹏冈、唐劳、高园,同宗同源。

村口宣传栏概述了基本村情。高园村常驻人口有500多人,迁出人口是常住人口的三倍,其中侨胞占700多人。自1984年始,海内外乡亲共捐资140万元建设村学校、文化楼、牌楼、村道巷道、球场、自来水以及公共卫生设施。

村口牌楼楹联"高一步多添胜概,园四围中有奇观"描绘出高园村站高望远的意境。穿过牌楼,正面即见村委会,大门两侧亦是一副"高登寿寓,园占春魁"的对联。第一眼掠过,已被此地高度的文化自信所震撼。

村前的水稻田一望无际,风光无限好。一位老人悠闲地坐在村委会门口独自纳凉,墙上挂满"文明村、卫生村、生态村"各种荣誉牌匾。与各侨乡村一样,墙上都有一道共同风景——捐资建设本村公共设施的名录,叫人产生强迫症的密集人名里,海外村民如潮。

村里的老建筑和新楼房交杂,很多村民在城里购房,逢年过节才回祖村。水塘边有一座二层楼的"梦麟家塾",位于侧巷口,几根石柱撑立在水中,青砖旧瓦,古色古香,是村里保存较好的古建筑之一。巷口牌楼由侨胞于1993年捐建,一副对联"高楼得月,园树逢春"与村口牌楼楹联美美呼应。

侨,这村有文化。我便呼吸着这书香气息,去寻味。

果然,田边有一处"功名园",一条林荫小道,一排旗杆整齐列于一侧,每根旗杆下面立一块旗石,这样的旗石有九块。有嘉庆甲戌岁贡生又赐武状元吴应龙,道光庚戌岁进士吴明贤、吴际辉,道光辛卯恩科赐副榜眼吴敦履,道光乙酉岁进士吴兆栋,同治甲戌岁贡生吴际晓,光绪丙子武状元吴能起,光绪丙申岁贡生吴则汤,光绪戊申岁贡生吴湛森。

高园村武状元旗石

梦麟家塾由吴湛森于1927年重修,他又于1929年创办依仁小学,担任首任校长。碑记显示,功名园由海内外乡亲共同捐资建设,九块旗石和十三支路灯由侨胞吴辑熙和吴允恩捐建。

据村史记载,高园村自建村至今,翰墨飘香二十代,人才辈出。古有进庠八人,秀才六人,庠生七人,解元学士二人,监生八人,岁进士七人,岁贡生十二人,武进士二人,副榜眼一人,武状元三人,恩赐登仕郎二人等功名六十三人;新中国成立前有大学生十人,教师十人;新中国成立后有大学生九十八人,教师六十七人,工程师十人,博士四人,硕士三人等。简而言之,此村自古出文人,功名园里的九块旗石,不过是七分之一。同一个村出三个武状元,难得一见了。

加勒比华侨与广东侨乡

距离高园村几公里的大院村,村子不大,美丽乡愁的气氛愈加浓郁。

宽敞的大院村道与村外公路成直角,穿过雄伟的门楼,进入热带公园景观的村落,开阔的塘基,高耸的水塔,婆娑的棕榈,几个崭新的凉亭和儿童乐园点缀其间,特别是村口闸阁达四层楼高,居村中央,是我迄今见到的最夸张的入村地标。

村民告诉我,这些凉亭是委内瑞拉等旅外乡亲捐建的。这座高高的闸阁原是水塔,1982年,在旅委华侨带领下,村里筹资建造了这座高10米、储水量20吨的自来水塔,完成供水管网工程,捣制

恩平大院村

主要村道,当年大院村即被评为恩平县文明村。华侨多了,村民盖的新楼就多了,用水量增大,旧水塔水量不足,村里又筹资高标准新建了一座高23米、储水量45吨的水塔,解决了村民用水难题。

在这个由旧水塔改头换面而成的"哨所"上,高悬"大院村侨爱新村"匾额,迎接每一个进村的人。走访中得知,这又是一条"吴家村",建村已有400多年,由高园村分支而来。

离开家乡四十多年的吴国华告诉我,大院村约有600人,其中300多人在国外,多数侨居委内瑞拉、哥斯达黎加,也有村民在巴拿马、加勒比海小岛和美国、加拿大。

大院村水泥村道募捐纪念碑记录了大院人的世界地图:中国、委

内瑞拉、姑都嫂、哥斯达黎加、亚鲁巴、美国、巴拿马、多米尼加、中国香港、中国澳门。姑都嫂即姑拉嫂,亚鲁巴即阿鲁巴。这些捐赠者中,105人居住在中国大陆以外,57人为国内村民,在委内瑞拉的村民有36人,占海外村民人数的三分之一。这些捐款,除了人民币,还有美元和港币,多者500美元,少则30元人民币,一一铭记在册。

吴国华的名字出现在捐款榜里,他在哥斯达黎加开了一家很出名的中餐馆,经常回村。

能为家乡出点微薄的力很开心。每年春节和清明节,最多侨胞回村,村里有活动都会用微信通知我们,比如村里举办出嫁女回村活动,就有几百人回村里,很多几十年未见的亲人重逢,场面非常热闹开心。我的家乡这么美丽,连我在国外出生的子女几乎每年都喜欢回村旅游探亲。

大院池塘,水光潋滟,我靠在簇新的栏杆上,觅水里的鱼。一个年轻人走过来,他在2006年去委内瑞拉华恋社打工,2015年回村定居,成为归侨。他说,这个池塘的水是活的,可以养鱼,不会发臭。他问我,他的家乡是不是很漂亮。

我发自内心地告诉他,大院村很美,就像在逛公园。

年轻人露出了满意的笑容,他说喜欢现在的工作,不会再回委内瑞拉了。

阳光洒落池面,碧波粼粼,真的有鱼儿跃起来。这美丽的乡村和这些来去自由的村民,如鱼儿与水,家在,根在,乡愁永在。

加勒比华侨与广东侨乡

巴 西 村

十年前到巴西圣保罗时,发现一个很有趣的现象:在圣保罗活跃着一群年轻华人,他们都姓苏,来自同一个村庄——台山市海宴镇石阁村,据说在圣保罗的石阁村苏姓人有2000多人。

在里约奥运会开幕前夕,我特地走访了石阁村,惊讶地发现海宴不只有石阁村,跟石阁村相邻的数个村,都有许多旅居巴西的村民,大大小小的"巴西村"连成片,令人难以置信。

根据海宴近期侨情普查统计数据显示,海宴籍侨胞有96889人,分布在60个国家和地区,其中侨胞人口超过1万人的国家有美国和巴西。巴西仅次于美国,成为海宴人旅外第二大侨居国,侨胞人数达14652人。换言之,在巴西的20多万华人华侨中,约有7%来自海宴镇。

海宴人大规模移民巴西始于1992年,村民通过亲帮亲、村带村的链条,将近1.5万人迁移到太平洋彼岸的金钻国,使得巴西一举超越加拿大而成为仅次于美国的第二大海宴人旅居国,演绎了一幕生动的当代淘金记。

而这个地球村的迁徙过程只用了20年。

巴西村

石阁村是最大的"巴西村",村民姓苏,是名副其实的"苏家村"。山村背靠麒麟山和凤山,出村口只需几分钟车程便可达中门海和逢岛海,是个背靠青山、面朝大海、山青水秀的好地方。

据石阁村《苏氏源流简记》载,苏姓始祖自宋代从广州移居海宴石阁,开枝散叶。由于重峦叠嶂,石阁村在解放战争时期是游击队根据地。

石阁村管区由媚岗里、仁岗里、磷岗里三个自然村组成,村民人口有1300多人,海外乡亲有近3000人。该村旅居巴西的村民最多,有2000多人,其他旅居国包括伯利兹、美国、墨西哥、洪都拉斯、古巴、英国和德国等。

我是在正午时分到石阁村的,骄阳似火,而村口美景赏心悦目,如入公园一般。亮丽的牌楼被绿荫簇拥着,牌楼由巴西侨胞苏均亮苏

石阁村口

均明兄弟俩捐建。进村,只见右侧休闲公园里,亭台楼榭,小桥流水,几个村民摇着葵扇悠哉地聊天,几米外有阿伯躺在榕树下兀自午睡。公园前直立的巨石上面镌刻八个鲜红大字"情怀故里 惠及乡民",热辣辣的赤子情扑面涌来,细看,这又是由巴西广东同乡总会永远名誉会长苏均亮先生题写的。

这天,苏新亮从圣保罗回到村里,这次回来的任务是沟通苏均亮

先生捐资扩建休闲公园一事。苏新亮在1992年移民巴西前一直在石阁村生活,现在一年回来一两趟,对村里的事情了如指掌,跟从来没出国一样。

我们沿着漂亮的村道往村里走。碧蓝的天,青绿的山,葱翠的树,干净的街巷,真是一个美丽乡村。苏新亮说,村里的公共设施都由海外乡亲捐资兴建,苏均亮是他们的带头人。

石阁村入村口石碑,洋溢着浓浓的乡情

矗立于路口的道路改道工程"捐款芳名台"引人驻足,石碑上记录了250位海内外村民的名字和捐款金额,捐款最高达20640元,最少有10元,让人感受到村民团结的力量。在这250位捐款者中,只有一位外村人,他是巴西河南同乡总会会长董洪宣先生,碑记上做了特别说明。原来,三年前,苏新亮陪同老朋友董洪宣到石阁村游览,董先生听说村里准备改造村道,慷慨地捐出2万元善款。

苏新亮指着一个个熟悉的名字,不出所料,大部分村民在巴西,包括苏新亮四兄弟。

我们径直往村委会走去。看见一群村妇在榕树下欢声笑语地打麻将,苏新亮上前打招呼,回头又迎面遇见三人,便又熟络地拉起家常。他介绍说,这是从圣保罗回来度假的一家三口,男孩在广州一所国际学校学中文。

苏新亮的老家在小巷深处。巷子里有不瑕苏公祠和士亨苏公祠两个老祠堂。不瑕苏公祠前面从前建有一个篮球场和一个露天戏台,村里戏曲社常来演出,童年的苏新亮最喜欢在这里玩耍。

巷口的士亨苏公祠已有170多年历史,后来用作石阁小学。祠堂在1929年、1990年和2002年进行过三次整修,均由海内外乡亲捐款。士亨苏公祠分前后两座,后座为三层教学楼。十年前,由于农村中小学教育布局调整,村里的孩子集中到中心学校上学,石阁小学停办。

苏新亮的老家在士亨苏公祠后面,他边说边打开后院门,院墙不算高,"小时候一下课,我就从祠堂后院翻墙回家吃饭,吃完饭又翻墙回来上课。"

苏新亮四兄弟在台城买了房,不回石阁村住,但把祖屋扩建了,让堂叔一家住在里面。苏新亮把两个儿子送回广州上中学,毕业后回巴西念大学。他说,自己没文化,一定要送儿子回中国读书,因为中国是他们的根。

石阁村苏公祠,以前做过石阁小学

苏新亮家族成员可能是石阁村最早移民巴西的村民之一,至今已有近百年历史。

苏新亮的爷爷有四个兄弟。1922年,二爷爷从海宴坐船到香港,再坐船去巴西,最初在种植园当劳工,种植茶叶和咖啡。后来,二爷爷开了一间角仔店,赚到第一桶金后,陆续又开了五六家角仔店,之后开中餐馆。三爷爷和四爷爷去了香港,没有去巴西,但是他们的孙辈后来都移民巴西。只有苏新亮的爷爷留守在石阁村。

苏新亮的父亲有十个兄弟姐妹,7男3女。

1955年,大伯父经香港坐船去巴西。

1965年,四伯父、六叔父和七叔父一起到香港谋生,1970年又一起坐船去巴西。

1986年,苏新亮的父亲紧随兄弟们移民巴西。

1992年,苏新亮四兄弟和母亲一起移民巴西,与父亲团聚。

1993年,苏新亮的父亲帮助苏新亮的二伯父一家和村里其他亲戚移民到巴西。

苏新亮的父亲七兄弟中,只有老三留在国内,三姐妹中,两个移居香港和澳门,一个留在台山。

我问他家族有多少人在巴西,苏新亮表现出很纠结的样子,说我给他出难题了。

他找出纸笔和计算器,一会儿抬头苦思,一会儿低头记数,自言自语"很多鬼啊!"

"什么鬼?"我吓了一跳。

"二爷爷在巴西娶了当地女子,他们的后代很久没有联系了。"他解释道。一场虚惊。广东人的俚语习惯将外国人称作"鬼佬"、"番鬼"。

为快速完成这道高难度数学题,苏新亮决定从他父亲那一辈出洋算起,计算结果是"在巴西已经四代人,人口有85人。"

当然,这85人只是苏新亮家族的大部分人口,如果加上家族里的中巴混血儿,可能超过100人。

同理,在经历跨国大迁徙之后的石阁村村民,和他们的子子孙孙,在巴西有多少人?这可能是道奥数题了。

除石阁村外,海宴域内大大小小的"巴西村"村连村,这一发现让我感到意外。

苏新亮的发小黄百粥是沙边村人，沙边村和石阁村相距不远，他对周边村情一清二楚，临时当起向导："石阁村和东边这一片村的村民去巴西的人最多，沙边村、北头村、新寨村、那马村和伍村，去巴西的人也很多。"

在我眼前，立刻出现一大片"巴西村"——

沙边村是大村，由五个小自然村组成，"黄、陈、徐"为村中三大姓氏，村民人口约有2000人，海外乡亲约有2000人，主要旅居巴西、墨西哥、美国、伯利兹、洪都拉斯、秘鲁、加拿大和英国。沙边村牌楼由黄百粥的堂伯父于1986年捐建，三十多年过去了，原貌依然。走进沙边村，村口有两栋碉楼，它的主人都在墨西哥，看上去很久没人住了。建于20世纪80年代的沙边小学，和石阁小学一样，逃不过被撤并的命运。

萧美村连着边上几条小自然村，大约有1000人在巴西，"萧、许、陈"是三大姓氏。

北头村村民在海外约有1000人，主要旅居巴西、墨西哥、美国和英国。

紧邻北头村的石牌村和石林村，各有大约100人在海外。

伍村在海外的乡亲有1000多人，主要在巴西和墨西哥。

黄百粥的很多亲戚移民美国、巴西和墨西哥，"连老人都移民了，我们家族在海外有100多人。"

由于中青年村民前赴后继出洋谋生，这些侨村渐渐"空心化"。我走过几个村，一样的冷清，人气聚在大榕树下，老人打牌，孩儿玩耍。村里的房子有许多是侨房，人不在村里，都把祖屋修葺一新，平时交由亲戚看护。待到春节和清明，海外村民络绎不绝地回村，村里又热闹了。

路上遇见几个学龄儿童，他们被父母从国外送回来上学。那岗村英甲学校又名那马岗小学，是海宴东片村庄的中心学校，学生统一到

加勒比华侨与广东侨乡

那马新寨村门楼,由侨胞捐建

英甲学校上学,这个学区村庄包括石阁、新寨、东溪、春场、凌冲、北头、南头、沙边、望头。

苏新亮告诉我,他希望石阁村建设得越来越美丽,"这样就会有年轻女孩愿意嫁到我们村来,不用担心没有人去拜山拜祖宗,村里的香火就不会断了。如果村里很脏很乱,会有哪个女孩愿意嫁过来呢!"

我笑他太俗气,他争辩说这是现实。

耳边响起熟悉的旋律,我情不自禁地轻声哼唱起来:我生在一个小山村,那里有我的父老乡亲,胡子里长满故事,憨笑中埋着乡音……父老乡亲,树高千尺也忘不了根。此刻,我就在歌声里,从一个个小侨村走过。

灼烫的风打在身上,烧烤一样的痛,我不在乎,专心地用镜头留驻小村故事。记录绿叶对根的深情,值得我付出晒脱皮的代价。

一村十四国

委内瑞拉254人,哥斯达黎加197人,美国101人,荷兰32人,加拿大24人,澳洲14人,荷属库拉索13人,英国8人,墨西哥7人,多米尼加4人,其他国家7人;港澳台地区129人。居住在海外的村民合计790人,占村总人口1288人的61.3%。以户为单位,全村有241户,其中有家人在国外及中国港澳台地区的有182户,占总户数的75.5%,其中全家在国外且国内已无直系亲属的有72户389人。

这是恩平市沙湖镇水楼乡水楼村2008年6月的村民人口统计数据,迄今已过十年。在这十几年里,村民的国际迁移仍在继续,迁入国数量在增加,人数在上升,即便这两年陆续有部分村民回归,也没有改变海外人口不断增长的格局。我在水楼村村口偶遇两个村民,其中一人的子女在巴拿马,一人的孩子在新西兰。最保守估计,水楼村村民至少分布在14个国家,俨然一个小联合国。

听起来很不可思议吧。有个网络词汇是"城会玩",意思是"城里人真会玩"。我想如果给水楼村贴个"村会玩"的新词,会不会成为网红村呢?

加勒比华侨与广东侨乡

甄卓欢四兄妹分别在美国、荷兰、库拉索、委内瑞拉,父母在恩平,全家人居住在五个地方,村里的祖屋闲置着,他在沙湖圩盖了楼房。甄卓欢说,现在村里以老人居多,他每年春节都回村给老人派红包拜年。

甄卓欢的命运转折点在1994年。在这之前,他拥有一份令人羡慕的好工作,然而,对外面世界的向往总在撩动着年轻人不安分的心。这年,他身揣125美元踏上去库拉索的旅程,而不是投奔比他早五年去委内瑞拉的大哥。他在库拉索岛上打工数年,做过泥水匠,开过餐馆,做过杂货店,他说"什么苦都吃过了。"如今,他又随子女移居荷兰。

水楼村是水楼乡最大的一个自然村,也是远近出名的"教师村"。由于早期华侨先辈颇为重视村民的新式教育,出资分批送村民子弟到开平、恩平、广州上学,还把村里原有的三间私塾集中起来开办"培智小学",聘用从湖南省立第一师范学校毕业的村民子弟回村担任校长和教师。到新中国成立初期,水楼村有27人的职业是教师或当过教师,新中国成立后一直当教师的村民有26人,其中大学校长和教授4人、小学校长5人。书香村的美名和西村口牌楼的对联"仁诗立礼兴俗淳风"生动呼应起来。

水楼村建村有580余年,全村只有唯一一个姓氏"甄"。

据东汉《陈留风俗传》记载:"舜陶甄河滨,其后为氏,出中山、河南二望。"甄姓源于帝舜后裔,岭南甄姓族人,系出河北中山无极甄氏家族甄济支脉,南宋时从南雄珠玑巷南迁至珠江三角洲,主要分布在广东广西各地,尤其以台山、开平、恩平、新会的甄姓最多,从而形成以台开恩新"四邑"语系为主的岭南甄姓宗族,并由此向海外扩展。

水楼甄姓于1438年从开平沙塘镇仙塘乡迁居而来,视舜河良德公为开村祖先,后其子嗣又陆续从水楼迁出,一支在沙湖河南面建立"沙湖村",另一支迁到恩平县城恩城附近建立"赤基塘村"。因此,历史上的水楼村规模更大。

距离水楼村不到两公里的沙湖镇政府所在地,因与沙湖村隔河相望而取名"沙湖圩",现在的沙湖村有部分已处于沙湖圩范围。以前培智小学在水楼村内时,沙湖村的学龄儿童要回到水楼村上学,后来,小学迁移到沙湖村,水楼村的学龄儿童需到沙湖村上学。十年前,沙湖村人口有76户462人,其中旅居中国港澳台地区24人,国外211人,包括委内瑞拉112人、哥斯达黎加28人、库拉索15人、美国35人、加拿大5人、荷兰6人、多米尼加2人、其他国家和地区8人。十年后的今天,沙湖村的海外人口已远超这个数字。

村民们告诉我,沙湖洞家家户户平均至少有三个直系亲属在国外谋生。水楼村和沙湖村本是一家,仅两村甄姓血脉在海外的人口有多少,恐怕不是那么容易统计清楚的事情。

从水楼村至沙湖圩之间方圆五公里,本地人俗称"沙湖洞",包括水楼乡、高园乡、东岸乡,很多村民移民美洲,尤其以委内瑞拉、哥斯达黎加和美国最多。水楼乡有11个村,水楼村、大院村、塘安村、塘下村沿水楼大道毗连,一个带着一个出国。除水楼村外,其他村的主要

水楼村

姓氏是"吴"。

传颂了几百年的"沙湖米，浪底柴"，说的便是沙湖洞盛产的稻米。沙湖洞原本是一片丘陵，村与村之间由一片片开阔的水稻田连接起来，平直的硬底水泥村道夹稻田入村，村口一座座牌楼雕梁画栋，牌楼背后，是大大小小的"联合国"新农村。

从沙湖圩沿水楼大道笔直地通向水楼村北村口，坐北朝南的北村口牌楼是村大门，往右拐可达西村口和水楼乡卫生站。北村口牌楼由旅居委内瑞拉的乡亲捐建，石柱上镌刻对联"水秀山青欣接五洲归客 楼高日朗喜迎四海来风"，尽显五洲四海尽在水楼中的磅礴气势，好一个小村大世界。

冬季的田野残黄，但见村内古榕绿荫遮天，几座凉亭隐约其间，正好应了"大树底下好乘凉"的谚语。五邑地区有一个传统，认为榕树对老人有益，因此每个村口至少栽一棵大榕树。

在入村的榕树公园里有一棵百年古榕，底部中空，但仍巍然参天，繁茂的枝叶像一把巨伞伸向池塘。

"我们小时候经常爬到树枝上，然后跳到池塘里。"甄卓欢兴奋地比划着，讲述童年趣事。

池塘边一排整齐的老房子是村里保存最好的老建筑，与池塘里的倒影交相辉映，带着空灵的水墨气息，这是村东向的新明里。我的脑海里浮现出金穗飘香的新明里秋色，在水墨和金黄之间游动着，想必是一幅曼妙的画卷。

从北往南走，又见池塘，祠堂和文化楼立于塘边，这是水楼村"联兴里"，祠堂正对池塘，向外连着一马平川的耕地。文化楼正在装修，几个村民正围坐一起聊天，客气地招呼我们喝茶。几句闲聊，我便发现眼前几位村民个个都是"国际村民"：

九十高龄的甄老伯自小在村里长大，平时有空就到文化室坐坐，他的儿子在加拿大，孙子在委内瑞拉，儿媳妇暂时回村照顾他。

村长没有出国,他的子女都在巴拿马,一个跟着一个出去。

阿祥在委内瑞拉十几年,刚回村不久,他坦言不回去了,找机会再创业。他的儿子去新西兰工作了。

阿兴从哥斯达黎加回来度假几个月了,1987年,他跟着村里的出国大潮到委内瑞拉打工,后来开了两家杂货店,生活无忧。几年前因委内瑞拉局势动荡,他关闭了杂货店,全家人迁移到哥斯达黎加,又开起杂货店。现在,阿兴的子女在外打理生意,他自己往来于水楼和圣荷塞之间,一年中有大半光景待在村里享受退休之乐,等待委内瑞拉局势好转再出发。

甄卓欢出国的第一站是库拉索,他的大哥早在1989年就去了委内瑞拉,如今已闯出一番事业,常年往来于中委之间。

"从1988年至1990年,我们村最多人去委内瑞拉,我知道曾经有一架飞机上,乘客中有20多人是我们水楼村人。"甄卓欢介绍说。

良德甄公祠的墙上,郑重地公告重建公祠的捐款人名录,用大理石镌刻,捐款币种有美元,有委内瑞拉币,虽然捐款额有多有少,但几乎每家每户都捐款。村长说,村里的村容村貌和文化设施建设均有赖于海外村民捐资襄助,包括修建良德文化楼、自来水塔、公厕,铺设水泥巷道,加阔鱼塘,修筑塘基和护栏,设立公共路夜间照明灯,各村口修建牌楼和凉亭,铺筑村前村后水泥路等等,细微到村里的一草一木。

水楼村西边的"兴仁里"又称"大村",是水楼村最早的地盘,后来随着人口不断增长,才逐步向东、向北、向南扩展,从而形成今天有东南西北四个村口的水楼村。兴仁里的出口即水楼乡卫生所,出村的林荫小路与村外大道连接,精致的凉亭被蔽日的大榕树包裹住。村口的一汪池塘边,有一小片芭蕉树和木瓜树,一座古朴的碉楼守护了兴仁里近百年。

甄卓欢家的祖屋紧挨兴仁里牌楼,从前水楼小学在西村口,他和小伙伴喜欢在小池塘里洗毛笔,爬到碉楼上玩耍,"碉楼里的房间地板都是木头的,睡在上面很舒服,村里的小孩也经常上去睡觉。"

加勒比华侨与广东侨乡

天真的童年,何尝不是梦里的乡愁呢!纵然走到海角天涯,种在心底的乡愁树啊,每天抽出新芽,不知不觉牵引着你,归去来兮,归去来兮。

甄卓欢说,他和村里的兄弟们正在商量,打算把兴仁里通往碉楼的路修整一下,这样就可以再上碉楼看风景了。

水楼村是新农村,村里的建筑大多数是新建的,难得还有三四座碉楼遗存。祠堂附近为村中心地带,不仅有精美的碉楼,还有一片精美的老屋,老屋常年无人打理,墙面有些脱落,但丝毫无损其精湛的建筑工艺,令人耳目一新。

原来,水楼村的出洋史要往前追溯到鸦片战争以后。

据水楼村史记载,鸦片战争后已有村民陆续到美国和中南美洲淘金,若干年后,淘金客衣锦还乡,纷纷造房子以光耀家门,村民生活较周边村庄殷实,水楼村由此被冠以"财主佬村",吸引了周边盗匪垂涎。

水楼村南边有两座山"螺山"和"禾山",两山海拔不高,都有山贼隐患。为保家卫村,村民在村四周加建围墙,在各村口和村中心高地建起六七座碉楼,每座碉楼达四五层高,还在村中心碉楼上架设探照灯,安排村民巡夜。这些防卫措施终究被外匪从内部攻破,水楼村短时间内接连遭遇三次洗劫。

据村史载,1911年3月初六晚,一百多名盗贼从屎角入村,村民早有准备,遂正面还击,双方交战数小时后,盗贼落荒而逃。为了报复水楼村,盗贼纠集外地同伙七百多人,以附近村民做线人,于6月15日早晨六点入村,村民因寡不敌众而四处逃散。县政府得到村民报告后,连夜发兵往北边各村围捕搜寻,在牛路水村追回赃物数担,送回水楼村由村民各户认领。7月27日,盗匪第三次来犯,纠集800多人,于清晨四点由沙湖圩向水楼村突袭,村民流离失所,盗匪在村中盘踞一天一夜,之后以水楼村为营地,攻打周围三四个村。水楼村在短短四五个月内遭三次血洗，钱财损失达十余万元，鸡鸭牛羊无存，壮男被掳，赎金达 3000 多元。

据村民介绍，现在村内仅存的三座自住碉楼由业主在恩平的亲戚代管，楼主人在早年已移民哥斯达黎加，房子基本处于自然退化状态。

南村口的碉楼最为华丽，据村史记载，这座碉楼为甄奕焯所建。南村口面向螺山和禾山，20世纪80年代以后，村里人陆续在此地建起十多间楼房，又成一个新村。

水楼旧村口空荡荡的碉楼

这座碉楼的建筑风格中西合璧，东南西北四向均设炮眼，用于架设枪支抵御来敌。整座碉楼外观几乎未损，除了外墙年久失修而风化变黑，窗户和阳台的钢铁防盗网依旧坚固无比。

"这座碉楼是用红毛水泥建的，红毛水泥是当时最好最贵的水泥。"村民介绍说。红毛，是本地人对美国和加拿大的土称，这座碉楼的建筑水泥是从美国和加拿大进口的。

碉楼的一楼是一个大灶台，以前南村口有一间小学，这里曾用作学校食堂。楼梯地板和扶手均是进口实木，楼上设有独立卫生间，房间宽敞，阳台开阔，视野是极好的。村民们说小时候常来这里玩耍，因为碉楼里设备好，是午睡的好地方。

可惜碉楼没有得到维护，听说碉楼主人的后代很久之前回来过，现在由其亲戚代管。村民不知碉楼的故事，这世上又添了一座有故事的碉楼。

加勒比华侨与广东侨乡

爬上楼顶,极目望远,清晰可见一座座高耸的白色水塔散落田野,有水塔的地方就有村落,有村落的地方就有"小联合国"。

这些来来往往的地球村村民复制着同一个梦:追求美好生活。无论在国外,还是回国,他们的人生宝典里皆赫然写着两个共同的汉字——奋斗。他们对家、对国、对世界的态度,不是落地生根,不是落叶归根,他们在创造一种崭新的全球化生存模式,我且称之为"候鸟型新移民"吧。

好像这水楼村,人跟着机会走,哪里有发展空间就往那里走,哪怕要去一个完全陌生的国度,哪怕语言一窍不通。

奋斗,是解读幸福的密码。奋斗者,一直在路上,没有终点。

后记：煲一锅加勒比料理

讲故事是记录时代的一种方式。尤其是那些当代中国与世界共享的故事。

故事从何而来？

安装一台故事挖掘机，这是最理想的捷径，然而，这样类型的挖掘机显然是不存在的。我们只能把自己伪装成挖掘机，用心去发现那些可能成为故事的材料，然后，去粗取精，去伪存真，这个过程就像广东人煲汤，讲究食材和火候，我把它叫做"故事料理"。

五年前，我偶然听说加勒比海岛库拉索——粤音"姑拉嫂"，未几便发现岛上的故事丰富多彩，连剧本都写不出的各种匪夷所思。与传统老侨区不同，岛上的中国人以当代新移民为主，这激发了我对加勒比中国移民的发现之旅。我开始有意识去寻找姑拉嫂亲友团，走进他们的朋友圈，欣喜地遇见一个个有趣的灵魂，凡人不凡，小事不小。

东半球的中国和西半球的加勒比，相距2万公里，时差逾12个小时，"海上生明月，天涯共此时"恰如安放乡愁的心境。境由心生，心若在，何处没有月圆花好。这与时间无关。

加勒比华侨与广东侨乡

每天看朋友圈里,日月欣欣然同辉,人们在"月上枝头"的"日不落"微客厅里萍水相逢,互道问候:

"早上好!"

"晚上好!"

习惯了这种黑白颠倒。有人把它制作成有趣的表情包,我果断收藏。每当和地球"西村"的朋友走进聊天室,我用这个表情包送上"东村"的全天候祝福。

没有一个地方像在加勒比这般纯粹,一部广东移民史等于一部中国移民史;

没有一个地方像在加勒比这般魔幻,仅半世纪来回,当代广东农民走遍加勒比海大小岛屿;

没有一个地方像在加勒比这般奇异,一个个广东农村少男少女第一次出国、第一次坐飞机就绕大半个地球,手里的机票就是方向;

没有一个地方像在加勒比这般紧密,故事里的人,兜兜转转走不出同一个姓,同一个村,同一个乡,同一个岛。这种链条式迁徙模式始于 19 世纪美国淘金移民潮,出洋费用亦如当年华工"赊单",先由海外申请人垫付,双方要签订合同,偿还后自立门户。但是,加勒比的中国人圈子要窄很多,他们从粤港澳大湾区的农村迁徙到加勒比地区,重塑了一个特殊的乡土社区、紧密的熟人圈子。

当我记录下大时代里这些小人物的喜怒哀乐,自己已不知不觉跟着他们的脚步丈量世界,那些从未听过的小岛名字,一次次刷新我对我们共同生活的地球村的认知。山外有山,楼外有楼,天外有天。

这是多么尴尬有趣的体验啊!

寻找"姑拉嫂们"的过程是辛苦的、纠结的、戏剧的、快乐的。我时常在临睡前为找不到岛民而气馁,第二天醒来峰回路转,在"柳暗花明又一岛"的趑趄反复中完成一个个"寻人启事"。后来,当发现自己费九牛二虎之力寻到的岛民们竟然同时出现在我的朋友圈时,不禁仰

后记

天长叹,如梦方醒——原来,他们都是或远或近的老乡,只是我懵懂不知罢了。

咫尺如天涯,天涯若比邻,就是此理吧。

这是一次费时费劲费脑的采访和写作体检。有些海岛是辗转打听出来的,我未去过,只能借助微信工具,陆陆续续完成主人公的访谈,图片由被访者现拍现传,比现场采访辛苦太多,往往一个访谈需要一两个月才能完成。智能世界缩短了人与人之间的空间距离,我仿佛真的与他们相对而坐,一盏清茶,谈天说地。

容家的百年迁徙史根据容家两代人容哲文先生和容宇庭先生的口述采写,并且得到黄冠雄先生和伍权荣先生的帮助,提供了许多有价值的历史资料。我已记不清对他们做过多少次访谈,而他们总是不厌其烦地耐心解答我提出的每一个疑问,让我得以完整记录姑拉嫂第一个中国人的故事,煲出一款有滋有味的姑拉嫂料理。容家的跨国经验,正是近代以来中国农村走向世界的典型缩影,历史之眼,古今互见。

感谢接受我采访、给予我帮助的所有朋友们,他们放下忙碌的工作,做口述,拍照片,反复与我核对资料。感谢他们对我的信任,感谢他们的真诚分享,感谢他们对保留华侨历史付出的心力,感谢他们对传承中华文化的不懈努力。这些淹没在茫茫人海里的普通人,为改变命运,乘风破浪,奋力奔跑在追梦路上。这些当下的正在进行时,不就是今天的历史吗!

历史从来是由每一个生动的人构成的,人活了,世界就活了。

所以,这是一本向奋斗者和传承者致敬的书。我庆幸遇见他们,让我看见幸福的另一种打开方式——守望初心。